当年谁人不识君

——清代名吏樊增祥

刘永章——著

法律出版社 LAW PRESS · CHINA
—— 北京 ——

图书在版编目(CIP)数据

当年谁人不识君：清代名吏樊增祥 / 刘永章著. --
北京：法律出版社，2022
ISBN 978-7-5197-6545-3

Ⅰ. ①当… Ⅱ. ①刘… Ⅲ. ①樊增祥(1846-1931)
—传记 Ⅳ. ①K825.6

中国版本图书馆 CIP 数据核字(2022)第058382号

当年谁人不识君
——清代名吏樊增祥
DANGNIAN SHUIREN BU SHIJUN
—QINGDAI MINGLI FANZENGXIANG

刘永章 著

策划编辑 解 锟
责任编辑 解 锟
装帧设计 贾丹丹

出版发行 法律出版社
编辑统筹 重大项目办公室
责任校对 晁明慧
责任印制 吕亚莉
经　　销 新华书店

开本 A5
印张 9.25 **字数** 200千
版本 2022年5月第1版
印次 2022年5月第1次印刷
印刷 三河市龙大印装有限公司

地址:北京市丰台区莲花池西里7号(100073)
网址:www.lawpress.com.cn
投稿邮箱:info@lawpress.com.cn
举报盗版邮箱:jbwq@lawpress.com.cn
销售电话:010-83938349
客服电话:010-83938350
咨询电话:010-63939796

书号:ISBN 978-7-5197-6545-3
定价:68.00元
凡购买本社图书,如有印装错误,我社负责退换。电话:010-83938349

前　言

清代名吏樊增祥(1846～1931年),字嘉父,号云门,别号樊山、樊樊山,湖北恩施人。清光绪三年(1877年)进士,历任陕西宜川、渭南等知县,擢陕西臬藩司、江宁藩司以至两江护理总督。《清史稿》里有其传略。

樊增祥一生经历了清代道光、咸丰、同治、光绪、宣统五朝以及民国新旧军阀政权更迭,见证了中国近代社会转型的一系列重大历史事件,其人生也随着时代潮流而沉浮跌宕,入官、升官、罢官、复官、去官,富有传奇色彩和时代特征。为官期间,以"国士"自命,怀抱中国"驯致富强"的理想和"一生心似秦时月,持作人间暗室灯"之志,忧国恤民,奋力改革,政绩卓异,著述宏富,遗著有《樊山全集》《樊山政书》《樊山判牍》《樊樊山诗集》等,很值得研读。

樊增祥不但是清末名吏,也是著名诗人,其政法文书里往往有诗意的表达。本书主要论述樊增祥的仕途生涯和政法思想,对其诗歌创作涉及不多。为了方便阅读,将樊增祥著述、事迹进行了梳理归类和注评。在论述樊增祥为官生涯之前,首先需要明确几个观点。

一、必须坚持历史唯物主义观点

社会存在决定人的意识。今昔社会环境不同,人的思想观念便有所不同。要懂得古人的思想和行为,就必须了解古人所处的社会环境,即“知人论世”。先贤们说得好,“颂其诗、读其书,不知其人,可乎?是以论其世也”[1],“不知古人之世,不可妄论古人之文辞也。知其世矣,不知古人之身处,亦不可以遽论其文也”[2];“执古以绳今,是为诬今;执今以律古,是以诬古”[3]。不同时代的人,各有不同的历史担当,各有不同的价值观,而价值观是由其最高统治者设置和决定的。仅以“忠君”(或“愚忠”)问题来说,这是封建官吏的普遍现象。怎样看待封建官吏“忠君”问题,长期以来成为对古代名吏评价的难点和争议的焦点。

须知“忠君”居封建伦理“三纲”之首,是任命官员的首要条件;要求“卑职”违抗君命,超脱现实,无异于鲁迅所说的一个人想要抓提自己的头发离开地球一样困难,况且,在“朕即国家”的时代,职官“忠君”与“爱国”密不可分,二者互为表里,常具有统一性,即因爱国而忠君,忠君即爱国。

“在古人之后,议古人之失,则易;处古人之位,为古人之事,则难。”[4]当“事后诸葛亮”容易,难济前人之失。生为今人,有幸立足于新的时代高度,理当比古人高明:可以对前人

---

〔1〕《孟子·万章章句下》。

〔2〕章学诚:《文史通义》。

〔3〕魏源:《默觚·治篇》。

〔4〕《从政遗规·薛文清公要语》。

“哀其不幸、怒其不争”；可以赞其才情、惜其愚忠；可以论其功过、评其是非。但是，不可以“居高临下”的姿态嘲笑前人。

对古人宜采取客观分析、理性包容的态度，要了解古人所处的时代，回归历史情境，且能够“换位思考”。

国家制度和时势决定个人命运，统治者的思想决定时代的主流意识。不了解这一点，就会犯主观妄断的错误。比如，樊增祥在国难当头，为慈禧“西巡”前驱，草拟《罪己诏》，这在当时是一般“文士”求之不得的。历史人物对其前进的道路是难以预测的，只能是“摸着石头过河”。历史人物研究者，都是“事后诸葛亮”。我国实行改革开放以后，特别是近年来，史学界评价近代的政治历史人物曾国藩、左宗棠、李鸿章、张之洞等，已经能够采取历史唯物主义态度了，对于樊增祥也应如此。

二、必须坚持客观全面观点

看人和看山有相似之处。同是一座庐山，“横看成岭侧成峰，远近高低各不同”；其缘由在于“看”者各立于庐山一隅，类似“盲人摸象”。看人应当用动态的、发展的、多角度的眼光，历史人物在不同阶段中有不同表现。

如此，对历史人物才会有公正、稳定的评价。

另外，评价历史人物，不但需要听取他人的评说，更需要倾听历史人物生前自己的说法，即要认真阅读其全部原著。当然，“倾听”不等于赞同。樊增祥认为，“天下事，一节不足以绳人，一眚不足以掩德"[1]，"论人当核全体"[2]，也即主张要看其"全人"。总之，"我们要求把历史的内容还给历史"[3]。

三、必须考察其对国家对人民的态度

"民为邦本，本固邦宁"[4]，"邦畿千里，惟民所止"[5]。人民是国家的根基，国家的安危决定于人民。我国传统知识分子，大都接受过"治国平天下"和"三纲五常"的教育，身居官位的封建知识分子，维护当朝封建统治（忠君）是其基本政治理念。要求他们身在其位，而另谋其政，是不切实际的。但是，官员无法选择所处的时代，却可以选择对国家对人民的态度。事实上，每个官员的品德、才情、对国家和民众的态度以及执政的方式方法等，是有所区别的，对他们应作具体的分析。一个真正以"国士"自命的封建官吏，是能够既"精忠报国"又"爱民如子"的。

樊增祥历任清末职官25年，企盼中国"驯致富强"，其中任县令15年，自称"县令于民最亲"，"县令视民如子"。这是他真实的自白。在对内关系上，樊增祥心目中的"我朝""大清国"，基本上同于"君父"，而在对外关系上，樊增祥心目中的"我朝""大清国"则与"中国（祖国）""中华（中华民族）"是同义词。评价历史人物，在坚持历史唯物主义和全面观点的前提下，应当着重审视他对国家（中国）对人民的态度；朝代可变，爱中国、爱人

〔1〕《新编樊山批公判牍精华》卷二二《批雒南县张令详》，上海大华书局1922年版。

〔2〕《樊山政书》，中华书局2007年版，卷一四《批宝鸡县禀》。

〔3〕《马克思恩格斯全集》（第1卷），人民出版社1995年版，第650页。

〔4〕《尚书·五子之歌》。

〔5〕《诗经·商讼·玄鸟》。

民之心不可变。清末的中国,屡遭帝国主义列强入侵,人民多灾多难,对待国家衰败和人民疾苦的态度,就成为衡量清末政治人物的主要标准。樊增祥在中国人民遭受甲午战争、八国联军侵华战争、日俄战争苦难之时,在推行新政的过程中,其爱(忧)国爱(忧)民的情怀,无论政书或诗歌里都有淋漓尽致的表现。

拙著是一部"志书"性而非"演义"性的人物传记。论述名吏樊增祥,力求体现上述三个观点,注意区分"精华"与"糟粕"。但是,或有学力不够之失,诚望读者朋友批评指正!

作者　刘永章

2020 年 3 月 29 日

目　录

非常家庭

樊增祥出身于武官书香世家。少年时代,因其父樊燮罢官,家道急剧衰落,家教严苛。

一、天真少年

童年樊增祥,除爱读诗词之外,还常偷看小说,兴致勃勃地给姐姐、哥哥讲述小说中的故事,人称"奇童"。例如,喜欢看《三国演义》,且注意思考。数十年后,樊增祥曾回忆说,"记吾小时看《三国演义》,至姜维弃粮破邓艾,深惜不幸而获胜,所失已多,为之不怿"[1]。樊增祥所说的故事,见《三国演义》第一百一十四回。

童年樊增祥对姜维这一战争结局表示"不怿",从中可以看出两点:其一,童年樊增祥读书注意思考;其二,童年樊增祥的思想感情是倾向于蜀国的,即正统的。

此外,童年樊增祥还爱听关于"折狱"的故事。有一次,他听说某知县把一个案子断得不当,居然愤愤不平地说:"使(如

---

〔1〕《樊山政书》,中华书局2007年版,卷一四《批朝邑县曾令词讼册》。

果)吾操丹笔从事,故当与此辈小异!"[1]在场的人无不感到惊讶。樊增祥少年时代一句天真的"豪言壮语",居然在数十年后成为事实。

二、严苛的父教

咸丰八年(1858年),樊增祥之父樊燮因与左宗棠攻讦,被罢官永州总兵。羞恨交加,回归恩施,置酒宴对乡亲父老说:左宗棠"既辱我身,又夺我官,且波及先人,视武人如犬马";他决心请名师教两个儿子(樊禧、樊增祥兄弟),"雪我耻辱,不中举人、进士、点翰林,无以见先人于地下!"[2]从此"息交绝游,杜门却扫"。

樊家开始衰落,生活趋于贫困。樊增祥之母徐氏,勤俭持家。但是,对于罢官的樊增祥之父来说,生活之苦尚在其次,最不能忍受的是精神之痛。他对儿子说:"左宗棠不过一个举人,居然如此威风,武官还可以做吗?你们如果不发愤读书得科第(科举登第;取得名位),就不是我的儿子!"[3]他以"卧薪尝胆"之志培育儿子的知耻、发愤之心。

据《恩施州志》称:樊增祥13岁时,其父樊燮与左宗棠龃龉被罢官,尔后,对其子樊增祥兄弟俩课读要求极其严格,"命着女儿装,禁野游,锁户严课"。具体做法是:第一,在祖辈的灵位下侧立"洗辱牌",上写左宗棠辱骂自己的话:"目不识丁!"第二,利用当时"男尊女卑"的世俗心理,令儿子穿女儿装,常怀羞

---

〔1〕 余诚格:《樊山全集·叙》。
〔2〕 《恩施州志》。
〔3〕 邵镜人:《同光风云录》。

辱之心，闭门读书。要求儿子“考取了秀才，可以脱女外衣；考中了举人，可以脱女内衣；直到中了进士、点了翰林，才可以摘掉‘洗辱牌’”。另外，每逢“朔（初一）望（十五）”，樊燮“率二子礼之（对着祖宗灵位行祭礼），曰：‘不中举人以上功名，不去此牌，汝等总要高过左宗棠！’”[1]从此，少年樊增祥受到物质和精神双重苦痛，“厨荒往往炊烟绝，庭立时时小杖加”[2]。在父亲的严教威逼下，樊增祥初步立志不再走祖辈做武官的老路，而要走一条文官科举的新路。从此，开始学习科举必学的儒家“经义”，树立“忠孝为本”“知耻近乎勇”等传统思想。

当初，樊增祥之父曾聘请塾师教子，后来因请不起塾师，就让樊增祥与哥哥樊祹兄弟俩“自相师友”。其父督教特严：每日“坐斋中督课属（音“拄”）文（连缀成文，作文）”；儿子作文时，“每数行必取阅，阅毕数数呵骂”。这种“恨铁不成钢”、近乎“严酷”的畸形教育方式，源于对儿子期望过高过急。虽然在一定意义上促使少年樊增祥文思敏捷，但是压抑了少年人的天性。樊增祥后来之所以功成名就，另有原因，自不可引以为范例。当时，樊增祥母亲知道儿子喜欢书，常省吃俭用给儿子买书看。

樊家从官宦世家，突然沦为“罢官”之家；少年樊增祥从将门之后，突然沦为破落户子弟，当时的心理压力自然是很大的。然而，他并未心灰意懒，而是“蓄远志”，自强不息，发愤读书。樊增祥学习兴趣很广，最喜欢的是历史书，自称“平生爱读《春秋》传”[3]。这无疑对后来樊增祥的成长起了引领作用。从大

---

〔1〕 刘成禺：《世载堂杂忆》。
〔2〕《东园后集·五十自述（之二）》。
〔3〕《还山集·奉赠罗镇军一首》。

的背景来说，有“中国文化枢纽”之称的湖北，其文化具有交融性，且是擅长诗歌之乡，地域文化无形的滋润，给樊增祥提供了有利的环境。但是，樊增祥也有使父亲不省心的时候。樊增祥年少气盛，爱“讥讪流俗，凌侮贵游（无官职的王公贵族）”，当面批评他人过失；致使“谤者蜂起”，因此受到“家大人”的斥责，甚至禁绝其与他人往来[1]。

不过，大体来说，樊增祥的学业尚令父亲宽慰。同治元年（1862 年），樊增祥 17 岁中秀才，不久完婚。5 年后，考中举人。但不幸的是，樊增祥中举没几天，其爱妻彭氏病故。

---

〔1〕 陶在铭：《樊山续集序》。

“负米养亲”

后来樊增祥家庭生活越来越贫困，父亲的旧衣服、母亲的钗珥之类，都变卖完了，客观上已不允许樊增祥再闭门读书了。

于是，樊增祥“弱冠”时只好开始外出谋生，半工半读，“负米养亲”。自称：“二十始作乡塾师”[1]。“年少朱门学曳裾（喻奔走王侯贵族之门，原作“曳裾王门”），养亲负米食无余。”[2]后来樊增祥做了陕西藩司大吏时，还称自己是“老塾师”“鄙人书记（掌管书牍记录官儿，相当于现代的秘书）出身”[3]，即源于此。

庚午年（1870年），樊家又发生了一件很不幸的事：樊增祥的哥哥樊禴（礿斋）因病去世。樊增祥的母亲极为悲伤，本不想让小儿子外出谋生，“而不出又无以为养”，所以樊增祥只好一年“数出数归”。从此，父母便把振兴门庭的希望寄托在小儿子身上，樊增祥也倍感自己身上的担子更重了。他先后往来于潜江（县名，今湖北潜江市）、江陵（今荆州市江陵县）两地，担任书院院长、讲席等有五六年，借以养家糊口。这时樊家生活虽然艰

〔1〕《五十麝斋词赓·叙》。

〔2〕《东园后集·五十自述（之三）》。

〔3〕《新编樊山批公判牍精华》卷二九《批调署商州劳牧启恂禀》。

难,家庭却很和睦。例如,除夕守岁,母亲尽量做点家乡风味小吃,“热鳌一以翻,煎香达邻屋”,让儿女们高高兴兴过节;“阿姊况明惠,有妹皆婉淑”[1]。不过,当时因感于丧妻、贫困、陋习等,樊增祥的心情经常是孤寂的。

樊增祥在教书期间,生活很节俭,常吃素食,“闭门旬日学清斋”,甚至购买“汤饼一器”,亲自做饭,把省下的薪水全部“奉亲”。母亲知道儿子好读书,当他“每持馆金归”时,总是“捡数金”给他,说:“你留下买书吧!”其间,潜江讲舍破旧不堪,樊增祥过着“板屋秋风人独瘖,草堂春雨燕重来”的凄清生活,因此“一日离肠定几回”[2]。有一次樊增祥回家探亲,白天一早出发,直到山月快落时才回到家里。老父、老母用灯烛照见了儿子憔悴的面容,简直像看到“归宁女”一样,“慰问非一词”,“区区爱怜心,十倍未嫁时。又恐无久淹,还当成别离。甘滑适儿口,寒暖试儿衣……”而衣服不过是“短褐苟蔽身”,饭食则“菽水甘如饴”[3]!“老亲”看见所思念的儿子满面憔悴回来,问长问短,急忙给儿子换衣、做饭的情景,真切感人。唐人孟郊诗《游子吟》,写了“游子别”的动人场景,而樊增祥《抵家》这首诗,似乎可补“游子归”一幕了!

樊增祥虽然生活贫困,但是追求精神富有。他收藏、阅读了汉代以来的大量古典图书,边读边记,“名篇俊句,手所甄录者不下数十卷”。这为樊增祥后来的事业做了必要的知识储备。由于能够“精思博学,手熟心虚”;因此,他的诗文作品“如人人

---

〔1〕《云门初集上 · 除夕与姊妹侍家母作寒具作》。

〔2〕《云门初集上 · 潜江讲舍题壁》。

〔3〕《云门初集上 · 抵家》。

意中所欲言,而实人人所不能言”[1]。在潜江书院教书之余,曾写了《潜江杂诗十六首》等诗歌,咏物抒情。有一首赞美白鹤楼风光的诗:“白鹤楼中四面窗,白鹤楼下清溪长。田田尽种青荷叶,十里风来并是香。”以写实的手法,描绘出溪流、田荷、香风宜人的情景,一派美丽的水乡风光,令人读之有亲临其境之感。

樊增祥在潜江三年,不但对其自然风光产生了感情,而且与他的门生结下深厚的情谊。当他与门生分别时,“各各沾衣襟”。其中一名姓甘的门生,比樊增祥大了将近五岁,特别勤学好问,临别的头天晚上,师生“烛炳黯相对,无言坐达晨”。可谓“此时无声胜有声”!次日樊增祥启程时,许多门生相送,“临当渡河水”,甘生等“一再为鼓琴”,樊增祥感到“琴心一何悲,流水一何深。庶几千里违,犹闻弦上音”[2]!写真景真情,如泣如诉,以朴实的语言,抒发深挚的师生情谊,令人读之怦然心动。

---

〔1〕《樊山全集·叙》。

〔2〕《云门初集上·别甘生索生》。

名师指迷津

1867 年,正在樊增祥狂热写诗的时候,遇到了一位成为他终生"恩师"的大人物——张之洞。樊增祥小张之洞 9 岁。同治六年丁卯十一月十六日(1867 年 12 月 11 日),张之洞以"编修"之身始任湖北提督学政(后称提学使),任期 3 年;很注重对生员进行真才实学培养和砥砺名节的教育,并且能够不拘一格选拔人才。当时樊增祥在宜昌给人当"书记",恰逢张之洞来宜昌"视学"。

樊增祥与好友陶仲彝"各拟四首",经宜昌"郡守聂公携呈学使(张之洞),深蒙赏异",樊增祥被"目以国士"。因受此鼓励,次年春成为樊增祥"登龙之始"[1];张之洞见樊增祥文奇,"招致宾座,又推荐为潜江(心经书院)院长"。同时"奇其敏惠,尽以所学授之"。樊增祥从此"始知学问门径"[2]。

就樊增祥而言,张之洞堪称其第一位恩师和"伯乐"。张之洞的言传身教,对樊增祥后来走上仕途和登上诗坛具有深刻影响。樊增祥自称,后来张公(之洞)"以庚午(1870 年)三月科试

---

〔1〕《身云阁集·茉莉用渔洋〈秋柳〉韵》。

〔2〕《樊山全集·叙》。

荆州,增祥亦与分校(检阅)”。[1] 这表明樊增祥与张之洞关系已非同一般。又称:“庚午岁从南皮(籍贯,代称张之洞)师游,始有捐弃故技、更授要道之叹!举前所作,悉火之(全部烧掉它)。”“同治庚午后,从孝达(张之洞)师于武昌试院,纵言至于诗。师曰‘诗非有事勿作’”[2],教诲樊增祥“无事不做诗”。从此樊增祥“乃沉思锐进,无间寒暑,同辈中高才博学者,皆兄视之”[3]。

张之洞“诗非有事勿作”的观点涉及诗歌的思想内容问题,显然是继承了白居易“歌诗合为事而作”的主张,他认为作诗应当关注社会现实,有感而发,不可无病呻吟。樊增祥因受到张之洞的指点,虚心反思,于是在诗歌道路上有了很大的转折。

樊增祥被张之洞“目以国士”,又背负着严父的希望,虽然他热爱诗歌,却不能放弃登龙之志。因此,先后参加辛未(1871年)科、甲戌(1874年)科、丙子(1876年)科会试,可是都以“报罢”告终。

---

〔1〕《转蓬集·尚书师巡视荆州城赋呈一首》。
〔2〕樊山:《二家咏古诗.序》。
〔3〕陶在铭:《樊山续集·序》。

京考第三次“报罢”

光绪二年丙子(1876 年)春,已经是“而立”之年的樊增祥,怀着彷徨而沉重的心情,第三次进京参加此年的恩科会试。

一、第三次落榜的沉重打击

大年刚过,樊增祥就启程走陆路,过襄阳、铜雀台、彰德、磁州等地入京,栖居李慈铭(诗人、名士)师宅。这次樊增祥离家赴京,心里充满了矛盾,别绪忧思与希冀欢欣交织在一起。其称:“人间知己泪,无过别时真”[1];“朝辞夷陵(宜昌)渡,暮与石尤期”;“应是离乡苦,扁舟独去迟”[2];“白云更西去,延伫为衰亲”[3];“人生三十不称意,万事多悲了无喜……公车三上竟何意?箭垛空悬不著矢”[4];“已无彩凤双飞翼,空有春蚕未尽丝”[5];希望“上京得遂从游乐,底用人间黯淡名”[6];“百尺龙

---

[1] 《云门初集下·汉上录别追和陈二荫田》。

[2] 《云门初集下·泊枝江》。

[3] 《云门初集下·雪中登明远楼》。

[4] 《云门初集下·府河阻风作歌寄陈太守》。

[5] 《云门初集下·赠别内弟念窠》。

[6] 《北游·移寓爱伯师宅赋呈一首》。

门得共攀,春风座上每开颜”[1]。然而,又说:“灯前强寄‘平安’字,多恐开缄泪满衣。”[2]这些诗句,充分表达了樊增祥依依惜别和对第三次京试结果难以预料的彷徨心情。

结果,恰如鲁迅小说《白光》里的陈士诚:“这回又完了!”樊增祥连受三次登龙“名落孙山”的打击,以这次最为沉重。他情绪波动很大,自称“落榜情怀败将同”![3]颇有“落第无颜归故里,不知何处可藏羞”之状。先后在李慈铭、黄子寿、张之洞三位师辈身旁度夏、过秋、越冬,亲聆教诲,受到安慰和鼓励。可是,仍不免心情抑郁,以致一度患病,尔后则重振精神。这年入冬,樊增祥“居保阳书局先生(指张之洞)寓”。后来,樊增祥曾对挚友谈及寄居张之洞师门下的颓唐情景,“偃息保阳,局程多暇,稍事元览(亦说玄览,即深读),而牵于疾痛,误于帖括(应对经书考试的歌诀)。日月如流,学不加益。以告知己,能不慨然!”[4]

二、落榜不坠志

连续三次登龙考试失利,对樊增祥的精神打击是沉重的。然而,樊增祥并未气馁,毅然不坠其青云之志。

早在第一次“登龙”失败之后,他就曾经劝慰一位乡试落榜秀才,“吾道有升沉”“勿改岁寒心”[5]。他在第三次“登龙”失

---

〔1〕《北游集·奉怀李爱伯师二首(之二)》。

〔2〕《北游集·寄彦清辛楣仲彝书题后》。

〔3〕《朝天集下·邯郸道中两见门人何生和余磁州之作,辄书其后,仍用前叶》。

〔4〕《樊樊山文钞·答潘凤洲孝廉书》。

〔5〕《云门初集上·送吴秀乃落解还山》。

败之后，决心寄居北京，准备参加来年丁丑科考试。其间，难免有思亲、感伤的情绪，如“断带鸳鸯有旧恩，泪封尘积至今存。转头十二年来（指婚后）事，能得香衾几夕温？”[1]年底，樊增祥平生第一次在异乡“度岁”。

丁丑年上元前夕，即阴历正月十四日（1877年2月26日）夜，樊增祥写信劝慰一位落魄举人说：“丈夫生世，要当立功竹帛，显扬先绪（先辈的功业）；遻（音“挞”）世（乱世）虽蹇（不顺），贞志不移！”[2]同时，也是自我宽慰激励，认为，虽然“礼闱（礼部会试）三黜”，但是“考试犹博弈也，既有彼此胜负之分，则失意安知非我？”考试失利，“情同失马，谓‘非福’其焉知？事异攘鸡［事情不同于‘攘鸡（偷鸡）’典故；意为并非自我原谅］，尚来年之可待……”[3]樊增祥的励人自励之语，体现了其走科举“独木桥”的决心。

樊增祥第三次落榜后，准备再次应考。当年9月，收到李慈铭师的《复樊云门书》。李慈铭这封回信很长，且内容一反常态，极少涉及诗歌写作，而是大谈特谈中国古今官场腐败造成的冤假错案，给当事人所带来的无穷痛苦。其中，尤以自己所见当朝“邸钞”上披露的冤案为例，抒发激昂悲愤之情。

“慈铭每见《邸钞》所传各省京控之狱：有独鞫（审问）原告百余次，而不传被告者；有一家十余人尽死非命，而上控之人即死于辇（皇帝的车）下者……又颇闻己巳（同治八年）、庚午（同治九年）间，直隶（今河北省）有夫外出，不告

〔1〕《北游集·除夕写怀八首（之六）》。
〔2〕《樊樊山文钞·答潘凤洲孝廉书》。
〔3〕《樊山集·文乙·下第答友人书》。

其家人，或控‘妇杀其夫’。时曾文正（曾国藩）为总督，太仓（江苏县名）钱中丞（名钱鼎铭，历任直隶臬藩司、河南巡抚；巡抚别称中丞）为臬司，竟磔（裂杀酷刑）其妇！越三年，而其夫归。……夫膺高爵，享厚禄，腼（厚着脸皮）然居民上，而民之死生祸福，至悬待冥漠不可知之数，以冀（希望）万一之得直（得到公正判决），则生灵之痛尚有极耶？”然后对樊增祥进行勉励：

“慈铭夙喜读律，颇留心于世之狱讼。聊因近日所见，为吾子（弟子樊增祥）陈其略。……吾子慷慨开敏，雅志用世。刑狱者，生人之本，治乱之所由出；保定，又天下刑名之所出也（保定总督署设有“刑名幕”）。读书之暇，或一访之，于学问非无益者，幸留意！”〔1〕

李慈铭讲述官场腐败和冤狱案例，殷切希望樊增祥“留意”刑名，这无疑是给樊增祥未来走上仕途上了重要一课！

〔1〕《越缦堂文集》。

聆听张之洞师一席谈

樊增祥遵照清朝科举制度所规定的路线，继续艰难前行，期待着“鱼跃龙门”的一天。

“功夫不负有心人。”樊增祥第三次落第之后，毅然秉承父愿，通过留京一年的认真准备，第四次参加光绪三年丁丑(1877年)科进士科考试，终于“金榜题名”！时年32岁。

据樊增祥自称，“三十始挂北扉籍”，“丁丑通籍，侍南皮师于京邸，教以经世之学：‘书非有用勿读’”。具体情况是这样的：

樊增祥“金榜题名”时，恰逢张之洞师由四川学政(其间主持编写应试的《策学渊海统纂大成》)离任回到北京。师生已经六七年没见面了，久别重逢，又逢学生高中金榜，张之洞欣喜不已。接下来，张之洞却叹口气说：“你岂是要终生做个‘文人’吗？世界上的事情有远大的，然而你每天以‘风雅’自命，辜负我的希望呢！”樊增祥听了，惶恐不安，立即请教“远大”事业之道，愿意放弃所为词章之学，以后非有用之书不观。张之洞与樊增祥本来都喜好交谈，这一天越谈越兴奋，通宵达旦不止。内容海阔天空，上下千古，举凡时政得失的原因，中外强弱的情状，人才消长的缘由等，每谈一件事，都要反复探讨，弄清楚其来龙去脉、因果关系(樊增祥所著《广雅堂问答》一卷,就是当日谈话的略记)。真可谓“听君一席话,胜读十年书”!从此以后,樊增祥的人生目标发生了重大变化:决心要登上政坛,写诗只能是业余爱好。张之洞进一步成为樊增祥政治上的引路人。

一个人的成长和成功,离不开良师益友。樊增祥在考中进士前几个月,即同年正月十四日(1877年2月26日)与友人通信里,曾这样回忆自己的学习道路:“余秉资荏弱”,少年时“性癖嗜文史,而囿于乡曲(乡下),无师友之益”,虽然“喜制小文”“逞皇夸之词,卒未登于大雅”,“概可弃于江流”。后来因“逮事于南皮(张之洞)”“执经于越缦(李慈铭)”;到30岁“受知魁儒,结交才俊”,“张、李二师,以入室(弟子)见期,陶氏诸昆(仲彝、子珍等朋辈),以骨肉(亲人)见待”,真是“天幸”。[1] 樊增祥信中谈及的老师,除张、李二人之外,还有黄子寿、朱监利、雷少泉等。樊增祥虽然得到张之洞、李慈铭两位老师的“心许”,可是“总被‘申屠’(古代楚国官名,喻今人)冷眼看”[2]。

在与张之洞谈话之后,樊增祥把主要精力用于了“经世之学”,但是“亦未废吟啸”。

这时的樊增祥,已经是清朝的“准”官员了,因此,虽然有“我生堕尘海,日夕思江湖”的牢骚,然而他并非真心置身尘外,而是常常发忧国忧民之叹,盼望治国人才出现。如“老去廉颇惟善饭,事前赵括易言兵。纷纷灞棘皆儿戏,谁为官家致太平?”[3]“白日萧萧易水寒,悲歌不独为轲丹。吴钩锦带分明在,

---

〔1〕《樊樊山文钞·答潘凤洲孝廉书》。

〔2〕《东园后集·五十自述(之八)》。

〔3〕《金台集·都门杂感八首》。

提向灯前百遍看。"[1]这些诗句,反映了樊增祥初步的"国士"情怀。他以前的诗歌内容,几乎不出文友酬答、风花雪月、山水亭阁情景,而今,他开始关注国计民生。

但是,此时樊增祥尚未"睁眼看世界",依然固守往昔睥睨"洋人"的心态,对于清廷开始与外国互派使节的做法,嘲讽说"已见仙槎通碧澥(渤海),亦闻蟹发(喻洋人发型,含贬义)觐彤庭(皇宫)";仍然幻想"待取中朝相司马,四夷拱手慕华风"。[2]但这种心态,后来随着国家形势的日趋恶化而逐渐有所转变。

---

〔1〕《金台集·残腊如保定开岁还都往返馀二十日杂记以诗》。
〔2〕《金台集·都门杂感八首(之二)》。

双喜临门

光绪十年(1884 年)正月,樊增祥终于成为陕西宜川知县(亦称县令)。按照清代"月官"掣签(抽签)选任制度,具体选任过程是:正月二十八日(1884 年 2 月 24 日),樊增祥再次掣签(同时有 13 人),初步选为陕西省延安府宜川县知县;再经吏部堂官出具"履历引见折"请旨,带领应选官员樊增祥到乾清宫引见光绪皇帝,经过"面试"得到允准后,由吏部"给凭赴任"。据当日吏部奏"履历引见折"称:

"简缺(外放官)樊增祥,湖北进士,原籍四川。年三十七岁,由回避即用知县咨明(征询明白)亲老。光绪九年十二月分轮选到班,签掣直隶唐山县知县,系属远省,应以近省改选。今(引者按:指光绪十年正月二十八日)签掣陕西宜川县知县缺。"〔1〕同折,附有樊增祥同日的"呈御览"奏文称:

"臣樊增祥,湖南施南府恩施县进士,原籍四川,年三十七岁,由回避即用知县咨明亲老,签掣直隶唐山县知县,系属远省,应以近省改选。今签掣陕西延安府宜川县知县缺。敬

〔1〕《清代官员履历档案》(第 27 册),华东师范大学出版社 1997 年版,第 585 页。

缮履历，恭呈御览。谨奏。光绪十年正月二十八日。"

樊增祥的恩师李慈铭，得知樊增祥"将出宰宜川"这一消息，非常高兴，于甲申年二月二十九日(1884年3月26日)为樊增祥题诗一首，以示鼓励：

自有高歌动鬼神，樊英才调信无伦。
谁言北地多浮响，未许东川说替人。
一入蓬莱依日月，七传弓剑照麒麟。
如今小试神明宰，种稻公田为养亲。[1]

同年三月的一天，在媒人的特意安排下，樊增祥偕朱舍人(亲近之人朱某)游北京西山，这天，北京女子祝某"随母烧香"与樊增祥相见，彼此留下了美好印象。

樊增祥回京城后，暂时在宣南北半截巷内，"借朱二楞屋"安家。闰五月四日(6月26日)，樊增祥举办婚礼，迎娶祝氏。祝氏小樊增祥10岁，人很贤惠。其师李慈铭亲往祝贺，还赠送给新娘化妆用品滑石粉。张之洞师也热情祝贺，除馈赠婚礼"五十金"，还祝盼"晚娶"的弟子"生男"[2]。此时，樊增祥虚岁39岁，距前妻亡故独身已17年，被友人称为"奇男子"[3]。这一年是樊增祥人生的重要驿站。后来樊增祥回忆说："甲申服阕，谒选得宜川令，是岁始胶续，余年已三十九矣！"诗称："韶华毕世能多少，禁得寒房十七年"；"娶妻生子从头起，已阅韶光四十春"。[4]

---

〔1〕《樊山全集》卷首题。
〔2〕《樊山集·文乙·谢南皮师赠婚费启》。
〔3〕余诚格：《樊山全集·叙》。
〔4〕《东园后集·五十自述》。

泣别恩师

甲申年(1884年)秋天,樊增祥即将离京赴宜川任,写信向张之洞师辞别说:“倘或前缘未尽,定重逢问字之车(喻再次从师受学);如其后会难知,誓永立来生之雪!”张之洞“见而恻然流涕”[1],以诗安慰樊增祥说:“时危只要同心事,岂在南鸿寄寸缄?”[2]李慈铭师赠言鼓励樊增祥:“子之诗信美矣!而气骨少弱。关中,汉唐故都,山川雄奥,感时怀古,当益廓其襟灵,助其奇气。老夫让子出一头矣!”[3]樊增祥在其人生的十字路口,得到恩师指点,坚定了到宜川就任的决心。古人说“经师易求,人师难得”。[4] 而樊增祥得到两位既是“经师”又是“人师”的指点,樊增祥何幸!师恩何量!

陕西古称“秦”,已有3000多年历史。清朝末年虽然社风比较闭塞,但是历史文化积淀很深,地域特色非常鲜明。李慈铭所说“关中汉唐故都,山川雄奥”两个历史地理特点,言简意赅,表现了一位名师的远见卓识。后来事实证明,樊增祥到了陕西,

---

〔1〕《南亭笔记》卷十六。

〔2〕《樊山政书》,中华书局2007年版,卷一六《批白河厘局仇令禀》。

〔3〕《樊山全集》续集《自叙》。

〔4〕《北周书·卢诞传》。

可谓如鱼得水，充分发挥了其聪明才智，不仅在政治活动方面有所建树，而且在诗歌创作方面也取得了新的成就。但是，从此樊增祥只能做一名“业余诗人”了。

七月二十四日（9 月 13 日），樊增祥携眷离京，恩师李慈铭为之送行，师生二人“涕泣言别，惨然久之”。

宜川知县任上

光绪十年(1884)十月,樊增祥以“翰林外放”之身,第一次成为“虎头班知县”,正式赴宜川知县任。清朝的宜川县(属延安府)知县共计64任,樊增祥系第52任,时年39岁。

宜川县历史悠久,原名义川县、云门县,宋朝改为宜川县。该县地理特点鲜明,全境“沟壑纵横,川塬相间,梁峁起伏,峭壁矗立”,“驰名中外的黄河壶口瀑布”就坐落在宜川边境。[1] 陕西历史上曾有过繁盛的“汉唐气象”,然而,清朝的宜川县却是个贫困县。樊增祥早有思想准备,初到该县,即继承古代贤吏之风,首先察看一番地理人文环境,然后写出“安民告示”《宜川观风示》(出题课士称“观风”,一般先出告示),希望鼓舞宜川县老百姓的“士气”。他饱含诗意和乐观情绪写道:“教人者非一术,而文在所先;可爱者非一民,而士居其首”;“有识之士,不以兵岁两荒为可忧,而以学校一荒为大惧”。[2] 这说明樊增祥是把“文化扶贫”和培养“文士”放在施政第一位的,这是有远见卓识的。后来他每新任一县,也都要出题考“士”,借以鼓舞民气,发

---

〔1〕《宜川县志·概述》。

〔2〕《樊山公牍》卷一《到宜川任观风示》。

现人才。不过,樊增祥在宜川任职仅 10 个月,其间被上司频频调动借用,政绩不很明显,但是也有可圈可点之处。面对宜川贫困落后的状况,樊增祥做了三件使他终生难忘的事情:

第一件事是如实反映灾情。光绪三年(1877 年),宜川"遭遇凶饥,死亡过半,农田草宅,尺土不耕";"十室已空其八九","庭无讼谍而常闲";次年仅恢复耕地三成五分,停征"上忙"公粮。到了光绪五年(1879 年),复耕"曾未一年"。然而,前任知县李殿爵却掩饰和轻报灾情,居然"骤加至八成之多"。樊增祥指出,"彼岂有神驰鬼使、厘荒作熟之术哉!其为罔上虐民无疑矣"[1]!他为民呼号,"采薇曾陟(登高)北山阿,土旷丁稀可奈何?蓬户生男应受赏,荒田无主尚催科"[2]。他联想到古代先贤,"小范(范仲淹)作《岳阳》之记,忧乐同民;大苏(苏轼)判翔(凤翔)时,以文章名世,入座而不衣自煖",于是他"誓欲吁天而请命"!便以"一笺上霸州中丞(陕西巡抚边宝泉,直隶霸州人),深蒙嘉许","北山荒粮"的情况"始得达于宪听"[3]。可是,樊增祥始料不及的是,他如实反映宜川人民的痛苦状况和抨击前任县令虚报耕地行为的举动,后来却让他"几因此获咎"!原因是,他所谈"病(问题)多"而"药(解决办法)少"。

第二件事是"免行户"负担。樊增祥听信一位"方菊人先生之言",出于好意,实行"免行户(免除生意人的额外税务)"。可是"行头照例收帮,众皆哗然曰:县官出示'免行',何敢复'帮'?行头则曰:一处'免行',他处仍'支行',安得不'帮'?数月之中,

---

〔1〕《樊山公牍·上边中丞论宜民赔纳荒粮状》。

〔2〕《关中集·秋林寺二首》。

〔3〕《樊山集·文乙·至宜川与友人书》。

因此涉讼者凡十余起”。樊增祥“始悔小惠之不足行也。……”以后,他便“不复免行,但少取而已”[1]!这两件事,对初仕的樊增祥刺激甚大,他被迫自敛锐气,叹息道,“扫除天下非吾事,衹办萧斋对短檠(灯台、器物)”[2]。由于宜川地理条件的艰苦和初次为官的不顺,以致二十多年后樊增祥回忆起来,仍有“蓬山之谪籍”之叹[3]。

第三件事是下乡劝农耕。樊增祥面对贫困的宜川县民,虽然寺庙钟声悠扬,但是作为亲民之官,他认为“谁能抛却公家事,卧听秋林寺里声”[4]?他亲自下乡,督查开荒春耕生产,“行舆置笔札,随处记村名”。

樊增祥由于为民请命、免行户负担和重视“农耕”,而且全县“不独官清吏也清”[5],因此,一时呈现出“讼堂惟有捶(抚)琴声”的局面。[6] 当其调离宜川赴省时,“父老依依恋旗旌”,“惭被人呼‘班景倩’(唐朝人,字文融,初任采访使,吏事严,后任京城大理少卿)”[7]!这说明樊增祥首次任县令,虽然有苦恼,但基本上是胜任的。

之后,樊增祥调动频繁,依次两任咸宁,两任长安,一任富平,三任渭南等知县。

---

[1] 《樊山政书》,中华书局 2007 年版,卷一七《批华州褚牧禀》。
[2] 《关中集·入夏以来吏事稍简甫能洁治一室排比书画系之一诗》。
[3] 《樊山政书》,中华书局 2007 年版,卷十七《批邠州张牧世英禀》。
[4] 《关中集·春兴八首(之三)》。
[5] 《关中集·春暮至近郊劝农三首》。
[6] 《关中集·入夏以来吏事稍简甫能洁治一室排比书画系之一诗》。
[7] 《关中集·七月既望早发宜川即事》。

渭南勤政

光绪十七年(1891 年)十月,樊增祥题补(题奏补任)西安府渭南县(今渭南市)知县。清朝渭南知县共有 135 任,樊增祥前后 3 次赴渭南任,首次是第一百二十四任。

渭南,自古有“三秦要道,八省通衢”美誉,是宋朝著名政治家寇准(莱国公)的故乡(下邽人),唐朝著名诗人白居易在此留有故事(其母葬于下邽,曾在渭村丁忧三年)。渭南是个大县,政务繁重。樊增祥到任后,首先了解该县的风土人情,写下《渭南观风示》,借以鼓舞民气。樊增祥初任渭南知县,“嫉恶爱民”,颇有政绩。可是刚任职三个月,即于光绪十八年正月(1892 年 2 月)第二次调任咸宁县。后来两次回任渭南,正是清末社会日益动荡、精英志士人心思变的时期。

樊增祥于光绪十九年癸巳二月十七日(1893 年 4 月 3 日),由咸宁第二次回任渭南县,次日接印,从此开始了比较稳定的“亲民”政治生涯,时年 47 岁。樊增祥称,此时他犹如“马脱缰”“渭南水竹足徜徉”,甚至有一种归属感,认为“子孙居此即桐乡”[1]。在第二次任职的四年内,樊增祥以自己的非凡才情和

---

〔1〕《东园后集·五十自述》。

政绩成为陕西名吏。

樊增祥第二次到渭南任职次日，即寄语僚属，表明相与和谐共事的愿望，“我是曲江堂上燕，人间鹰隼莫相疑”〔1〕。然后积极开展文教、政务活动。如他“倡捐银一百两”，支持修复“景贤书院（今为景贤中学）”〔2〕，“所有束脩膏奖均由”他“给发”〔3〕。任职第二年，即甲午战争之年的“光绪二十年（1894年）冬，倭氛不靖，陕甘士马络绎北援”，樊增祥率渭民参与物资“转运”〔4〕。

此外，樊增祥还亲自到五凤书院讲课，特别是有一次甘冒“犯上”之名，力驳省藩司陶模将渭南仓粮调拨到省仓的命令。再有一件事是，废除前任知县冬天“作暖窑养花，以供大府（巡抚、总督）”的媚上之举。由于同情百姓，顺从民意（大到为民减负，小到支持民俗演剧），加上办案公正、近情入理，颇有口碑，樊增祥感到为官之乐，说，“近来转觉诗名减，争道夷陵（宜昌，代称樊增祥）吏事长”〔5〕；“政拙惭时誉，交疏结古欢。老知为善乐，贫觉去官难”。并总结做官之道，“政令如冬日，风光爱晚霞”；“民朴须知学，官清要近情”〔6〕；并强调“好官无过近人情”！〔7〕 樊增祥在渭南任上，政绩卓异，主要表现在以下几个方面。

---

〔1〕《紫兰堂集·癸巳二月十八日到渭南任赋示僚友》。

〔2〕《新编樊山批公判牍精华》卷五《批职员曹元价禀词》。

〔3〕《樊山公牍》卷三《通禀各宪》。

〔4〕《樊山公牍》卷三《禀善后局》。

〔5〕《东园后集·春昼》。

〔6〕《身云阁后集·冬日即事》。

〔7〕《身云阁后集·答刘明府见寄即用留别》。

一、“嫉恶爱民”

“嫉恶爱民”,是樊增祥的突出政绩之一。他曾经清理积案,严厉惩治恶衿、讼棍,扶持民间正气。

(一)清理积案

樊增祥到任之初,渭南县社会矛盾尖锐复杂,诉讼案件层出不穷,樊增祥把清理积案作为第一要务。“他判案果断,治县有方。上任数月,判理48起积案,撤4位秀才资格,平反民间冤案,绅畏民服。”[1]自称:“上控发县未讯、未结、未销之案,至四十八起之多,每检一卷,皆厚尺余,几于目眵(音“吃”,视力模糊)心悴(心力衰弱)。”[2]13年后,樊增祥任陕西藩司时,在给渭南县令刘德全禀文的批示中曾谈及此事,“在渭六年,所断旧案何止二三千起!”[3]关于清理旧案,其中对于渭南县凭信里(樊增祥诗里又称“义城里”)发生的一起“李虎娃杀人案”,进行复查纠正,可窥一斑。

据原17岁案犯李虎娃供述,光绪十八年九月二十一日(1892年11月10日)二更(古时夜间计时名称,指晚上9点至11点),自己被在后院车房同住的雇工彭某欲行鸡奸(未遂)惊醒,心里气愤,就用顺刀(军用佩刀)把彭某砍死。前任渭南县令,草草依据李虎娃口供禀报西安府及陕西省臬司,均被以“疑窦兹多”为由驳回,要求新任渭南县令樊增祥重新核查禀报。樊增祥通过“微服”查访,对这时年已18岁的案犯李虎娃“再三

〔1〕《渭南县志》。

〔2〕《樊山公牍》卷二《到渭南任上抚宪禀》。

〔3〕《樊山政书》,中华书局2007年版,卷一九《批渭南县刘令德全禀》。

开导”,并对李虎娃的母亲杨氏和其他旁证人“隔别研讯”,终于查清了李虎娃杀死彭某的真正原因和经过。原来,案件真相是这样的:

当天夜间,李虎娃为病中的父亲出门买糖,为壮胆带了把刀。其时,母杨氏到后院倒“恶水(泔水)”,雇工彭某乘机将杨氏劫持车房内行奸(彭某平时还曾污辱过虎娃的堂姐)。李虎娃买糖回来闻声撞见,举刀砍向彭某,彭某夺刀,被杨氏抱住,彭某挣脱追虎娃,被院子里的粪堆绊倒,坐起来后再追虎娃,于是虎娃在彭某脖颈“狂砍两下”,彭某“当时身死”(按今天刑法观点,虎娃的行为应属于“正当防卫过当”)。事后,杨氏对儿子虎娃说,“万不可实说,若说出,我只有一死”。虎娃遵从母命,隐瞒了实情。案发没几天,李虎娃之父病死。

樊增祥在复查报告末尾,写出了自己对本案的意见:“李虎娃弱龄杀奸,挺身认罪,其始激于义愤(见义勇为),不愧丈夫;其后曲全母名,可称孝子!”李虎娃最终被“减徒”为“二年薄罚”。[1]

此案深刻说明,办案不可轻信口供!樊增祥以诗语感叹:“不少沉冤牢户底,爰书(侦查文书)出入慎秋毫!”[2]古今谚云,“官清民自安”;“处理一案,影响一片”。樊增祥初到渭南任时,每天有诉案数十起,后来每天不过十数起,甚至出现“讼庭斑驳长青苔”情形[3]。可贵的是,判词都是樊增祥亲笔所写,特别是由于樊增祥审理案件快速而又公允,影响及于邻县,连临

---

〔1〕《樊山公牍》卷二《李虎娃杀人案讯实通禀》。

〔2〕《镜烟堂·李虎娃诗》。

〔3〕《东园后集·五十自述》。

潼、华州有的案件当事人也慕名前来求樊知县评判，只是碍于“隔属”关系，被樊增祥劝回。

（二）惩治恶衿

樊增祥到渭南任职以后，了解到某些秀才败类横行乡里，以致民间“畏衿如虎”。樊增祥称，自己“向（向来）崇黄老（黄帝、老子，属道家），不乐申商（申不害、商鞅，属法家）；不幸，而当积孱（积弱）不振之余，不得已而出于毛鸷奋击之举，扪心疾首，无可如何”[1]！“本县（本知县）历任五邑（指宜川、礼泉、咸宁、长安、富平5县），未尝斥革一衿；甫（刚刚）到此间，详（报告）革四人。”[2]

经他上禀“斥革”的恶衿，共5名，分别是：“恃衿健讼，陷害无辜”的郭炳章[3]；贪骗图赖、败坏“寒士生涯、秀才门面”的塾师吴采芹[4]；“心为色蔽，形类疯魔”，诬告他人的牛光汉[5]；“横行乡里”“控案累累”的武生郭占鳌[6]，还有停妻诳娶十一岁幼女，“诬告‘拐逃’，累人讼毙，幼妻虐死，私殓私和，捏递息结”，且“忤逆不孝，奸狡凶淫，为富不仁，得罪名教”的“武生”詹炳蔚。[7] 这些小有“功名”的不法之徒，形成一伙村霸、乡霸，致使老百姓敢怒不敢言。樊增祥作为官吏，对于“为谁服务”问题是很明确的。自称，他在渭南任上的基本行政思想是“日以保

---

〔1〕《樊山公牍》卷二《到渭南任上抚宪禀》。
〔2〕《批》卷五《批郭炳章呈词》之二。
〔3〕《樊山公牍》卷二《生员郭炳章民人任居兴互控一案详稿》。
〔4〕《樊山公牍》卷二《生员吴采芹上控田世聪一案详稿》。
〔5〕《樊山公牍》卷二《生员牛光汉上控史老八等一案详稿》。
〔6〕《樊山公牍》卷三《斥革武生郭占鼇一案详稿》。
〔7〕《樊山公牍》卷二《斥革武生詹炳蔚一案详稿》。

富为心”[1]，“于绅富被控，察系钱债细故，从不轻于传唤；盖绅士必爱‘体面’，而不欲令其屈膝公庭”[2]。但是，对于绅富中的败类、衿衣中的害群之马，并非一味容忍。上述惩劣绅、革恶衿的案例，足以证明。

樊增祥敢于“碰硬”的举措，对渭南的恶势力起到了一定的震慑作用。他对于已被斥革而服法的劣绅，不追既往之咎（如对劣绅姜恒泰）。称：“本县（自称）一生，但知捕当道之狼，不欲打落水之犬！”[3]意思是，自己勇于惩罚正在台上的现行恶人，而不打压已经塌台的坏人，以示其无畏的正气和“不为已甚”的仁义之心。鲁迅先生曾经把“落水狗”区分为不同情况，不赞成笼统地“不打落水狗”。

（三）妥善处理民教纠纷

19 世纪末，我国民教矛盾日益突出，教会往往出面干预词讼，几成普遍现象，渭南县也不例外。但是，樊增祥能够从容、公正处理涉外案件。例如，光绪十九年（1893 年），洋教士高陵林、穆思礼，向渭南县知县樊增祥禀控两件事，要求予以处理：一件事是诉称渭南卢苍村教堂两次“失盗”，要求县令惩办可疑的中国人，却提不出任何证据；另一件事是称有渭民“诋毁”天主教，说“吃斋念佛入了邪教”“弟子儿姐愿入佛教”“一入佛教便失身”等。对于第一案，樊增祥一面请示上级，一面据理批驳，要求传教士提供证据，认为所控失盗“赃证不足”，并以彼国法律反诘，该传教士哑口无言。对于第二案，樊增祥认为，“诋毁”之

---

〔1〕《新编樊山批公判牍精华》卷一四《批雷益寿呈词》。

〔2〕《新编樊山批公判牍精华》卷一二《批雷炎祥呈词》。

〔3〕《新编樊山批公判牍精华》卷七《批盛代勋呈词》。

词“专指佞佛而言，实与天主教无干”，因此予以驳回，并且“心知为本地教民挟嫌唆使，遂未深究”。可是，该传教士却小题大做，居然“移文”陕西臬司、巡抚，诬称渭南知县“养盗、毁教”之罪；幸亏抚、臬明察，将彼“移文”两次“掷还”，“夺彼教之气”！[1] 樊增祥面对洋教士的压力，据理批驳，不卑不亢。一名“七品芝麻官”，在当时处于弱国地位的历史条件下，其凛然正气，自属难能可贵。

（四）行政恤民

樊增祥因为长期身在基层，对“民情”深有了解，积累了丰富的政治经验。樊增祥任渭南知县的 6 年（实际在职 4 年）中，政务繁重，除了惩办为害乡里的恶势力之外，还处理了大量民事纠纷；除了治理本县政务外，还兼“遥领幕府事，岁尝六七诣省”，甚至还受委审理他县的疑难案件[2]。樊增祥体恤渭南人民，突出的有三件事：

第一件是为渭南备荒。樊增祥在第二次渭南知县任上，曾经禀告陕省藩司，申述不宜将渭仓粮移省备赈的理由，建议“以渭民屡易之粮，留为渭南不虞之备”。樊增祥写这篇公牍，时值冬夜，“寒夜指僵，几不成字……”其中称：

“顷据该仓绅等恳称：‘此项麦石储于县仓者十余年，曾经两次出易（调换），皆以霉变之粮易为新好，百姓每易一斗，辄吃亏四五升。原冀（希望）长存仓庾，用备凶荒；今一旦运省，是渭民两次受累，而反吐哺以餍他人。且渭民亦

〔1〕《樊山公牍》卷二《夹单禀臬宪本府》。
〔2〕《樊山公牍》卷三《委审临潼民人房秀柱上控方太明等一案详稿》。

宪台(御史的通称,喻藩司)之赤子也;渭之县仓亦宪台之外府也。天灾流行,何地蔑有?万一他日渭民需赈,宪台又移粟以食(音“四”,拿东西给人吃)之,其运费与今日等是,一往复间,已掷数百石于道路矣!’卑职(下官,樊增祥自称)察其情词恳切,不无可悯,用敢函禀宪台:可否以渭民屡易之粮,留为渭南不虞之备?若蒙俯准,盼幸实深。寒夜指僵,几不成字。伏惟宥其狂愚”[1]。

禀文首先借仓绅之口陈述违命理由,然后婉转表明为渭南百姓请命的意图,更以寒夜烘托激动之情,可谓曲尽苦心。

第二件是当众焚烧私记的放账簿。樊增祥称:“光绪十九年(1893年)莅任之初,有放账铺执账本指控穷民。年月已深,无中无约,但以私记之簿为据,蔓讼不休”;“察其人不可理喻,亦不屑法责……举其簿就烛焚之,其人踊跃大呼,而簿已烬矣!观者数百人,无不称快”。[2]

第三件是处理一起图奸“私了”案。富户“张文贵素性刁横”,其弟张印儿“倚兄作恶”,与“佃住李蒲城房屋比邻而居”。“李蒲城者,庸懦无能,娶湖北客民刘洪财之女为妻,家有一祖母、一婶母,种地度日。”“光绪二十二年五月二十八日下午,李刘氏赴后院小遗,不意印儿预匿院内拥抱图奸,刘氏喊拒,伊祖母等闻声趋视,印儿乘隙走脱,刘氏即日羞忿吞烟(鸦片)。李蒲城由地工作回家,救治无效,于是夜毙命。”张文贵知事难了,央人“管说,当经议定,文贵备具棺木,并出钱三十串买人了事,

[1] 《樊山公牍》卷三《禀张藩台》。

[2] 《樊山公牍》卷三《复李臬台禀》。

蒲城依处息讼”。

县令樊增祥将“图奸酿命”的张印儿“笞责管押”后，尚未及审理，张文贵“明知诬告有罪”，竟嗾令其母张傅氏以“差匪串害等情”上控于陕臬司，后批转西安府。张傅氏上控状狡称：“樊县主清廉正直，实系恤民之主，但为恶差蒙蔽”云云。

樊增祥深知其“用意狡谲已极”！4 年以来，张文贵已“诬控五起”，“招审必翻供”，“狡桀性成”，如此反复下去，“则良懦之民如李蒲城等辈者遭其拖陷，终无已时”。可是，“办罪，固属碍难（因为已经“私和”，且“未报请验尸填格”）；不办，亦嫌轻纵”。于是樊增祥请示西安府：“可否从权酌照省章，锁系铁杆一年，以示惩创？……”[1]此文，字里行间饱含嫉恶恤民之情，并识破张文贵的“狡谲”伎俩，不为所动。

樊增祥还提倡敬老、和谐家风。据称，他曾经趁慈禧六旬之年（1894 年），详请西安府太守文某上传旌表渭南“百又十岁”的老妇徐何氏，但是文某“深忌余”，“不为上达”[2]。

此外，樊增祥还带动吏民植树，改善县城百姓生活环境，曾经以充满豪情的诗句说：“六房判草皆亲笔，大道垂杨尽手栽”。[3] 樊增祥勤政恤民，给渭南县带来了前所未有的新气象。他的朋辈陶在铭当时在徐州任职，谈及樊增祥在渭南从容行政的情况说：“君（指樊增祥）弹琴而治，余（自称）戴星出入，而治才相去宁（岂）止三舍而已！”甚至说，樊增祥“居渭南久”，“风

〔1〕《樊山公牍》卷三《张文贵上控李蒲城等一案详稿》。

〔2〕《樊山批牍精华·西安府详》。

〔3〕《身云阁后集·将去渭南留别士民》。

俗清美,他州之民,称为‘仙界’”[1]。虽然不排除有恭维、夸饰成分,但也绝非无根之言!樊增祥回顾自己多年的知县生涯,常常以苏东坡为榜样,除了尽心公务,就是读书赏画,陶冶德性。自称“极知名利不如闲,谢遣车徒学闭关。温故书如逢故友,得佳画似品名山”[2]。自豪地说:“度曲(唱曲)奕棋和饮酒,祇应三事不如人!”[3]“擢登大县(指渭南)历四五,亦有虚名惊八垓(八方)。”[4]

樊增祥在渭南任职期间,曾经把破旧的县衙修整一新,也反映了当时樊增祥轻松的心态。樊增祥自称,因感于“县庭苔藓积,何异野人家”[5]?又因“瘁居既久,吏民翕然(安定),讼狱稀简;乃稍葺治(修整)官舍”。其听讼的大堂,名之为“镜烟堂”,是借用西晋陆机的话,“我静如镜,民动如烟[6]”。其办理行政事务的房舍,名之为“身云阁”。此外,还在官署东面一块空地里栽种了花木,并建了几座小亭子和房子,给它们分别起了富有诗意的名字,即“交花舫”“画妃亭”“晚晴轩”“夜话斋”“东风亭”等。每逢政务余暇,即“觞咏其间”[7],回归其诗人世界,“将诗为日记”[8]。

然而,舆论不可能一律,有赞誉之声,同时也就会有贬损之音。如在政事方面,有诋毁樊增祥“贪酷之声,道路喧传”“为恶

---

〔1〕《樊山续集·序》。
〔2〕《青门消夏集·闲居》。
〔3〕《青门消夏集·客笑余不作饮酒诗,书以自解》。
〔4〕《西京酬唱后集·倒叠高斋韵简执菴弢甫湘农》。
〔5〕《身云阁后集·冬日即事》。
〔6〕《陇西行》。
〔7〕《樊山续集·自叙》。
〔8〕《樊山续集·冬日即事》。

多端”的；在生活作风方面，有诬损其“帷薄不修”，“强占其妻之妹”，将其妻之女侄“列诸侧室”的[1]。这后一种声音，显然是居心从政声（官品）、德声（人品）两方面彻底否定樊增祥。关于樊增祥的政声好坏，无须一辩。至于其私德，只要了解樊增祥在前妻亡后曾历17年“不御内”；只要知道樊增祥后来曾经悲愤地写道：“小人之制君子，必故加君子以不可受之名，使君子怄气，而小人快心”[2]，便不会失去判断力。

二、文才助吏才

自光绪十年（1884年）以来，樊增祥已经“服官十年”，积累了比较丰富的行政实践经验；特别是到渭南任上，展现出了不寻常的政治才干。其特点是，以文才助吏才，而吏才在很大程度上表现为办案能力。

樊增祥审判案件，深得民心。他在前十年的为官生涯中，办理了大量案件，所写判词（今称判决书，是司法文书的核心）说理透彻，判决公允，语言朴实生动，深受老百姓喜爱；常常是判词一出，很快就传开了。光绪二十年（1894年）首次雕版《新编樊山批公判牍精华》，樊增祥自题书名，笔势遒劲挺拔，显示出快意和自信气概。自称“余服官十年，凡有讼牒，皆手自批答，先后殆以万计；光绪丁亥（1887年）以前概未录副，而民间颇有传抄”，现“得十分之一”[3]。樊增祥的判词，真实地反映了清末陕西的社会矛盾和当时的民生、道德、法律状况，有助于真切地了解清末

---

〔1〕《梵天庐丛录》卷八。

〔2〕《樊山政书》，中华书局2007年版，卷一七《批华州褚牧禀》。

〔3〕《樊山批判·自序》。

社会。

此外,据《渭南县志》记载,樊增祥于光绪十七年(1891年)至光绪二十三年(1897年)任该县知县六年间,制作了大量关于渭南政务的公文,其中有16篇存留下来,是了解清末渭南历史的重要文献。当年,渭南城外有个名为"灰塠"的古遗址,"俗传始皇焚书处"。樊增祥有个愿望,即"渭南官满惟书在,不作秦时简册灰"[1],他这一愿望,部分得以实现。

樊增祥任渭南知县期间,因其公文写作优异,深受上司赏识,以致"宪台国士相知",常受命代笔重要文告,实际成为县令兼省府幕僚。例如,曾经《代密县方伯拟积谷备荒详橐》一篇,称"存粮既富,凶荒可以救民,缓急亦可以饷军"[2];曾经代西安将军荣禄献给慈禧六十大寿祝词一篇;1895年又写《代荣将军赠鹿中丞叙》及为荣禄和陕西巡抚鹿传霖代笔《陕西癸巳恩科武乡试录叙》两篇;后文向慈禧和光绪皇帝表示谢恩,其中不乏阿谀之词,如居然把落后贫困的清末社会美化为"寰海镜清""天下咸歌"。虽然是"代笔",但是也难免在一定程度上注入了代笔人的思想感情。樊增祥以文才助成其吏才,其文才和吏才,使他能够结识权贵,从而造就了后来仕途攀登的阶梯。例如,樊增祥代西安将军荣禄献给慈禧六十大寿祝词一篇,为荣禄缓和与慈禧一度的紧张关系起了积极作用,荣禄不久复升步军统领(九门提督)。事后,荣禄曾经赠送樊增祥一件美丽的工艺品连环药瓶,樊增祥立即写感谢信说:"蒙赐连环药瓶一枚,珍珠排字,铍(音"批",长针)镂成花。合,为金印之一方;开,则潼关之

〔1〕《青门消夏集·曝书》。
〔2〕《樊山公牍》卷三。

四扇，君臣佐使，名次厘然，甲乙丙丁，部局不紊。报之青玉案（一种贵重的食器），深愧‘桃投’……自惭锁骨之轻躯，吏作神仙，深感延年之美意……”[1]极尽“受宠若惊”和感激之情。后来樊增祥仕途腾达，与荣禄“投桃报李”有直接关系。

---

[1] 《樊山集》卷二四《文乙·谢荣将军惠连环银药瓶启》。

灵动的樊增祥判词

樊增祥曾历任陕西宜川、咸宁、渭南等县令15年。其间所著《新编樊山批公判牍精华》一书，享誉生前身后。

樊增祥任“亲民之官”期间，制作了数以“万计”的“批判”。然而，遗憾的是，大部分都散失了，于光绪二十三年(1897年)任渭南县令时，只选该县的十分之一与其他县残存的合为《新编樊山批公判牍精华》一书。所谓“批判”，是“批词”和“判词”的简称。批词，相当于今天的法院调解书或裁定书；判词，相当于今天的判决书，二者内容结构有简繁之分，但是具有同等法律效力，同属于“断狱之词”，概称为“判词”。古又称“判花”“判状”“书判”“判语”“判牍”等。

樊增祥审理案件的程序，大体是针对当事人的呈词(又称禀词，含诉词、恳词、晰词、息词、催呈等)，“随来随答”，且“皆手自批答”。由于其批词公正切要，多数当事人立刻罢讼，所以樊增祥基本上是“以批为判”。清朝司法制度，民事、刑事、行政三大诉讼合一，州县审理的案件，基本上属于一审案件，且大多是民事案件；其中案情轻微的为“自理”案件，案情较重的为“审看”案件。《新编樊山批公判牍精华》，相当于今天法院的一审裁判文书。共有1642篇(判词12篇，本文统称为判词)，总计

269,000余字。

一、樊增祥判词的特点和意义

樊增祥任陕西"亲民之官"时,出于自信,实行"开放式"审案,"每听讼,千人聚观"[1]。自称"升堂判决,平情断事,枉直分明,使观者同声称快,固亦居官之一乐也!"堂审结案,其判词不胫而走,迅疾"流布人间"。[2] 樊增祥不但听讼得法,而且判词能够切实体现听讼的风采,敏妙中窍,脍炙人口。

(一)樊增祥判词的特点

我国传统判词的优点是:叙案精要,说理简严。樊增祥继承并发扬了传统判词的优点,形成了清新敏妙的独特风格。用他的老师李慈铭的话说,"别是人间一种文字,可与入官者作前马"!樊增祥友人沈子培(沈曾植)也说,"古今政书虽多,求其切情入理、雅俗共喻者盖少",而认为樊增祥"判事为独有心得"[3]。

在中国古代,民间戏称法官为"刀笔吏",并有"官断十条理,九条民不知"的说法。其原因是,一来民众不懂法律,二来法官只顾舞文弄墨,判词语言艰涩难懂。可是樊增祥不同,他认为"判词系对百姓说话"[4],"情亲而无文"[5]。认为"亲民之官",应着重考虑教育效果,其中,包括考虑到老百姓文化素质低,有意识地让判词接近口语,通俗自然。樊增祥说,他的"批

---

〔1〕 余诚格:《樊山全集·叙》。

〔2〕《樊山批判·自序》。

〔3〕《樊山批判·自序》。

〔4〕《新编樊山批公判牍精华》卷二八《批中部县王令词讼册》。

〔5〕《樊山批判·自序》。

词中颇有俚俗者,冗复者,怒骂者,游戏者,皆为'大雅'所不屑。良以(主要因为)县令于民最亲,而民又最愚:文(文雅)有不解,质言(大白话)则喻(明白);要言不解,详言则喻;善道(好好说)不听,切责则惧;庄语不入,出以谐笑,则愧且悟矣!父母之于子,情亲而无文;县令视民如子,谊当如是"。[1] 这表明,樊增祥有一种明确而自觉的判词写作理念,这种理念完全出自他的审判实践经验。

诚然,以今天的司法理念衡量,樊增祥对官民关系的定位是错误的,可是回归历史本位,又是无可厚非的,须知,当时县令真正能够做到"视民如子"并非容易。判词语言问题,实质是一个民众观点问题。我国当代"人民的好法官"宋鱼水说:"我认为判决书就是写给当事人看的,因此,我尽可能把应该包括的内容都包括进去,尽可能写得通俗易懂。"[2]虽然二人所处时代及身份性质不同,但是心目中有"当事人"和重视审判效果,却有相通之处。

基于"情亲而无文"的理念,樊增祥很注意说理通透,语言庄谐并茂,判词达到"切情入理,雅俗共喻"的效果,深受老百姓喜爱。常常是一案了结,其"批判"文书便不胫而走,争相传抄。可以说,樊增祥的判词开了一代新风!

樊增祥任县令时自称:"本县嫉恶素严,执法如山"[3],"本县判事,刁控者必惩,悔罪者必宥"[4]。樊增祥的判词是他审案

---

〔1〕《樊山批判·自序》。

〔2〕《追求和谐效应——记人民的好法官宋鱼水(二)》,载《法制日报》2005年1月14日。

〔3〕《新编樊山批公判牍精华》卷二《批陈铭扬禀词》。

〔4〕《新编樊山批公判牍精华》卷六《批马詹氏呈词》。

理念和审判结果的记录;虽然与开庭的情境有所差异,但是基本上反映了樊增祥审案的智慧和风采。从阅读角度来说,樊增祥的判词生动感人,具有很强的艺术魅力。其原因,大体有三个方面:

一是不死守程式。古代判词虽然没有法定的格式,但是也有约定俗成的写作套路,如主文(判决)、事由(案由)、事实和理由等。而樊增祥的判词结构,没有死板的套路:或开门见山,直叙案情;或夹叙夹议,寓判于叙;或以抒情议论开头,继以叙案,最后下判。樊增祥判词的篇幅长短,因案而异,长的上千言,而一般都比较短小,最短的只有几个字。

需指出的是,樊增祥判词和古代判词的共同缺点是,内容结构过分简单,不能充分反映案件审理的全貌。这与传统司法制度重实体、轻程序有直接关系。相比之下,现代判决书的内容结构比较完整、清晰,能够反映案件审理的全过程。

二是说理敏妙精辟,公正客观。说理(论证判决理由)部位是判词的关键,是主导判决意向的灵魂,是法官思辨能力和语言技巧的综合体现,因而是最难写的部位,也是检验法官素质高低的一把"尺子"。樊增祥判词之所以广为传诵,最重要的原因是其善于说理,从说理中彰显是非善恶,宣示情理和法律的公平正义。

三是语言清新活泼,朴直生动,通俗易懂。樊增祥根据案件当事人和案情的不同,注重教育效果,或庄或谐,或化繁为简,或化抽象为具体,深入浅出,清晰易懂。樊增祥判词一般是采用散文语体,而个别的居然是一首打油诗。例如,渭南县有一起民事纠纷案件,舅舅状告外甥"忤逆",称外甥打了他,甚至拔掉了他

"一绺头发",因此呈请县官对其外甥进行训诫。樊增祥迅即准予立案,批了16个字:"外甥打舅,拔发一绺;如此横虫,能不提究?"[1]批词义正词严,简明有力。

(二)樊增祥判词是清末社会矛盾的真实记录

清光绪十年(1884年)至光绪二十六年(1900年),是清政府内忧外患日益加剧、中国社会矛盾日益错综复杂的时期。陕西地理环境相对比较封闭,陋习严重(如"招夫养子",甚至有"两岁幼女为童养媳"的),有其社会矛盾的特殊性,但是,也具有中国社会矛盾的普遍性。尖锐的矛盾往往以诉讼的方式反映出来。案情涉及政务、军务、刑事、民事等方面,具体案由如账债、婚姻、田粮、继承、合同、税务、金融、医务、任用、奸情、拐卖、斗殴、伤害、人命、闹丧、诈欺、讹诬、诈赃、唆讼、贼盗、贪贿、兵差、塾教、忤逆、舞弊等,其中民事案件多是由于贫困、落后引发。有的案件起因极其琐碎,居然有为"一根栓狗的皮条"而打官司的;有为两家"狗打架"致主人斗殴、为"米粒大"的伤痕而兴讼的;有为"失没一把斧头也来告状"的,以致县令樊增祥牢骚"人间案牍了无味,大似苍蝇驱复回"[2]。其中最典型的一个案例是:渭南县张氏同胞兄弟之母"被人打死"后,"兄弟不为(其母)鸣冤报仇,竟将母尸卖钱一百五十串而罢",尔后兄弟俩居然"因为分财不均,彼此兴讼",樊增祥怒斥其"此何等悖逆之事","'枭獍浑敦',一门兼备"[3]!

一个个案件的情节,犹似一张张"老照片",记录下各式各

---

〔1〕《新编樊山批公判牍精华》卷五《批李玉魁呈词》。

〔2〕《关中集·雨后呈西平》。

〔3〕《新编樊山批公判牍精华》卷六《批张成彦呈词》。

样的人物：有青衿讼棍，有无耻赌徒，有凶悍老妇，有贪吝塾师，有颟顸拙夫，有悖谬狂吏，有廉洁志士，有巧舌说客；有"阻殓谋业"的武举，有刁奸的轿夫，有不堪强梁的妇女；有不愿做"童养媳"奔逃的少女（徐凤莲），有"困于鸦片、浪荡倾家"的男人，有不堪羞辱而欲"披发入山"的廪生，有涎财诱孀、唆人母子相怨的地痞无赖。一篇批词，就是一副世相，而"众生相"就仿佛晚清农村社会的一面镜子。《新编樊山批公判牍精华》中的某些案例（如卷八《批姚雷氏呈词》等），对了解清末社会，避免不该发生的案件，甚至借鉴司法文书写作技巧，都具有积极意义。

二、樊增祥判词的说理技巧

"判决理由"是判词或判决书的关键部位。案件审结，当事人满意不满意，看判决；服不服判，看判决理由。古来判词说理的基本原则是"揆情度理"。樊增祥判词说理的方法，也基本上是剖析情理，但是又有独到之处。樊增祥判词的突出优点是，说理灵透，仿佛一篇精彩的小论文，启人心智，读之饶有兴味。大体方法是，开门见山，紧扣案件事实进行针对性分析评论。评论之前，一般先以"据称""尔称"或"诉称""辩称"简要概括呈状内容，或引用原文原话，或摘引其大意；少数情况是，一开头就表明对呈状内容的总体看法，带有强烈的感情色彩。具体的说理方法，因案而异，各式各样，都能够达到说理灵透的效果。樊增祥主要采取以下说理方法：

1.就事论事法。樊增祥对于是非易明的案件，并不展开论证，而是仅就案情本身稍做点染，明确态度。比如，针对一起婚姻案缠讼的原告，批驳说："尔一定要打官司，屡驳屡告，不准不休,可谓‘不到黄河心不死’矣! 查:孙孟氏之女,去年已到蒋家,断无复归于尔之理。与其过堂之后仍无所得,倒不如将兴讼之钱另娶妻室。本县好言相劝,尔再执迷不悟,定行递解回籍不贷!”[1]指出女方已经嫁人,男方有钱不如另娶,批评其“死心眼”,言简理明。再如,批斥买卖妇女行径:“妇女非(不是)买卖之物”;“贩卖人口,大干例禁”![2] 其理易明,态度严正。又如,对一起账债案原告(债权人)的批词,“同治二年(1863)之债,迟之光绪十九年(1893 年)始因索讨不还兴讼,一无理也;其兄(指被告人胡玉清的哥哥胡玉中)借尔钱、麦,三十余年不要,直待其兄身死,然后债偿于弟,二无理也;尔持账簿讨债,账簿即铁凭也,何以交与素不认识之梁姓拿去? 以致被胡玉清扯掉一页,三无理也;债系玉清之兄玉中所借,何以账簿中又书‘玉清’之名,致为所扯? 四无理也。此等无情无理之词,敢于无故具控,实属糊涂胆大! 不准”[3]。批词针对呈词所诉陈年老债(情违诉讼时效),指出其“四无理”,批断不予受理,有很强的说服力。此外,该批词依次论述理由,继承传统“事实·序数”的论述方法,给人以说理自然、条理清晰之感。

2. 借题诱导法。樊增祥对于控状不无道理但言过其实的,并不详加批驳,而只是借助控状中所言某事,巧妙地予以引导,使之自悟。例如,叔嫂房屋纠纷案,针对小叔子的呈词,评判说:“尔又说起疯话来了! 清平世界,何用尔‘马革裹尸’? 况此系马援(东汉人,刘秀王朝的将军,曾说“男儿要当死于边野,以马

〔1〕《新编樊山批公判牍精华》卷七《批朱春寿呈词》。
〔2〕《新编樊山批公判牍精华》卷五《批杨元祥呈词》。
〔3〕《新编樊山批公判牍精华》卷六《批宁恒谦呈词》。

革裹尸还”)典故,尔如学马援,当学其敬爱嫂侄!”最后批断其嫂、被告辛田氏“腾房了事”。[1] 此批,针对原告言辞过激,借以剖析古典,指出其做得不恰当之处,令其自愧自责。

3. 依律评断法。樊增祥对于有法可依的案件,即援引法律,析明是非。例如,樊增祥任渭南知县时,对一起“蔓讼”案的控告人批示,“尔于光绪十七年(1891)冬月(10月)上控阎成儿,发县讯详。迄今四年,从未到案一次;本县到任两年之久,亦未见尔呈催。查,例载:‘原告无故两月不到,即将案查销;嗣如再控,即专治以诬告之罪。’此案早经本县详销,尔忽于抗违四年以后具呈‘请究’,实属刁玩已极!倘再渎控拖累,定行提案重责不贷!所控不准”[2]。依法指出控告人已远远超过诉讼时效。话不多,折服力很强,既彰显了审判艺术,又实践了古来断案规则:“引条定断,一言可决。”[3]

4. 以情促理法。对于涉及伦理的案件,樊增祥往往以情义启迪当事人的良知,详于讲情,简于说理,以情促理。例如,对崔氏家族因钱财互殴案,评断说:“尔崔氏虽非富户,亦是温饱之家;乃自铺事败坏,屡起讼端,迭遭责押。虽咎由自取,本县实有不忍之心。今幸欠外已清,而又同室操戈,斗殴致讼,尔崔氏家运业已败坏矣,必要弄到家败人亡、一贫如洗而后已,有何好处?本县实不愿见尔兄弟、叔侄之面。”[4] 他指出“同室操戈”的危害,言语渗透着法官的惋惜与希望,理在情中。

---

[1] 《新编樊山批公判牍精华》卷七《批辛含谦呈词》。

[2] 《新编樊山批公判牍精华》卷九《批李大炳呈词》。

[3] 《明公书判清明集》卷四《妄诉田业》。

[4] 《新编樊山批公判牍精华》卷九《批崔永裕呈词》。

5. 设譬取喻法。樊增祥对某些案情复杂、是非难辨的案件，善于采取用比喻说理的方法，使当事人容易明白事理。如一起担保纠纷案批词，针对担保人徐某呈状，批示："俗语云'好人难做'，此之谓也。张永兴等（指债务委托人张、赵），该（欠）阎八（债权人）钱文，著尔担保。过期不偿，尔借钱垫；交不足，则益以尔妻之衣物。天下还己身之债者，尚未必如此'奋勇'；尔不过作保而已，既不垫钱，亦有何碍？乃竟割肉饲鹰，舍身喂虎，以致尔妻气忿吞烟！而张、赵二人不知惭感，反行避匿。此皆尔做'好人'做得太无分寸之过；亦恐其中另有情由。姑候唤案察讯！"[1]用"割肉饲鹰、舍身喂虎"的比喻，一箭双雕，既批评担保人徐某"做好人做得太无分寸"，也谴责债务委托人的无良，说理犀利、形象。若以今天的法律观点，担保人徐某负有"连带责任"，其行为是诚信的表现；而债务委托人（张、赵）避匿，则是不诚信行为。再如，对于咸宁县人魏某等禀请"改变新甲户籍管辖"一案，樊增祥批词："为民上者，但当禁其浮苛，不当改其户籍。譬如人家子弟，因伯叔当家不公而遂改名换姓；我咸宁百姓，因官府不好而遂改井（乡里）改邑，有是理乎？"[2]用浅显的比喻，说明改变户籍要求的荒谬性，很有说服力。

6. 驳空言无证法。樊增祥审案很重视证据，最忌信口无凭。例如，一起钱债纠纷，原告席某以"抗偿凶殴"为由呈控，请求立案。樊增祥批驳说："词称尔'有银四两七钱，寄放张文贤处，文贤转借与闵忠启，致被吞没'等语。凡告状须有证有据。'寄

---

〔1〕《新编樊山批公判牍精华》卷三《批徐应山呈词》。

〔2〕《新编樊山批公判牍精华》卷二《批魏作栋等禀词》。

银'无证,'借银'无据,控'殴'无伤,照例不准!"[1]再如一起"民告官"的案件,樊增祥针对原告呈词批驳:"满纸俱是疯话,无从审理!尔被押时既'被众役讹诈',正月廿七当堂取保时,何不申诉?乃尔既归以后,该差等犹频至尔家'讹闹',甚至将尔'拴锁',每欺讹一次,尔必给钱一次;尔之钱何其既多且易乎?'讹钱给钱',既无过付,又无见证;'鞭打绳拴',毫无伤痕。一味信口胡说、信笔乱写,架捏显然!惟称尔母'现在被殴,青伤无数',此有形可验者也。"[2]依据案情,原告所诉,似并非"架捏",只是不知或不能提供有效证据而已。但就原告负有举证责任而言,樊增祥的批驳是正确的。

7.驳自相矛盾法。樊增祥针对呈状不合事理、违背语言逻辑的情况进行驳诘,使其不实之词立刻显现。如批驳一起盗窃案失主的呈词:"据称,尔与张顺先'均不在铺内,仅留张相公一人看门。侯相益趁张相公睡熟,窃去柜房银两';尔等'回铺追问',张相公声言'看见侯相益拿去'等语。既云'睡熟',何以又能'看见'?既然'看见',即应阻挡,何以任其窃拿?呈词无理已极。不准!"[3]批词针对控状前言不搭后语,自相矛盾等破绽,轻轻一点,即暴露所控失实。

8.引经据典法。审案中会有"法无正条"的情形,樊增祥常常引用古训、格言、俗谚等辅助说理。例如,房屋租赁纠纷一案租户廪生刘德濬与房主段某兴讼,堂断刘腾房,将刘"押租六十串抵作租钱"。不久,刘递一呈词,称自己败诉后受辱,欲"披发

[1]《新编樊山批公判牍精华》卷十《批席盛春呈词》。
[2]《新编樊山批公判牍精华》卷十《批党锡印呈词》。
[3]《新编樊山批公判牍精华》卷一二《批朱金盛呈词》。

入山”如何。樊增祥针对廪生刘德濬“士可杀不可辱”的传统观念,批词说,“……兹阅来禀,犹谓段万镒官司‘得胜’。本县实不解‘胜’在何处也！至称万镒下堂后,其子段群儿向该生(廪生刘德濬)詈骂,该生引为‘大辱’,竟欲‘披发入山’！本县(县令樊增祥自称)素敬该生,以为有学问、有涵养;不意惩窒(“惩忿窒欲”的压缩词,意为克制愤怒、杜塞情欲。出自《易・损》)工夫犹尚不足。夫,段万镒之子,一小狗耳！今有褒衣博带之人,雍容过市,突被小狗狂吠乱咬,君子遇之,去之可也;勇士遇之,打之可也。若因狗咬而遂欲‘披发入山’,几几有不可为之势,本县未之前闻。该生既以本县为‘好官’,即应听本县之好话。孔子曰:‘择不处仁,焉得智?’孟子曰:‘又何难焉!’该生服膺圣训,但当反己,不必怨人。惟段小狗竟敢在本县大堂詈辱斯文,法难宽贷。仰原差押令段氏父子往刘先生处赔礼认非。如违,带来责饬”[1]！批词根据呈禀人的“斯文”身份,除安慰之外,又引用圣人之言,微予批评,最后责令段氏父子赔礼道歉,说理圆满。

9. 情理交融法。对于涉及天伦、情理的案件,樊增祥是坚持维护弱者一方利益的。其中说理饱含感情,情与理浑然一体。例如,一起婚姻纠纷,被告刘世芳的养女嫁到陈家,不幸死了丈夫,因不堪婆婆陈裴氏虐待,回到娘家,改嫁王姓,且已怀孕。陈裴氏状呈前任知县,要求归还儿媳刘氏,得六十五串财礼,获准。未及实行,樊增祥接任,陈裴氏再次控告。樊增祥批词指出,“查:刘世芳以养女弱门,遭离多故。其女刘氏,婿亡姑悍,归靠

〔1〕《新编樊山批公判牍精华》卷四《批廪生刘德濬禀词》。

爷娘,天理人情,亦国法之所不禁;且刘氏未经再醮,令其奉姑守节,犹可说也;业已嫁与王姓,且有孕矣,而尔必欲夺回,官亦屡令交出,不惟强索刘家之女,并且强夺王家之孕。谁非父母?谁无儿女?糊涂颠倒,天理何存!阅卷至此,真令天下父母心'不重生女重生男'矣!今遇本县到任,是尔运退之日。岂惟人不能交,即财礼六十串亦不能归尔独得!"[1]批词根据刘氏再醮怀孕的事实,从天理、人情、国法进行综合分析,说理透彻,句句饱含爱憎之情。又如,批示一起房屋买卖纠纷:原买主李某凭中人柳罗周,许以"七百六十金,买王赵氏房屋。因当(音'荡')期未满,立约而未交价。今赵氏复将此屋卖给焦姓,致滋胶葛。在买主执理而争,自应成为在前者得业。而卖主以情相恳,总愿出钱多者得房。房主是一妇人,因穷卖屋,惟利是视。因焦姓加价百金,遂背彼而就此。虽理说不去,而情实可原。李姓既有多金,何处不可置业?何必与贫穷糊涂之妇人,争此闲气!此房著听其另卖。前约作为废纸可也"[2]!樊增祥首先叙明立约而未交价及赵氏单方背约的客观事实,然后从常理和人情两个方面分清是非,且侧重对"人情"的认可,最后作出有利于"贫穷糊涂"赵氏的批断。阅读该两案的判词,不仅感受到樊增祥判案的说理技巧,而且深刻感受到樊增祥对不幸妇女的悲悯情怀。

10. 归谬反驳法。樊增祥针对呈词、供词中的错误说法,顺其荒谬逻辑加以放大引申,使其违背事理显而易见。例如,批驳某经承(清代部院役吏)袒护一名不法胥吏的禀词:"……若谓其'年逾五十,应该复卯(恢复职务)';然则七八十岁之人杀人

---

〔1〕《新编樊山批公判牍精华》卷四《批廪生刘德濬禀词》。

〔2〕《新编樊山批公判牍精华》卷八《批柳罗周呈词》。

放火，俱可不问耶？"[1]

以上是《新编樊山批公判牍精华》进行说理的主要方法，对于裁判文书如何避免说理"千篇一腔""千人一面"的现象，不失借鉴意义。但是也应指出：樊增祥有的说理似乎过分拘泥形式逻辑，往往从呈词里一词一句就断定是"捏诬"、受讼棍"挑唆"，以此屡控屡驳，不免有臆测武断之嫌。

三、樊增祥判词的语言艺术

樊增祥判词之所以在当时争相传抄，且能够在时过境迁之后仍然被人"研磨"，除了其说理公正灵透之外，一个重要的原因，是其独具魅力的语言风格。明清老吏的判语都很精炼。樊增祥的判语不但精炼，而且还能根据不同案情，不同呈状人，运用不同情味的语言，增强听读情趣。前面论述樊增祥判词说理技巧的例子，已经略可感受到樊增祥判词语言风格的多彩多姿。下面结合案例，着意谈谈樊增祥判词的语言艺术。

（一）因案而异的多姿多彩语体

樊增祥很善于针对不同案件、不同当事人，在判词中运用不同情味的词语。归纳举例如下：

1. 严正沉练式。樊增祥对于重大、复杂的案件，常用警诫、严肃的口气批断。如对一起亲情纠纷案的原告进行批驳，"（尔）将尔弟李宗唐说得太'凶'，尔自己说得太'好'，尔叔婶说得太'懦'，均不可信！候差查"[2]。

2. 诚挚庄重式。对下属、贤达、士族等的呈词多采用深挚庄

---

[1]《新编樊山批公判牍精华》卷四《批褚世荣等禀词》。

[2]《新编樊山批公判牍精华》卷十《批李宗彦呈词》。

重的口吻。如对疲玩属吏的规劝、训导:"'久则生玩'。人情类然。本县初到任时,房差各怀敬畏;今见本县相待和平,遂尔疲玩尝试。殊不知,官与房差朝夕相见,断无日日生气之理。公事下得去,自然待得好;若怠玩误公,有心蒙混,本县执法严明,岂能轻恕?廉耻须要自爱,发肤须要自惜,职务须要自尽,饭碗切勿自砸!"[1]

3. 金刚怒目式。樊增祥对于欺良逞凶、持衿健讼、藐官抗断、丧良无耻、刁控缠讼之徒,常常义愤填膺、痛加责斥,语言泼辣锋利。如驳斥相互勾结买卖妇女行径:"尔明知是活人妻,而敢于彼此买休卖休,不法已极!"[2]再如,批驳牛光汉争妻捏诬缠讼,"尔(牛光汉)因争贾姜氏不得而兴讼,讼累五年之久,屡经投诉、质审,实系尔一人挟嫌捏诬,故意拖累。事到今日,犹欲令贾姜氏到堂。查:贾姜氏今为'李姜氏',与李武举数年夫妇,情同胶漆,生子数龄。试问,该氏上堂,帮李姓乎?抑帮尔牛光汉乎?尔想姜氏想不到手,尚欲在公堂多见一面,可谓糊涂混账已极!静候重打不贷"[3]!

4. 春风和煦式。樊增祥对于老弱、诚笃、悔过、善良的呈控人,多采用很温和的语气批断。如对一起钱债纠纷案老年当事人李某的批词,"尔究竟是老人,颇懂道理。此案所以不结者,以前堂(前次堂审)约据未到耳!今既交案,明日一讯即结。尔子前已受责,必不再打,尔可放心"[4]。又如,一起邻里纠纷,对

---

〔1〕《新编樊山批公判牍精华》卷一一《批房书杨先甲呈词》。

〔2〕《新编樊山批公判牍精华》卷八《批焦元兴呈词》。

〔3〕《新编樊山批公判牍精华》卷五《批牛光汉呈词》。

〔4〕《新编樊山批公判牍精华》卷九《批李玉昌呈词》。

原告刘某呈词批断说,“据称,尔‘邻里之檩压在’尔‘墙角之内’;现在尔‘新邻刘姓将房拆卸另盖,抽去此檩,必致摇动墙头’。然墙是公墙,屋是彼屋,刘家既要拆房,无独留一檩之理。尔与商不允,惟有凭中(中间人)理说,令其将墙修好,不能禁其不拆。尔明知抽檩则墙必倒,何以将米面各甕仍置墙下,略不迁移,一若有意令其打坏也者,不知是何居心?姑候差饬原管刘敬奇、刘运美,处令刘老汉家将墙修整完固,勿因小事致滋讼累。切切”[1]!

法律文书语言风格的基本特点,《文心雕龙》概括为,“眚灾肆赦,则文有春露之滋;明罚敕法,则辞有秋霜之烈”。上面“金刚怒目”和“春风和煦”两种判例,足以印证。

5. 幽默诙谐式。对于明显不合事理常情的近乎怪诞、荒唐案件,樊增祥则以轻松的笔调批断,使呈控人羞愧或鼓舞。具体表达方法有夸张、谐趣、俚俗、打油诗等。如对一起抱养与生养继承纠纷案原告荀某的批词,“阅呈不禁失笑!尔既力能生子,何必听尔妻抱养他人之子?既抱荀春生为子,旋又另娶一妾,妾又连举二子,以致尔妻吃醋,嗾令春生大肆鸱张,几欲车裂庶母,囊扑二弟,何其凶也!揆其所由,都是尔自寻烦恼。俗语云:‘清官难断家务事。’本县加于‘清官一等’,生平专断此种官司。著分别拘唤候讯”[2]!批语亦庄亦谐,充满自信。又如,对连续递呈词的张某批语,“尔昨日递一呈,今日又递一呈,写呈不要钱乎?这是何苦!”[3]有的批词居然是一首诗,例如“五十八岁

〔1〕《新编樊山批公判牍精华》卷一《批刘良惠呈词》。
〔2〕《新编樊山批公判牍精华》卷七《批荀振坤呈词》。
〔3〕《新编樊山批公判牍精华》卷一二《批张万智呈词》。

老妇,情殷再醮,‘呈请立案,以杜后患’等语。天地之大,无奇不有！赠尔一诗,以为凭据:花甲周犹欠两年,麻裙翻转任伊穿;旁人若道长和短,但打官司莫给钱”[1]。以诙谐话语表明对老妇再嫁的坚决支持。

6.嬉笑怒骂式。樊增祥对于案情荒诞、呈词糊涂无理,往往以热嘲、诙谐、尖刻、呵斥的口吻进行评断,语言更加口语化和通俗化,感情色彩也更加强烈。最典型的是对一个无赖秀才的批词:秀才张希载,“向表姐柳王氏横索银钱不遂其欲,即持刀行凶”,并代人作不通呈词,包揽词讼,“与讼棍无异”。樊增祥本想请求上级“斥革衣顶,照例惩办”,但念其“一再请求,情甘改过自新”,樊增祥“不为已甚”,令其具保、面试。张希载“面试诗文,在花厅闭目摇头,大半日不成一字”;后令其“到礼房构思,次日交卷,文颇清通,但有别字五个”。原来,这是张希载请“枪手”代作的！樊增祥批文:“既会耍刀,又善请枪,何不投效军营,藉图开复?又何虑乎斥革乎?”[2]以幽默口吻,比严正口气更为尖锐。同时,揭示在“礼房”考试,居然会有“枪手”得逞,足以暴露清末官场的深层腐败。

上述语言类型,是仅就每篇判词的主要语言特点来说的,不同风格的语言,用于不同的案件当事人。樊增祥一篇篇判词,简直像各色人物速写。

总体而言,樊增祥判词的语言风格是:通俗晓畅、活泼清新。换句话说,不吊文、不死板、不端架子,富有情趣,绝少沉闷之感！这是与他的为官理念和注重判决效果分不开的。

---

〔1〕《新编樊山批公判牍精华》卷一二《批刘李氏呈词》。

〔2〕《新编樊山批公判牍精华》卷十《批张希载即张禄恳词》。

（二）丰富的词汇

樊增祥判词语言艺术的重要表现之一，是判牍词汇的丰富性。无论类案或个案，词语表达各尽其事，得心应手，贴切自然。其中既有法律专业词语，也有派生词语，含义凝练，表现力很强，对于增强判词的表达效果有重要作用。丰富的词汇，使每篇判词都具有明显的个性，从而避免“千篇一腔”，枯燥干瘪之感。经统计，《新编樊山批公判牍精华》有常用词语5700条左右。

樊增祥判词中丰富的词汇，富有生命力，各得其用，有明显的个性，而非“千篇一腔”。但是，《新编樊山批公判牍精华》中也有陈腐观念、语言糟粕。如樊增祥任渭南知县时，审理士人与“唱戏人”的一起纠纷，劝说士人原告自行和解，不然，认为与“唱戏人”一起“跪堂”，是士人的“耻辱”。

现代司法文书，不可能凭空“创新”，必须对古代判词进行清理、继承、革新。我国古代“写得很好的司法文书”，如《名公书判清明集》《折狱新语》《判语录存》《清朝名吏判牍》（《樊山判牍》属于其中之一）等，很值得“探索和研究”。

四、判词讲求“公简雅”

樊增祥继承前人判词的写作经验，并通过自己长期的写作实践，其判牍“别具一格”，无论数量或质量，都达到了新的高度，可谓集传统判词写作之大成！关于樊增祥任县令时所写的判牍（判词），前面已经论述；樊增祥任臬藩司以后所写的判牍，相当于今天的二审或再审裁判文书，进一步发展了前期《新编樊山批公判牍精华》的写作特点，曾经对我国近现代的诉讼文书写作产生过不可忽视的影响。清代法律制度研究专家郑秦说:“樊增祥判牍基本上为散体,辨理脉络清楚,判牍拟罪准确。樊增祥不仅为传统判词的革新树立了样板,而且在探讨判词写作规律方面也有独到见解。”

樊增祥对判词的要求有高有低。低标准是,“无论文章好坏,断法不谬即得”〔1〕。认为一般应做到两点:(1)叙述案件事实必须准确。如石泉县令陈天锡报送一起汪瑞生棒殴奸夫萧德礼案件,却误叙述为“……萧德礼与汪瑞生素识,窥瑞生不在,撞入内室,与萧德礼之妻胡氏调奸,瑞生回家棒殴”云云。樊增祥痛加批斥:“果如所云,是萧德礼调戏萧德礼之妻也。该令如此发昏,殊出意外!”〔2〕(2)语言必须通俗易懂。他认为“判词系对百姓说话”〔3〕,应当通俗明了,并针对不同对象,或庄或谐,讲求实效〔4〕。

然而,樊增祥关于优秀判词的标准,却大大不同。这多半是在他对于州县拟判所作批示的赞语中显示出来的。他称赞牧令的优秀判词,一般不轻易用“胸中雪亮,舌本澜翻”之类的陈词滥调,而是用通俗鲜活的语言。樊增祥关于优秀判词的写作标准,可概括为“公、简、雅”三点。

(一)“判断公允”

樊增祥认为,剖断案件首要的是“公允”,即不但公正,还应当允当。樊增祥具有丰富的审判经验,因而有许多断案的精辟之论,如“判断公允,则受者心服;叙述清晰,则阅者眼明”等。

---

〔1〕《新编樊山批公判牍精华》卷二八《批中部县王令词讼册》。

〔2〕《樊山政书》,中华书局 2007 年版,卷一五《批石泉县词讼册》。

〔3〕《樊山政书》,中华书局 2007 年版,卷一四《批中部县王令词讼册》。

〔4〕《樊山批判·自序》。

但是做到这一点并非容易。他说："断者公明，讼者悦服，阅者惬心，贵当。大抵道理本极平实，见得到，说得出，刁狡者驳得倒，糊涂者唤得醒，天下事似易而实难者，无过于此矣！"[1]又说："审案以得情为难；心知其情，而能当堂一口道破则尤难。"[2]"判断（断案）"，包括说理和判决两项内容：说理是关键，判决是结果。樊增祥断案，特别强调说理"公允"和判决"公允"。

首先，说理要"公允"。

判词说理公允不易。因为"理"虽然是客观固有的，但是比较含蓄抽象，有待于法官根据事实和依据是非标准，去发现、剖析，使之明朗化。我国南朝文学理论家刘勰说："论如析薪，贵能破理。"[3]意为说理虽然难，但有规律可循。说理至关重要，樊增祥认为说理是为判决"伏脉"的。"理"包含事理、法律和道义（情理）。具体做法是：

樊增祥强调分析论证事理，要有严密的逻辑性。说"凡作公牍，断不可自留罅漏"[4]；必须"能批郤（同"隙"）导窾（音"款"，空），切中肯綮"[5]。强调说理要抓住关键，论证要严密。比如，渭南县一名官宦子弟，"行同强盗"，而其父竟"敢以家世官职，抵抗官府"。樊增祥对这起仗势欺人案件批示：

"论家世科名，至拔贡（拔贡生，科举时代从廪生中选拔优秀者）而止；论官职，一教官耳，一赈捐知县耳！所挟仅此戋戋

[1] 《新编樊山批公判牍精华》卷二四《批临潼县李令自理词讼月报清册》。

[2] 《樊山政书》，中华书局2007年版，卷一九《批蒲城县徐令普词讼册》。

[3] 《文心雕龙·论说》。

[4] 《新编樊山批公判牍精华》卷二七《批户县禀》。

[5] 《新编樊山批公判牍精华》卷二七《批商州词讼册》。

(音"尖",少而细微),即欲包庇犬豚,虽行同强盗而无罪;然则韩城、朝邑两宰相家之子弟,不将日日杀人都市乎?"[1]此案的理由论证,即是针对被告人依仗"科名""官职"这一荒谬思想,运用逻辑推理(引申归谬法)予以驳斥的,表现了法官的公正无畏。

樊增祥习惯用比喻的方法说明事理。任渭南县令时,处理一起债务纠纷,批评担保人徐某做好人太过分,是"割肉饲鹰、舍身喂虎";处理一起伤害案,说"世俊(受害人)形同鸡肋(瘦弱),何足当拳"?任陕西藩司时,批断一起"干预学务"案:渭南县令张某因受蒙蔽,信用"沽名而又渔利""干预学务"的"革贡"王铭丹;樊增祥本想将王铭丹"锁系三年",但是考虑到"君子"张令有失察之"过",便从轻改判。为了表达纠结的心情,批示说"(对王铭丹)亟应重惩,以除民害。虽然,'熏蚊虻以艾炷,恐坏罗帷;剔蚯蚓于兰根,虑伤甘草;治恶僧须看佛面,挞瘈狗还念主人'。王铭丹前拟锁系三年,改为详革而止。……嗟乎!小人闲居为不善,视之者如见肺肝;然君子可欺以其方,其过也,比于日月食"[2]。樊增祥此批,为了说明对王铭丹"从轻改判"的理由,连用4个比喻,形象地表达了复杂的心态。

樊增祥强调从事理、法律、道义等多方面说理,需因案而异。认为"听讼之事,千形百态"[3]。因此,说理的方法因案而异,不赞成"一块板印出"似的说理。身为臬藩司,他延续了做县令时写"批判"的理念和方法。

---

〔1〕《判牍精华》第四册卷一九《批渭南县张令禀》。

〔2〕《樊山政书》,中华书局2007年版,卷一三《批西安府尹守禀》。

〔3〕《新编樊山批公判牍精华》卷二九《批临潼县词讼册》。

其次,判决要“公允”。

判决(主文)是在说理的基础上对案件作出处理决定,犹如水到渠成。判决是一审“看语”和二审批词的核心内容,也是案件当事人最关心的部分。樊增祥对于州县的词讼册,特别注重从判决方面进行审查,主要审查判决是否公平、周延。如樊增祥很赞赏咸宁县令对一起连环婚姻诈骗案的判决,“安恺有女已嫁杨荣喜,又另卖给李石狮做儿媳;石狮名为作媳、实则转贩妇女。迨安恺欲收回‘白鸽(比喻美女)’,石狮早已卖却‘瘦马(比喻衰老)’矣!以骗遇骗,可谓‘天道好还’。断令‘石狮交出原卖之人再行责放,不交不放;安恺责递回籍,以卖价付喜荣另娶’,极为公允”[1]!

樊增祥对于牧令判决有失公允的,则予以具体指驳。如靖边县令关于一起奸拐案的拟判报告:案犯王四狗将孀妇张宗氏先奸后拐,被县衙“已获复逃,自行落崖身死”,遗下“十三岁之幼子王富喜”。靖边县令拟判,称“奸拐之孀妇张宗氏断难守节,准其另嫁,所遗五岁幼子交其夫堂弟张二毛抚养”。但是,未提及王四狗幼子王富喜如何养育,樊增祥批示“殊属疏漏”,指出该县令的“看语”有“欠妥当”之处,“奸夫奸妇,一死一生,皆有罪之人,毫无足恤!而其子则皆无罪而可悯者也:一无父而不知所归,一有母而不能带养。阅详既竟,意殊不恰,仰再禀复候夺”[2]。此批偏重情理分析,不但把有罪的父母与其无辜的幼子区别看待,而且指出将母子断离和幼子“不知所归”的拟判“意殊不恰”,体现了樊增祥人性化和“判断公允”的审判思想。

---

〔1〕《新编樊山批公判牍精华》卷二八《批咸宁县刘令词讼册》。

〔2〕《樊山政书》,中华书局 2007 年版,卷一六《批靖边县详》。

(二)断案"简当"

樊增祥认为:"断案与办案不同,不必尽拘成例,当以简当为主。"[1]"断案过于细密,便欠简捷。"[2]他称赞好的判词:案情"弯中有弯,断法则裁弯取直"[3];"事殊胶葛(交错),而叙述详明"[4];"断法严明,叙次周到"[5]。这些话语,实际涉及断案的法理(法律意识)和"文理"(语言逻辑)协调问题,要求断案过程和形成的文字,二者都必须"简当"。

首先,叙案要"简当"。

判词叙述案情,不同于文学作品描叙故事,要求必须忠实于已经查清的案情原貌,而又要突出说明行为时间、地点、目的动机、手段、后果、证据等情节要素,强调"凡办案叙供,故须简洁,亦须周到"。樊增祥的"批判"文书即有很精彩的体现。关于叙案,例如,咸宁县另一起再婚离异案:原告张邓氏系官宦孀妇,家财富足;被告叶国霖是一后补知县,二人经媒妁之言仓促再婚;婚后,原告(张邓氏)发现被告(叶国霖)系涎财骗婚、"忘廉丧耻"之徒,未逾一月,即"决裂喊控求离"。樊增祥指令:传被告叶国霖"退休(退婚、休妻)"了断,并革除职务。但是,叶国霖口头上遵批,而行动上屡到张邓氏南柳巷居所"缠奸不休"。樊增祥批示,警告叶国霖"倘敢再至南柳巷缠扰,即仰巡警兵将该革令捆送咸宁县重责五百板,枷号示众"。其中概括叶国霖的行径:"……时而恶讨恶要,则如流氓;时而长跪哀求,则如奴仆;

---

〔1〕《新编樊山批公判牍精华》卷二四《阅洪李两令判语书后》。

〔2〕《新编樊山批公判牍精华》卷二八《批咸宁县刘令词讼册》。

〔3〕《樊山政书》,中华书局2007年版,卷一七《批临潼县李令嘉绩词讼册》。

〔4〕《新编樊山批公判牍精华》卷二五《批雒南县自理词讼月报清册》。

〔5〕《樊山政书》,中华书局2007年版,卷一五《批朝邑县词讼册》。

时而假作吞烟,佯为气死。"[1]短短几句话,画出"无耻无赖之尤"的形象。

其次,说理要"简当"。

叙案固然须要简当,说理也需要简当;即紧扣案件事实,简要点明是非或罪与非罪。如华州一起求奸拒奸案,樊增祥论证表彰与严惩的理由:

"冯丙丙(案犯)僦屋(僦音"就";租赁屋子),与蒋王氏仅一墙之隔,不问此妇贞淫邪正,黑夜翻墙入室,调戏求奸,胆大妄为,至斯已极!王氏抓面拒奸,旋复羞忿仰药,谊当请旌。而冯丙丙纵狂且(轻狂)之欲,戕贞妇之生,虽无'问抵'之条,实激人神之怒,仰该牧将该犯先笞一千板,然后办案!"[2]

此批,寓说理于简明叙案之中,褒贬奖惩之情分明,表现了樊增祥对蒋王氏纯贞、反抗精神的赞扬。

最后,判决要"简当"。

判决好比是"画龙点睛",因此,"简当"更是判决所要求。如咸宁县一起童养媳改嫁纠纷案,"萧阮氏幼嫁萧东林为妻,东林因荒出外,三年不归,存亡莫卜。阮氏改嫁马德芳,央东林母舅部天富主婚,天富得银二十七两,不出婚书;德芳又给东林之兄萧学哲礼银六十两主婚嫁卖,因向得银而不主婚之部天富索还原银,以致涉讼"。咸宁县令处断此案,其中说,"断令礼银六十两留待东林归家付给;如再三年不归,方准萧、阮两姓分用"。樊增祥对该县令的判法很不以为然,批示:"查,此案人皆混账,款应入官。……断案过于细密,便欠简捷。若本司处断,直'充

〔1〕《樊山政书》,中华书局2007年版,卷一九《批张邓氏呈词》。

〔2〕《新编樊山批公判牍精华》卷二七《批华州褚牧禀》。

作学堂经费'可耳!"[1]主张将嫁款"充公",是基于他"妇女非(不是)买卖之物"的理念,也很值得肯定。

(三)语言"驯雅"

古代判词,尤其是明清判词的共同特点是,语言精练。樊增祥的判词不但精练,而且通俗、活泼、生动,有文采。可以说,樊增祥创造了一种新的判词语体。根据不同案情,其语言或温馨,或严厉,或幽默机智,或辛辣犀利,各适其所。樊增祥认为,好的判词,其语言应当"驯雅(典雅)"。他称赞牧令判词:叙案"委曲详尽,绘景绘声"[2];"委曲详尽,如画如话"[3];"事理曲尽,文采斐然"[4];"判断公平,叙述亦复驯雅"[5]。甚至说,"叙述赵氏家事,历历如绘,此案可不讯而结也"[6]。樊增祥任臬藩司以后,由于批词写作对象主要是具有较高文化素养的牧令(一般都具有举人、进士"学位"),因此,其语言更注重"驯雅"。这时期的樊增祥判词,生机盎然,文理清通,充分体现了这一理念。其中,更着重于叙案、破理两个环节。

第一,叙案要"驯雅"。

例如,樊增祥审阅长武县邮差马进邦殴人案"看语"后,这样概括案情:"马进邦以甘军被革之勇丁,现充邮局马差;两月以前与车夫争路,扬鞭横殴,反敢捏称车夫抢其银两,咆哮公堂。前已轻轻纵脱,今因王姓客民与郭千娃口角,该马差事不干己,

[1] 《樊山政书》,中华书局2007年版,卷一四《批咸宁县刘令词讼册》。
[2] 《樊山政书》,中华书局2007年版,卷一一《批商州杨牧禀》。
[3] 《樊山政书》,中华书局2007年版,卷一九《批醴泉县周令禀》。
[4] 《樊山政书》,中华书局2007年版,卷一九《批定远厅汪丞时悫词讼册》。
[5] 《樊山政书》,中华书局2007年版,卷一八《批朝邑县杨令淑修词讼册》。
[6] 《新编樊山批公判牍精华》第四册卷一九《批醴泉县民解惟贤呈词》。

辄又将千娃按地痛殴，任劝不听，詈称‘非打死不可！’若非徐大臣之前站路见不平，喝令送县，则千娃毙于拳下矣！”[1]采取夹叙夹议的写法，把“马差”的经历、旧恶以及其“纵脱”后的新罪行，叙述得一清二楚；其中“扬鞭横殴”“咆哮公堂”“按地痛殴”等词语，简明生动地揭露了马某的凶横行径。

它案，用“另立”“不还”“反捏”等词说明事实真相，用“始”“嗣”“既而”等词概括纠纷产生过程，文字简洁而又典雅。

第二，“破理”要驯雅。

樊增祥善于在叙案的基础上“破理”，力求文情并茂。如批示周至县抗税一案：“查，徐登第，名则孝廉，身为师长，又将捐官出仕，父母斯民；而乃私贩洋烟（鸦片），抗完厘税，不服盘诘，聚众殴官；事后灭迹销赃，计图反噬。似此形同无赖，岂堪身入仕途？今日为绅士，而敢殴官长；他日为官长，当如何鱼肉小民耶？”[2]批语对比地概括徐某三重身份、四种罪行和蓄意反咬的目的，然后指斥其行为性质恶劣，并推论其未来对老百姓的危害，语言清雅庄重，铿锵有力。

樊增祥论证理由的语言，形式多样，有直陈、反问、引用名典名教、引申归谬等，有时还杂以比喻（如表达“投鼠忌器”之意的比喻），用于分析案情，能使复杂的事理或情理变得显豁起来。

事实表明，古代官吏的法治思想和审判作风也有值得肯定和学习的地方。对于古代法律文书遗产，应当认真进行清理，科学得当地予以扬弃。

樊增祥上述观点和做法，对今天诉讼文书写作不无借鉴作

---

〔1〕《樊山政书》，中华书局2007年版，卷一九《批长武县李令禀》。

〔2〕《新编樊山批公判牍精华》卷一九《批周至县印委关马会禀》。

用。现代的法律文书,同样存在错别字或语言不规范现象。如一起抢劫案,被告人姓牛,被害人姓马,刑事判决书叙述抢劫过程,轻率简古,称"牛对马腿狠踢,抢走马背的背篓……",即有损法律文书的严肃性。有的判决书把"被告人用三角刮刀刺破被害人颈总动脉"的"用",误写作"的";把"罚款"误写为"发款",致使案情性质大变。还有把"被告人拔出匕首"的"拔",误写作"拨";把"有法必依",误写为"有法别依",致使案情不清。有的将"击毙"一词用错了对象,语义褒贬不分。

五、樊增祥判词与其综合素养

樊增祥任"亲民之官"时,"负才名,诗笔恻艳,而尤工判牍"[1];以断案"一秉大公"、判词"别具一格"著称。擢任陕西"大吏"期间,"每一批词挂发,吏民传写殆遍"[2]。

前面已提到,古代判词的共同特点,是揆情度理,语言精练。樊增祥的判词更是情理兼尽,语言精练活泼。其语言风格又因案而异,或庄重,或温馨,或冷峻,或幽默机智,或辛辣犀利,各适其所。

判词属于法学边缘性综合学科,写作不易,主要难在叙案和说理。樊增祥恰恰是在叙案和说理两个环节彰显才情,绝无"一块板印出"之感!

叙案是说理的前提。樊增祥认为,"审案以得情为难;心知其情,而能当堂一口道破则尤难"[3]。叙案不同于文艺作品描

〔1〕 汪辟疆:《光宣以来诗坛旁记》,辽宁教育出版社1998年版。

〔2〕 《樊山政书·自序》。

〔3〕 《樊山政书》,中华书局2007年版,卷十九《批薄城县徐令普词讼册》。

述故事，必须忠实于已经查明的行为时间、地点、目的动机、手段、后果、证据等情节要素；不求细，但求真。樊增祥判词的叙案多有很精彩的体现。例如，伤害案《唐瑞林张明福互控判》一文，其中这样概括被告人张明福其人其行：

"张明福（又名张玉、张良卿）者，不绅不商，好管闲事。与唐姓向无往来，前年娶一寡妇，系唐刘氏娘屋（娘家）表妹；张明福夤缘（拉关系）入门，呼刘氏（唐刘氏，孀妇）为'大姐'，频至其家，烧烟（鸦片）过瘾，无复嫌忌；又引唐刘氏至南五台烧香，瑞林兄弟弗善也。明福居心叵测（怀有涎人财产、贼心邪欲等不良动机），日构（陷害）其母子生衅，瑞林等，受杖屡矣！本月某日，张明福纠领数人，帮同唐刘氏将瑞林捆绑痛殴，呼暴之声达于衢巷。边、李两孝廉学堂在其左近，闻声趋视，瑞林气息仅属，而明福犹咆哮挞詈不止。"

文字不多，张明福"不绅不商"、游手好闲的"地痞"形象（身份）异常鲜明，其目的动机（"居心叵测"）、手段（刁唆"母子生衅"）、行为（对受害人公然"捆绑痛殴""咆哮挞詈不止"）、后果（受害人"气息仅属"）等描述清晰，语言情溢褒贬，简练生动。

说理是判词的关键。上承事实，下为判决"伏脉"。樊增祥认为，说理最难："大抵道理本极平实，见得到，说得出，刁狡者驳得倒，糊涂者唤得醒，天下事似易而实难者，无过于此矣！"[1]然而"公生明"。樊增祥宣称："本县判事，一秉大公，取巧藏奸，

〔1〕《新编樊山批公判牍精华》卷二四《批临潼县李令自理词讼月报清册》。

难逃洞见。"[1]同时，他很重视"情理"分析，认为"情理外无法律"[2]，"本司判事专补律意所不及！"[3]因此，樊增祥说理，能够给人以入情入理、敏妙精辟之感。仍以《唐瑞林张明福互控判》一文为例。

"查：张明福托后妻瓜葛之亲，轻入孤孀之室，涎人财产，廉耻全无。因瑞林兄弟时有违言，遂尔多方构煽，陷人于不慈不孝之中，以阴随其欺孀盗财之计，毒同虬蝪，忍甚豺狼！如果瑞林'不孝'，不应自今日始；何以两年以前从无违犯之事，自明福入门以后，从此毛里相残？况母子不和，为外姻祗宜劝解，何忍刁唆！而明福不但刁唆，并且代为捆绑、代为殴打。本系非亲非故之人，忽然冒认'姨夫'，将十五岁幼子横施楚挞。问案至此，目眦几裂！"[4]

论证案情，紧扣行为事实，根据"情理"，批驳张明福诬称未成年人唐瑞林"不孝"的谎言，着重痛斥其暴行（"横施楚挞"），说理切实。

樊增祥判词内容丰富多样，概而言之，可谓惩治丑恶、扶持良善。在樊增祥笔下，一个个案件，犹似一张张"老照片"，记录下各式各样的人物。由于判词功能使然，涉案人物以反面形象居多；樊增祥以"白描"笔法，着意勾画他们的灵魂，力求"神"真。除了游手好闲、图谋"欺孀盗财"的地痞无赖之外，又如，"遇事生风，图财唆讼"的讼棍；"心为色蔽，形类疯魔"的青衿；

---

〔1〕《新编樊山批公判牍精华》卷二《批杜兰馨禀词》。

〔2〕《樊山政书》，中华书局2007年版，卷一九《批韩城县词讼册》。

〔3〕《樊山政书》，中华书局2007年版，卷一八《批镇安县刘令详》。

〔4〕《樊山批判·唐瑞琳张明福互控判》。

停妻诳娶十一岁幼女、“诬告‘拐逃’，累人讼毙”的武秀才；“持鞭横殴”车夫的邮差；借巡警学堂“招募”员工之机、串谋受贿的“收支委员”；借购买“备荒粮”之名、利用“差价”“吞买粮之银”的“无耻”县令等。同时，笔下也有廉洁志士；不堪羞辱而欲“披发入山”的廪生；违抗“三从”、毅然“背北而飞”的寡妇；代人讨债、错认债务人而引发斗杀的莽汉……无意中画出了清末的种种“世相”，留下了“活”的历史，对于了解清末社会状况大有裨益。

但是也需指出，樊增祥毕竟是封建官吏，他的审判思想和判词写作有明显的时代局限性，如主张“肉刑”，上诉“加刑”，颂扬“妇女节烈”。判词语言有夸饰（神人共怒、积案如鳞、无恶不作）、辱骂（老龟、虬蝪、豺狼）等弊病。

要提高今天判决书的阅读效果，必须研究和借鉴古代优秀判词。如《新编樊山批公判牍精华》，即很值得“探索和研究”！

樊增祥判词之所以能够产生轰动的社会效应，与樊增祥的文化修养有直接关系。“断讼务精于律”〔1〕，是职业法官应有的基本素养。樊增祥为官之前，曾经“读律三年”〔2〕。此外，他非常重视法官的实际能力和品德。认为“大抵审判之事，一要天分，二要学问，三要阅历，四要存心公恕；不贪、不酷、不偏，然后可为折狱之良吏”〔3〕。其中“存心公恕”最为切要。他认为，判案不但要对生者公正，对死者也要公正，须破除“救生不救死”

---

〔1〕《文心雕龙·议对》。

〔2〕《樊山集外》卷七《陶仲彝七十寿序》。

〔3〕《樊山政书》，中华书局2007年版，卷二十《批拣选知县马象雍等禀》。

的陈腐观念〔1〕。

此外,樊增祥很重视裁判官的说写能力素养。他认为,裁判官除了应当有官品之外,必须"口能折服,笔能畅达"〔2〕。裁判官的综合素质,最终都要体现在判词写作能力上:要"能说难说之话,能达难达之情";要"于胶葛中显断才,更以叙述胶葛案情见笔仗(笔致;文采)"〔3〕。甚至主张裁判官应当"亦是公牍作家"〔4〕。他"尝谓言语、文学、政事本是一串,不会说话、不能作文之人,其政事虽妥当,而决难出色。听讼者,政事之一端,坐堂要口才,禀详要文笔"〔5〕。"叙述供判,皆文章也。"〔6〕

樊增祥自身即具备了裁判官应有的综合素质。他不但是有理论思维的"听讼"名吏和判词、公牍写作高手,而且是著名诗人。

---

〔1〕《新编樊山批公判牍精华》卷一五《批淳化县详》。

〔2〕《樊山政书》,中华书局2007年版,卷五《批咸宁县刘令德全详》。

〔3〕《新编樊山批公判牍精华》卷二六《批雒南县丁令词讼册》。

〔4〕《新编樊山批公判牍精华》卷二五《批汉中府恩守禀》。

〔5〕《樊山政书》,中华书局2007年版,卷一二《批洛南县词讼册》。

〔6〕《樊山政书》,中华书局2007年版,卷一五《批扶风县谭令词讼册》。

国难中奔走

光绪二十六年庚子(1900年),是中国近代史上堪称最惨痛之年。清廷对内镇压有术、对外战和无方,结果导致列强入侵北京城肆虐淫掠,慈禧仓皇出逃。次年,接受丧权辱国的议和霸王条款,变成了帝国主义在中国的代理统治工具。这一年史称"庚子之变(乱)"。正是在这动乱年月,樊增祥为以慈禧为首的清廷立下了汗马功劳。

一、献"西巡"之策

庚子(1900年)春,樊增祥在清廷担任督办政务提调,五月,"都下奇变"。由于清廷默许,义和团涌入北京城,五月二十日(6月16日),在正阳门纵火;为配合清兵,盲目排外,与外国使馆呈对峙之势,战火一触即发,城里居民人心惶惶。几年前曾慨叹"感深国士报无由"的樊增祥,在这燃眉危急之际,"乃献书府主(主管枢秘府的军机大臣荣禄),潜备西巡(以备慈禧"西逃"的雅称,目的地为西安),愿效前驱"[1]!"先后上府主四十余

〔1〕《樊山续集·自叙》。

笺(信札)"[1]。

樊增祥受命后,带家眷与"妇家同行","脱身虎口",经"宣府(宣化府,今河北宣化)、历大同、入雁门、涉代郡(今山西省忻州市代县),崎岖两月,复归于秦(陕西)"[2],为慈禧西逃立了大功。另据樊增祥自述:"庚子夏,京师俶(音'怵',开始)扰,余尽室(全家)入关(关中),珍玩图书,概从委弃。"[3]损失的财物,其中还包括李慈铭的一些手稿。又称,回忆1876年冬,樊增祥寄居张之洞师寓所时,李慈铭师"每有所作,必录以见诒(寄赠)","所得先生诗词、书牍,积一巨簏",可是"毁于庚子之变,为可惜也"[4]!樊增祥五月仓皇出都,七月到达西安。路上作纪行诗31首,名为《执殳集》。

二、灞桥迎驾

七月二十一日(8月15日)凌晨,慈禧、光绪"欲同殉社稷",被"王公大臣等数人,勉强扶掖而出,于枪林弹雨中"仓皇出逃;历经直隶省昌平、延庆、怀来、宣化、怀安,山西省天镇、高阳、大同、雁门关、忻州、阳曲、太原,按预定目的地,历时两个半月(有闰八月),于农历九月四日(10月26日)逃到陕西省府西安(巡抚是魏光焘)。在逃亡路上,慈禧尝受了颠沛流离的滋味,"乘舆出走,风鹤惊心"。尤其是逃到昌平县和宣化府(今张家口市)之间,"素衣将敝,时豆粥难求,困苦铠(铠甲)寒,不如氓庶

---

〔1〕《紫薇三集·六十自述》。
〔2〕《樊山续集·自叙》。
〔3〕《二家咏古诗·序》。
〔4〕《二家词钞·序》。

(普通百姓)"[1]。关于慈禧出逃之初的狼狈相,当时的怀来知县吴永,后来在《西狩丛谈》中有真切的描述。可以说,慈禧尝到了"乱离人不如太平犬"的滋味,威风扫地,窘态百出。樊增祥到西安后,待在午桥(端方的字,时任陕西臬司)幕府没几天,"京师瓦解",慈禧仓皇西来,樊增祥参加"灞上迎銮西京(长安)驻辇(皇车留驻)"。

〔1〕 慈禧《罪己诏》语。

草拟“上谕”和《罪己诏》

慈禧太后和光绪皇帝及其清廷要员，依照樊增祥的谏言，仓皇逃到西安后，暂时偏安一隅。为了安定民心，经荣禄举荐，樊增祥为慈禧代写了“罪己变法诸诏”。

八国联军入侵北京，慈禧挟光绪皇帝狼狈逃命，体面尽失，威风扫地，并被迫接受《辛丑条约》，以慈禧为代表的清政府受到了空前沉重的打击。当其与列国初步达成和约框架、惊魂稍定之后，她便急迫地想方设法安抚民心，平复官怨。当时“荣禄（名荣仲华）以枢府（枢密府）秉笔无人，任增祥（樊增祥）掌诏敕（皇帝命令）、《罪己》之诏，皆增祥削草（精简文稿）”[1]。从此樊增祥得以接近当朝权力中心。

光绪二十六年十二月初十（1901 年 1 月 29 日），经慈禧授意，以光绪皇帝名义发布《上谕》（诏书），垂询改革（实行“新政”）意见。声称“三纲五常乃万世不易之理”，但是政府的统治方法，则应顺应时势进行改革。认为“取外国之长，乃可补中国之短”，以前中国学习西学，只是学的表面语言文字，而非“西政之本源也”。命令高级官吏“参酌中西政要，举凡朝章国故，吏

〔1〕 钱基博：《现代中国文学史》，江苏文艺出版社 2008 年版。

治民生,学校科举,军政财政"等,考虑"当因当革,当省当并,或取诸人,或求诸己,如何而国势始兴?如何而人才始出?如何而度支始裕?如何而武备始修?各举所知,各抒所见,通限两个月",向"朕"奏转"上禀"。其中分析并概括了中国衰弱的原因,认为"我中国之弱,在于习气太深,文法(文书法令)太密,庸俗之吏多,豪杰之士少。文法者,庸人借为藏身之图,而胥吏倚为牟利之符。公事以文牍相往来,而毫无实际;人才以资格相限制,而日见消磨。误国家者在一'私'字,困天下者在一'利'字"。把中国衰弱的原因归于"习气太深",归于文牍空泛现象严重和俗吏的"私利"之心,虽然有一定道理,但实际是一种故意避重就轻的说法,而根本原因是封建制度束缚科学技术发展的结果,显然是有意规避清廷专制保守、腐败无能的问题。此"上谕",出自樊增祥之手。

慈禧本想借《上谕》消解臣僚对清廷的怨气,不料,很快听到一些对清廷责难的声音,于是,慈禧接受"行在"吴永(原怀来知县)的条陈,于十二月二十六日(1901 年 2 月 14 日)又以光绪皇帝的名义发布《罪己诏》(皇帝自责的公告)。这篇《罪己诏》,并无自责的诚意。其主旨,是向"天下臣民"特别是向"中外各大臣"表白清廷无意纵庇"拳匪"抗击友邦,相反,曾经"屡诏剿拳保教",但失控;感念友邦见谅,"不侵我主权,不割我土地";指示全权大臣"量吾华之物力,结与国之欢心"。

清廷把"乱源"归咎于义和团(原名义和拳,是一种体育功夫,后成为政治团体"义和团")"作乱",这完全是推卸责任的说法。

可是,《罪己诏》笼统地包揽责任说,"臣民有罪,罪在朕躬”;“北望京师之残毁,士大夫之流离者数千家,兵民之死伤者数十万,自责不暇,何暇责人?”然后,自曝官场腐败作风并责斥臣工,“近二十年来,每有一次衅端,必有一次告诫:‘卧薪尝胆’,徒托空言;‘理财自强’,几成习套。事过以后,徇情面如故、用私如故、敷衍公事如故、欺朝廷如故!大小臣工清夜自思:无拳匪之变,我中国能‘自强’耶”?这一问,倒是触及了清政府的深处病痛。最后提出了挽救清王朝的改革意向,给“各大臣”打气:今后“保荐人才,不当专取才华,而当内观心术。其大要:‘去私心,破积习’两言”。命令“应即遵照初十日谕旨,妥速议奏……固邦交,保疆土,举贤才,开言路,已屡次剀切申谕……朕与皇太后有厚望焉”。其中的“去私心”之说,在一定程度上点破了当时官场腐败的思想根源,但是仍没有自揭清廷腐朽无能的要害,即实行封建专制保守制度。避重就轻,罪责下卸,表达了慈禧的奸猾用意。

这篇《罪己诏》,可谓煞费苦心,极尽自我辩解开脱之能事,然而又不露痕迹,抽象地大包大揽一切“罪责”。遣词用语,“剀切委婉”,力求不失君臣之礼,力求情理兼备,以图消除与“臣工”之间的误解,弥合与所谓“友邦”之间的裂痕。全文洋洋洒洒 1600 多言,运用直陈、设问、排比、警策、对偶等修辞手段,又显得十分自然,毫无雕琢之感。若非文章大家,断然是写不出来的。

那么,此《罪己诏》的代拟者是谁?可以肯定是樊增祥!

根据是:(1)樊增祥当时身为“政务处提调”,慈禧在“落难”西安之初,就曾面示枢密府主荣禄,“自今,机要文字可令樊增祥(樊增祥)撰拟;仍当秘之,勿招人忌也”。樊增祥便被荣禄任命在幕府掌诏敕。樊增祥时年56岁,“闻命感泣,黾勉(勉力)驰驱”[1]。(2)事后,樊增祥曾多次谈及自己“数(屡次)拟诏”,不无得意之词。如“诏书哀痛拟兴元(唐德宗年号),当笔亲臣胜陆宣(唐德宗时期的翰林学士,名陆贽,字敬舆,谥号‘宣’,有“内相”之称,平定朱泚之乱的诏书多出其手)”[2];“两宫重检兴元诏,颇忆当时陆九(陆九渊,南宋皇帝乾道年间进士,曾任敕令所删定官,樊增祥借以自比)才”[3];明显以给唐德宗代拟诏书的陆宣(陆贽)自况,以南宋敕令官陆九渊自比。(3)军机大臣张百熙曾说:“庚子辛丑之间……新政诸谕旨,多君(樊增祥)所拟进,一时传诵,比于兴元诏书。”[4]据此,《罪己诏》系樊增祥拟稿,当可确信无疑。早在任富平知县时,樊增祥就曾自我期许,“君王若重凌云赋,趣召文园故未迟”。到此时,终于如愿以偿。

庚子(1900年)这一年,是中国人民大灾大难的年头,也是个具有深刻历史印痕的年头。旧历七月下旬,慈禧挟光绪皇帝仓皇西逃,国将不国,彻底暴露了清政府的腐朽无能。但是,就樊增祥个人来说,却是因祸而“得福”。

可是,“福兮祸所伏”,樊增祥因此曾遭到朝中“亲贵嫉视”。樊增祥继承古代文人的思想传统,自鸣得意,就顾不得他人的妒羡或“嫉视”了。

---

〔1〕《樊山全集·续集·自叙》。
〔2〕《西京酬唱集·上定兴夫子(之二)》。
〔3〕《音声树集·除夕》。
〔4〕《叠前韵再赠樊山》注。

升任地方高官

樊增祥由于为慈禧代写“罪己变法诸诏”,并献牡丹诗,深得慈禧赏识。慈禧约见樊增祥:“垂询履历甚详,谓‘尔为张之洞弟子,之洞才备文武,尔必能肖尔师!’”[1]光绪二十七年六月初二(1901年7月17日),樊增祥由道员第一次擢升陕西按察使(臬司),时年56岁。樊增祥自称,“辛丑夏,骤躐柏台[2]”(按:此说与《清代职官年表》一致)。按察使,全称为“提刑按察使”,又称臬司,俗称臬台、柏台、廉访。“廉访”系沿用元朝“肃政廉访司”之称,正三品,主管一省的刑名之事,具体负责对府级呈报的重大案件(充军、流放、死罪人犯)进行复审,是一省的司法长官(相当于今天的省高级人民法院院长)。

同年八月,樊增祥第一次改署陕西布政使(藩司)。樊增祥称:“辛丑(1901年)夏,道擢臬;秋,摄秦藩事。”[3](查《清代职官年表》无此说法)据下面两种资料,可证樊增祥此说不虚。一是当时身为慈禧“行在”的原怀来知县吴永,曾说8月奉旨“委

〔1〕 费行简:《当代名人小传》。

〔2〕《五十麝斋词赓·叙》。

〔3〕《樊山政书·自序》。

臬司樊增祥署理布政司"[1];二是根据清廷档案记载:"(光绪)二十七年六月补授陕西按察使,八月署陕西布政使。"[2]这两种说法与樊增祥自己的说法相同。

布政使全称为"承宣布政使司布政使",又称藩司,俗称藩台、方伯。"方伯"系沿用先秦对诸侯之长的称谓,从二品,品级仅低于巡抚,主管一省的财赋、户口等民政事务、道府州县官的人事调动、宣布朝廷政令、参与本省民事审判以及管理本省乡试等;职能繁重,相当于今天的省财政、民政、人事部门合一。

樊增祥从基层的"亲民之官",一跃成为位居总督、巡抚之下的地方"大吏",可谓步入了仕途的新起点、上了新台阶。几年前在渭南任上,他曾朦胧地自励和祈盼:"山川待人作霖雨,蛟龙奋起宁无时?"[3]而今居然变成了现实!

官运亨通,对樊增祥来说"个是儒臣以外荣"。可是也招致非议,多年后樊增祥回忆起来,不免冷嘲地说,"骤陟崇高知过分,多蒙谤议转销灾"[4]。时势机遇和个人才情,在非常的历史拐点突然交汇,促使樊增祥更加坚定了为"大清"帝国"黾勉(努力)驰驱(奔走)"的决心。

---

〔1〕《庚子西狩丛谈》卷四。

〔2〕《清代官员履历档案》(第7册),华东师范大学出版社1997年版,第277页。

〔3〕《东园后集·孙印川万壑云兴图》。

〔4〕《紫薇三集·六十自述》。

中国“驯致富强”之梦

清朝末年,是中国自古以来最悲惨的一段历史。

甲午战争、八国联军侵华战争之后,中国积贫积弱、受外人欺凌,国民痛苦到了极点;当时人心思“变”,知识阶层对衰败的“大清帝国”何去何从的问题,自觉地展开了论争。有主张改良的,有主张革命的,有主张全盘西化的,也有主张保守的,分旧派和新派两派。旧派“谓中国自有制度,西人之学皆窃我圣帝明王之绪馀以致富强”;新派则“欲一切规仿西人:学西学,行西政,习西艺,居处、饮食、衣服无不效之”[1]。

一、樊增祥对中国道路的思辨

当时身处思想论辩热潮中的樊增祥,对中国前进的方向、道路多有思考。1904年他新任陕西藩司,有一次检阅课吏馆考生试卷,猛然间,被一份卷子深深触动。这份卷子的考生名叫王景峩,是课吏馆在职县令,其“策论”中大谈西方政治制度如何之好,说“古之中国治以人,今之西人治以议”,主张采用西方“行政听言,一切当归诸议院”,颇有主张以西方为师甚至“全盘西

〔1〕《樊山政书》,中华书局2007年版,卷十《书王令景峩试卷后》。

化”之意。王景峩的观点,不是孤立的,代表了当时某些新派人物的思想。樊增祥看了王景峩的卷子,不禁感慨多端。樊增祥对王景峩的观点持有异议,于是写了1600多言的“批语”予以驳辩。

中心意思是中国需要首先开发民智,然后再实行议院、立宪或共和。他站在“旧派”和“新派”中间,以稳健、正确自居。今天来审视一百多年前樊增祥的观点,仍有令人震撼之处。

(一)对数千年中国君主的深刻批判

全文出现“中国”字样凡十二次(含引文二次),出现“我朝”一次、“吾国”三次。从其语义来看,该文的“中国”泛指古今,而“我朝”“吾国”特指清朝。

“中国自祖龙愚黔首,而汉之经术,隋唐以后之科目,皆欲举天下聪明才智之士,驱而纳诸无用之域,而我(皇帝)得万世为天下君。故,唐文皇有‘英雄入彀(音“够”,弓箭射程之内,喻圈套)’之言,宋太宗有‘纂辑御览’之命;自前明用‘时文(八股文)’取士,至我朝嘉、道以后,文字之腐烂已极,人才之阘冗亦无复加矣!”“中国历朝以来,皆以一人坐制天下,惟恐奇杰之士逞其嚣然不靖之气,觊觎宝位、窃据神州,乃啖(引诱)之以科名,纳之于场屋,使天下才智之士窃老尽气、致力于文字之中;其下者,则听其生活于兵农工商及一切杂徭贱业之内。设有不靖,以中国之人平中国之乱,不必‘奇才异能’也!”并揭露“数百年压制之害与上下内外壅蔽之深”等。此番言论,都是直刺清廷伤疤的,颇有点儿“嚣然不靖之气”。

(二)正视文化落后的现状

樊增祥指出,“中国以四万万人料之:妇孺去其一半;此一半中,兵农工商、杂户与隶僧道之属十去六七,所谓读书识字附属于仕籍黉(音"红",古称学校)校者,不过数十万人;此数十万人中,虽读书而无所知、虽入官而无所能者,又十去六七;此外,非旧党即新党,中立不倚者,落落然百中之一二耳!"面对贤达之人极少的国情,樊增祥顾虑,"以外人凌栎(欺压)若彼,中国孱尔若此,议院既开,知难者谁敢鲁莽从事?则入院者大率喜事之人,其'旧'者持谬论自附于圣贤;其'新'者习野言而自薄其祖父;一则涂羹尘饭,二则客慧狂华,新旧议不合而党祸成,上下意不同而纪纲破"。因此,他认为,强国之道首要"亟开民智","吾国民智尽开,则立宪可也,共和可也,有议院可也,无议院可也"。他批评作者(王景峩):"此文昧于审己,而专欲效人。谓用人'行政听言,一切当归诸议院';又谓'古之中国治以人,今之西人治以议'。夫,'人'与'议'岂可分而为二哉?得其人则'议'可行,非其'人'则'议'无当,断断然矣!"

樊增祥对当时中国人的文化状况的评估,尤其令人惊奇。梁启超说:"四万万人中,其能识字者,殆不满五千万人也;此五千万人中,其能解文法执笔成文者,殆不满五百万人也;此五百万人中,其能读经史知中国古今之事故者,殆不满五千人也;此五千人中,其能知政学之本源、考人群之条理,而求所以富强吾国、进化吾种之道者,殆不满百数十人也。"[1]樊增祥分析,"中国以四万万人料之","读书识字"者"不过数十万人",其中"落落然百中之一二耳"可谓二人"所见略同"。

---

〔1〕 刘兴豪:《近代国人自办报刊第一次高潮成因》,载《光明日报》2011年7月14日,第11版。

（三）胸怀中国“驯致富强”梦

樊增祥按照自己开发民智、渐行过渡的思路，设想“百年内外”，中国“学益精而工益巧，天悔其祸，人竭其才，地呈其宝，必有驯致富强之一日，则中国漫漫长夜有时而旦矣”！这可谓樊增祥的中国“富强梦”！他虽然身处清末社会，但是并不悲观，认为中国的未来还是光明的。

二、樊增祥中国“富强”梦的历史评价

樊增祥期望中国“驯致富强”，表现了他的“国士”情怀。但是，其根据却是建立在空泛的“开民智”上。因为，“未恐一人不愚”、想“万世为天下君”的清廷统治者，岂愿意改变观念？把“开民智”与“伸民权”对立、割裂开来，硬分两步走，反映樊增祥“职官”身份的局限性。

樊增祥认为，孱弱的中国要扭转受“外人凌栎”的命运，必须首先提高国民的文化素质，而且不可急于求成，理由是，中西“千百年来造士取士之法，若漆雪之不侔（不同），水火之相反，而欲以泰西议院之制望诸中国未尝开智之人，是犹效颦以示妍、揠苗而助长也”，“事穷势极以至于今，欲于学堂中求速成、悉索后求骤富，无是理也”！这表明了樊增祥的“和平过渡”理念；其主张“开民智”与王景峩主张效仿西方“议院”，实质是一样的，只是对于实行“议院”迟早问题有分歧罢了。

但是，樊增祥与王景峩共同表现了忧国忧民的“国士”情怀，与盲目自大、“自附于圣贤”的“旧派”是有区别的。特别是，樊增祥出于对国家命运的关心，勇于进行学术论争的精神，值得肯定和提倡。

樊增祥推行新政的理念

甲午之战，已使清帝国元气大伤，“然犹是肤膜寒热之外感。一转而入腠理，遽成绝大危症，则实自庚子一役始”[1]。

以慈禧太后为代表的清廷，血腥镇压进行改革的维新派。可是，经过庚子大乱、辛丑屈和，感到老路走不通了，为了缓和国内外矛盾，被迫实行所谓“新政”。先是于1901年春，诏令地方停止文武考试5年，会试地点被迫由北京改在河南汴梁（开封）举行，同年9月，诏令科举考试废八股文，改试策论，各省书院改设学堂（这两条改革措施，1898年戊戌变法时已经提出）；尔后又决定实行包括文教、司法、官制、军事、预备立宪等“新政”。但是，晚来的改革，难以治愈“绝大危症”。

樊增祥第二次任陕西藩司时期（1903年至1906年），正是清廷新政方兴未艾之时。以“国士”自居的樊增祥，满怀“中国驯致富强”和知遇图报的激情，有自己的一套改革理念。

一、以挽救清朝颓势为己任

新的政治形势，促使樊增祥的政治理念与20年前任宜川县

〔1〕《庚子西狩丛谈》卷五“甓园居士曰”。

令时相比,发生了巨大变化。那时,他感叹“扫除天下非吾事”,今天却说:“本司居官,惟以整饬纲纪、挽回风气为事”[1],声言“回澜终是吾曹事,誓扫妖狂翊(音“艺”,辅佐)圣清”[2]!因此,樊增祥推行新政的态度是坚决的,有魄力的,而改革的步伐又是稳健的。他向僚属宣言:“本司于陕中民情深知底蕴,从无轻举妄动之事。若以为可行,则必几经筹度、审慎而后见诸施行,虽有万牛之力亦不能回吾意而败吾事!世有一种老滑之吏,专以不办事为得计,每有饬办之件,辄多设疑难以阻止。此等手段若施之于本司,则是自讨参撤,决不能贷!”[3]表明其改革的坚强决心。

二、主张“欲办新政,先除积习”

樊增祥推行新政,并非盲目地照章办事,而是有一套自己的见解和明确的步骤。其核心是,认为改革必须适应国情和地方实际。他在陕西臬藩司任上,曾根据多年的政务体验和长期的社会观察,对近代中国走向衰败的原因和改革的途径,提出自己的见解,并反复强调“欲办新政,先除积习”[4]。樊增祥所谓的“积习”,是指年深日久的官场腐败作风及社会落后习俗。他说,“‘办理新政,先除积弊。’本司向来持论如此。吾中国之所以不竞(不强),曰情面,曰贿赂,曰丁役婪索舞弊,曰官员纵丁渔利、暗地分肥,事犯又庇纵之。只此数端,而天下事不可问

---

〔1〕《新编樊山批公判牍精华》卷一六《批汇票号新泰厚控词》。

〔2〕《鲽舫集·次戟传韵二首》。

〔3〕《樊山政书》,中华书局2007年版,卷一八《批扶风县谭令禀》。

〔4〕《新编樊山批公判牍精华》卷六《札凤翔府尹守等》。

矣!”[1]并认为,“中国今日被人欺压至此,皆由从前一味自尊自大、自怙自是所致”[2]。樊增祥作为一个谙熟旧学、身在旧营垒的官吏,能够如此尖锐地抨击时弊,坦言自己的政治理念,应该说是有胆识的,绝非俗吏所能。

“积弊”不但有官方的,还有民间的。作为一名由陕西州县起家的地方大吏,樊增祥对陕西的地域特点深有了解。陕西位于我国内陆腹地,关山阻隔,货不畅流,文化信息迟滞,因此,导致“陕省民气不扬,习于柔情[3]”和“陕省民智未开,生计多窘”[4]。他深知,一方面“吾陕民情纯实”,但是另一方面“陕中风气未开,浮言易煽”[5]。樊增祥充分估计到办新政的艰巨性。几年前,他对精英激进的言论即持异议:“高谈时务薄诸儒,废疾膏肓那(哪)易除?”认为“凡事以更始为难,而破俗论、祛积弊、夺中饱以归公家,尤为不易”。“自来兴利除弊,往往‘利’即伏于‘弊’中,‘弊’尽而‘利’亦与之俱尽。今本司(樊增祥自称)志在因弊以求利,取向来肥己之私财,作永远奉公之的(音‘地’,确实可靠)款!”[6]樊增祥这些观点,具有朴素的辩证思维意味。只有谙于实务的人,才可能有此种观点。

---

〔1〕《樊山政书》,中华书局 2007 年版,卷一九《牌示》。

〔2〕《新编樊山批公判牍精华》卷二一四《代洋务局批周至县禀》。

〔3〕《樊山政书》,中华书局 2007 年版,卷一六《统领常备新军第一标藩司樊谕军民人等报名应募告示》。

〔4〕《樊山政书》,中华书局 2007 年版,卷一七《详议西潼铁路办法章程二十二条》。

〔5〕《樊山政书》,中华书局 2007 年版,卷一九《批铁路局徐令等禀》《批渭南县印委会禀》。

〔6〕《新编樊山批公判牍精华》卷五《札粮务局》。

三、把困难告诉僚属

当时推行新政遇到的最大问题是财政匮乏，筹款困难。其直接原因是辛丑赔款造成的。

《辛丑条约》清政府要求“各省每年摊派二千万两”。特别是光绪三十年（1904年）春，户部转发批准袁世凯“练得力劲兵”密奏的“上谕”，催逼各省筹款；陕西巡抚升允“报效”六十万两，而“罄陕西全力，岁不过四五万金”。新任陕西藩司的樊增祥，与臬司联名向“抚部院”陈请缓解“报效”，极尽为难之情，“总之，军国之急，罗掘在所不辞；而吏民之穷，搜括亦所不忍”[1]。同时，樊增祥也把陕西经济困难状况告诉僚属，希望得到僚属的理解和同心协力。他说：“此次陕西遵筹偿款六十万两，数巨期迫，台司（藩司）窘急万端。”[2]“彼时未行新政，未派偿款……今则本省百端并举，京师各部征求度支（规划计算），所增数逾百万（两），其不能不取给于人民土地者，事与势交迫之，非吾所得已也。”[3]

当时除了财政困难之外，还有另一种困难，即世俗旧习惯势力的阻挠。对此，樊增祥有时难免感到困惑，就向僚属倾诉。例如，针对咸宁县13名绅士状告“巡丁滋事案”，由于诉状未具体写明事实、证据，樊增祥批示咸宁县令易某：“吾陕风气未开，每办一新政，民间必有浮议。……一人信口妄谈，众人道听途说。在愚民不足责，竟有老成素著之绅耆，而亦以无情无理之言为可

---

〔1〕《樊山政书》，中华书局2007年版，卷八《会臬司详抚部院》。
〔2〕《樊山政书》，中华书局2007年版，卷三《批南郑县禀》。
〔3〕《新编樊山批公判牍精华》卷三二《批醴泉县周令丕绅禀》。

信,神智锢蔽,言之愤郁!"〔1〕

可贵的是,樊增祥不是仅停留在认识上,而且能够针对发现的问题采取行动。他告诫僚属,"坐而言,尤贵起而行"〔2〕。

〔1〕《樊山政书》,中华书局2007年版,卷一六《批长安县举人寇鸿恩等呈词》。

〔2〕《樊山政书》,中华书局2007年版,卷一三《批户县陈令禀》。

樊增祥推行新政举措概览

清末地方大吏樊增祥，出于使中国“驯致富强”和感恩图报思想，乘清廷被迫实行“新政”之风，奋力推行改革措施，政绩卓著，名噪当世。其改革举措，客观上有利于社会发展和历史进步，彰显了传统知识分子可贵的家国情怀和时代担当精神。然而，以往的研究者，对樊增祥的政务活动鲜有论及，致使其“为词章所掩”，未见樊增祥“全人”！本节以历史唯物主义态度，略述樊增祥的改革活动。

兴办学堂

自古中国统治者就懂得教育的重要性:“古之王者建国君民,教学为先。”“化民成俗,其必由学。”[1]樊增祥深知发展教育的重要性和必要性。他早在任宜川县令时,就认为“有识之士,不以兵岁两荒为可忧,而以学校一荒为大惧”;这时,他进一步认为,兴办学堂,系“天下通行之要政,士子进取之初基”[2]。特别是,根据1903年他亲聆光绪皇帝面谕“兴学与兴屯”,樊增祥对“兴学”这一新政,表现出极高的热情。

一、“以振兴学堂为急务”

樊增祥认为:“往时,牧令以尽心民事为循良;今日,牧令以振兴学堂为急务。缘科举既停,非学务大兴,士类无以进身、朝廷亦无由得士。”[3]这时,江浙诸省的改革新风,也吹到了陕西,使樊增祥深受鼓舞,“东南风气来西北,桥上闻鹃不用愁”[4]!他把兴办学堂看作新政中的第一要政。

需要培养“有用”之才。樊增祥认为:“天下勿论家事、国事,皆坏于‘好人’者居多——‘好人’者,老实无用、毫无道理之可怜人也!”他以未立遗嘱而引发继嗣纠纷的“腐儒”汤太守为

〔1〕《礼记·学记》。

〔2〕《樊山政书》,中华书局2007年版,卷一五《批兴平县王令禀》。

〔3〕《樊山政书》,中华书局2007年版,卷一四《批绥德州禀》。

〔4〕《鲽舫集·壬寅岁暮关中杂感九首》。

证："汤太守曩在清秘堂，堂吏、门子无不笑之：尝冬月衣白狐袍入署，垆火正炽，汤本近视，以垆为杌子而坐其上，火炎臀下，狂呼而起……（略去汤某不知立遗嘱，致身后继嗣纷争）天下人如汤公者多，天下事如此案者亦多。此学堂所以亟宜遍设、而教育之所以不可缓也！"[1]樊增祥意在说明，要培养有用之才，教育必须革新。这无疑是正确的。樊增祥又认为，清末有学养的旧人，只是徒有"理学之虚名"，"热中图富贵，仍归于一无所知而已"；反其道而行之者，"此时诲人之法：不必谈理学，惟以'忠孝'为本；不必分中外，惟以'有用'为归"[2]！主张治国之道以"有用"为原则，表明樊增祥的观点是很务实的，值得肯定。他既反对旧派虚伪浮言，又反对新派过激的"全盘西化"论，很合乎"中庸之道"。可是主张教育以"忠孝为本"，明显保守、滞后。经过了惨痛的甲午战争、庚子之乱，而对西方"科学民主"的先进教育思想竟无学习、吸纳之意；充分表现了樊增祥"革新的旧人"心态。

急需"开发民智"。甲午战争以后，新派人物主张的救国之道，其一是"广学校、开民智"[3]；认为"民智不能开，民气不能变，即有拿破仑之才力智勇，亦不过杀人流血盈野盈城，同遭涂炭已耳"[4]！樊增祥也认为急需开发民智："我尝谓民智不开、人格不齐，是中国大患。"而办学堂可以"正人心，厚风俗"[5]。在陕西为官多年的樊增祥，认为"关中士风朴质，胸少积书，僻

[1] 《樊山政书》，中华书局2007年版，卷一五《批兴安府详》。
[2] 《樊山政书》，中华书局2007年版，卷二《批商州尹牧昌龄禀》
[3] 徐维则：《东西学书录》。
[4] 《新学书目提要·佛国革命战史》。
[5] 《新编樊山批公判牍精华》卷二十《批紫阳县梁令禀》。

在西隅,罕知域外。此时开风气,扩见闻,购书延师,自是当务之急”[1]。樊增祥强调进行文化教育、兴办学堂以“开发民智”的必要性,与其经办的陕西多起案件有密切关系。如韩城县(属同州府)发生的赘婿杀人“淫凶冤酷之案”[2];定边县(属榆林府)发生的抢亲案[3]等。

“移风易俗是在良吏”。樊增祥分析“奸案”成因(吸毒、淫偷),认为“移风易俗是在良吏,戒烟断瘾是在学堂[4]”,无疑是非常正确的。

兴办学堂之“难”。首先,樊增祥认为,当时办学堂面临许许多多的困难,如民意、生源、懂办学的人才、实心干事的地方官、房舍、教习、学科内容、经费等。他更认为,“学堂之难,难在无学生,又难在无教习……然此皆不足难,所难者,仍在有本有文、实心办事之地方官”[5]。其次,认为兴办学堂须有“通人指点”。樊增祥对办学堂是持稳健态度的。主张“兴办学堂事宜”,一要有“通人指点”。认为学堂“断非读书人不办”,“非通人不能办”,“须问真读书、真明理人”。二要循序“渐进”。原因是,办学与做官不同,“州县不能治事而能做官者,恃有幕友、书办故也。惟学堂一事,断非刑钱朋友、门印书差所能牵傀儡使行、替喑哑说话也”。这反映了樊增祥的求实态度。他对清廷新法的制定者大胆提出质疑:“今之定新法者,皆欲使天下无人不学,其愚真不可及!试问:天下之官,皆能办学堂之人乎?不

---

[1] 《樊山政书》,中华书局2007年版,卷二《批商州尹牧昌龄禀》。
[2] 《樊山政书》,中华书局2007年版,卷二《批韩城县丁令锡奎详》。
[3] 《樊山政书》,中华书局2007年版,卷一九《批定边县吴令禀》。
[4] 《樊山政书》,中华书局2007年版,卷一九《批韩城县张令瑞玑禀》。
[5] 《新编樊山批公判牍精华》卷二四《批郃阳县仇令禀》。

能办而强使之办，敷衍纰缪，有何益乎？然则如何而可？应之曰：事由渐进，道在观摩；遇有通人禀牍章程，亟登报章，以供众览，使不学之官，皆有所取法。”[1]一名地方官，居然对“定新法者”说三道四，再次表明樊增祥的胆识。樊增祥认为办学堂应当采取稳健的步骤，先提高认识，由先进示范，而后推广。

二、兴办学堂的举措

清廷对教育改革，是采取“中学为体，西学为用”的方针。具体到陕西，该怎样办学堂，身为藩司的樊增祥有自己的一套措施。他针对兴办学堂遇到的问题和困难，采取的具体措施有：

以《秦报》为宣传园地。刊登好的州县办学章程，供其他州县观摩。比如，把郃阳县(属同州府)仇令办“师范学堂”的章程刊登在《秦报》上。由于有了借鉴，陕西办学堂蔚然成风，尔后又有商州、绥德、耀州、鄜州、临潼、永寿等“灿然布列”，其中“以商州为最宏大，而最切实”[2]。

奖励和鼓励办学积极的属吏。如他称赞鄜州牧劳启恂，“七府五州各守牧以至令长(县令)，都无言学校事宜者，惟该州首先筹画，可谓‘知本’。应通饬各属，各就各地方之文风物力，宽筹经费，造就人才”[3]。又如，他称赞“捐廉”兴办罪犯“习艺所”、积极创办“中学堂”的雒南县(属商州，今改称洛南县)县令丁禧瀚：“若县县皆如雒南，关内人才，十年之中，千百立就！”[4]

---

〔1〕《新编樊山批公判牍精华》卷二五《批雒南县丁令禀》。

〔2〕《新编樊山批公判牍精华》卷二七《批户县陈令禀》。

〔3〕《新编樊山批公判牍精华》卷一六《批鄜州劳牧启恂禀》。

〔4〕《新编樊山批公判牍精华》卷二九《批雒南县丁令禧瀚禀》。

他特别赞赏和支持筹款有方、办事公道的商州牧尹昌龄(1868～1942年):"天下办事之人皆如贵州牧廉平仁断,中国何遽至(惊惶至于)不振耶?[1]"从中可以感受到,樊增祥对陕西办学新风兴起的欣喜之情及放眼"中国"的胸怀!

对办学不力的牧令进行惩处。如对办学不力的宁陕厅丞某,决定"著详记三大过示儆"!并警告说,"如宁陕学堂办无起色,定将该丞撤任。凛之"[2]!

多方解决办学经费困难。当时兴办学堂最大的困难是缺乏经费。樊增祥说,"兴学难,集款更难","此中甘苦,非亲身阅历者不知"[3]。他感叹"天下办事难,筹款更难";"款项不足,虽有良法美意,不能观其成"[4]。然而,樊增祥考虑强国的需要,只好要求属僚忍痛筹款,"当此痛定思痛之时,所有已捐未交之款,均须收齐"[5]。解决建校舍经费之难的办法,主要是利用原有的省、府、州、县书院,然后是改庙产为学舍。此外,樊增祥还提出以下解决经费困难的办法:

办法之一,要求学生交学费。他说:"须知官立学堂,照例均须自出学费。"[6]

办法之二,允许将案件的"罚银"充作"学堂经费"。樊增祥当初对刑部废除五刑、对轻罪施行"罚金"等改革举措是持异议的,但是后来却赞同并实践,对于抢亲、骗婚、赌博、骗吞、浮收、

---

[1] 《樊山政书》,中华书局2007年版,卷三《批商州尹牧禀》。
[2] 《樊山政书》,中华书局2007年版,卷一九《批宁陕厅禀》。
[3] 《新编樊山批公判牍精华》卷二十《批商州尹牧昌龄禀》。
[4] 《樊山政书》,中华书局2007年版,卷三《批商州尹牧禀》。
[5] 《新编樊山批公判牍精华》卷一五《批富平县周令丕绅禀》。
[6] 《樊山政书》,中华书局2007年版,卷一四《批绥德州禀》。

设私秤等违法行为进行“罚锾”。

办法之三，裁撤冗浮机构。其中，撤销吃空饷的西安候审所即是措施之一。

办法之四，鼓励各州县自筹款办学[1]。

此外，樊增祥为了奖励课吏馆学员学习，不限定名额，对公费奖学金不足部分，自愿“由本司捐廉补足”[2]。

三、维护兴学成果

兴办学堂属于新鲜事物，难免有阻力。为了巩固兴学成果，樊增祥进一步采取以下措施。

对学生实行激励机制。认为应鼓励学生“功课克勤”，“以小学堂之佳者，可送入中学堂，历级而升，直至京师大学堂而止”[3]。兴学堂与社会教化结合。樊增祥认为，一般来说，牧令“能尽心于抚字（抚养爱护，喻亲民）催科，即属‘勤能’称职”；但是，这样尚非尽到了根本职责，牧令的根本职责是“正人心，端风化，表微阐幽，使匹夫匹妇皆知孝友贞节之可慕、浇漓（风俗浮薄）荡佚（自贪安逸）之可耻”，这样才称得起“良吏”；牧令使老百姓“识孝悌为仁之本，可挽犯上好作乱之风……”[4]可见，樊增祥重视办学堂和社会教化的目的之一，是维护封建统治秩序，防止“犯上作乱”。

严厉打击士流阻挠行为。办学筹款，加重农工商的负担，必

---

〔1〕《新编樊山批公判牍精华》卷三三《批韩城县张令瑞玑禀》。

〔2〕《新编樊山批公判牍精华》卷五《牌示》。

〔3〕《樊山政书》，中华书局 2007 年版，卷一四《批绥德州禀》。

〔4〕《新编樊山批公判牍精华》卷二五《批雒南县丁令禧瀚详》。

然会激起社会矛盾。而使樊增祥所不能理解和不能容忍的是，一些士人挺身煽动抗捐的行为，其实质是阻挠兴办学堂。例如，兴平县（属西安府）学堂迟迟未办，其原因皆由革举（已撤销举人资格）刘锡纯"阻挠使然"。兴平县县令拟将其锁押，特向藩司请示，樊增祥批示说，"准如所禀，将该革举刘锡纯锁押县厅"；兴办学堂"此天下通行之要政，士子进取之初基，兴平士流独能屏身化外？如人人慕效刘锡纯，必致人人永无开化之日，兴平人何至如此不堪乎"[1]？

注意对州县的教学质量检查。樊增祥看到各州县办学堂的积极性调动起来以后，深受鼓舞，进一步要求学堂必须名实相副。如对华州牧褚成昌批示，"既曰'中学堂'，而目前科学（学科知识）仍是'小学堂'程度；事固不可速成，然亦必须日求进步，名实相副，斯得为之"。樊增祥甚至对其校舍蓝图的建筑布局，都提出了具体修改意见[2]。有一次抽阅周至县（属西安府）学官补送的考卷后，批示："披阅两卷，均不见佳……'辙'字作'辄'，论题挖补，该学官俱以为可取耶？"[3]

以上表明，樊增祥为了开发民智，积极兴办学堂，克服重重困难，其执着深入、认真细致的态度可圈可点。

---

[1] 《樊山政书》，中华书局 2007 年版，卷一五《批兴平县王令禀》。

[2] 《新编樊山批公判牍精华》卷三三《批华州褚牧禀》。

[3] 《樊山政书》，中华书局 2007 年版，卷十《批周至县学呈送考试学生课卷》。

樊增祥与西北大学

以“国士”自命的樊增祥,于1901年至1906年任陕西臬司和藩司期间,为了“开发民智”,使中国“驯致富强”,积极兴办各类学堂,其中包括参与创办陕西大学堂即今天的西北大学。樊增祥对该校的贡献,有两件事值得提及。

一、督办学堂落成

陕西大学堂于1902年开始创建新校舍(当时夏旹任陕西藩司),因监管不力,工程进度缓慢,耗费大,用去三万两银子,而“诸未合格”。1904年擢任陕西藩司的樊增祥接管此事,充分调动监造官员涂嘉荫的积极性,严格各种开支,添改工程(采用日本图式,添改了73处大小房舍252间),历时仅半年,进度快,质量好,又节省费用。樊增祥接到“落成”的禀报后,欣喜而自豪地批示,“各省营造之资,多者数十万,少亦十数万。吾陕学堂规制不亚东南”;“此次添改诸工,就前筑之堂基,仿东洋之图式,历时半年之久”,“及其成也,仅用银一万八千三百两有奇”。他在验收人员的陪同下“亲往察视”[1],并写诗赞颂该校“新葺小园”之美:“斑斑锦石细垂萝,爽气秋高云雁过……闲院午阴

---

〔1〕《樊山政书》,中华书局2007年版,卷一八《批监修高等学堂涂令嘉荫禀》。

桐井绿,鸾惊欲起缓声歌”[1]。充分表达了目睹“基建”完工后的欣慰之情。

二、整肃学堂纪律

光绪二十八年十二月十五日(1903 年 1 月 13 日)陕西大学堂放寒假,当日夜间,留住斋舍的咸宁县生员薛秉午,反复纠缠“小僮”王喜(十六岁)为其“叠铺盖”、陪酒,以至于要求同睡遭拒,“拦抱不放”;“王喜乱骂”,“喊叫撕扭,将桌上酒杯、灯台撞翻砸碎”,惊动“众委员趋视”,“王喜泣讪走去”。薛秉午“始而愧避”,“继而往寻稽查委员”,诬称“王喜偷伊(他)洋表一个、银二两一钱、钱票六串”。“当经委员诘(反问)以‘尔身坐房内,王喜岂有当面行窃之理?’该生语塞而去,归斋大言曰:‘我本不愿在此,每月膏火(伙食费)不够我宿娼!’”自画出一副十足的纨绔子弟嘴脸。

当年尚是陕西臬司的樊增祥,闻之异常震怒。他本是希望为清廷输送人才的:“关中桃李花如锦,待取秋成贡玉京”[2],认为“(陕西)大学堂开办伊始,来学之人宜如何束身自爱!其中明立课程,优给饩(音“系”,谷物)廪,本以待凤麟之选,岂容蹈禽兽之行”?然而在处理薛秉午问题时,遇到了阻力。有人以薛秉午系“名父之子”,投鼠忌器;有人“又谓恐伤大学堂体面”。樊增祥批驳说:“殊不知放殛四凶(把不服控制的四个头领流放远方),何损尧天之大?明刑(板书犯人姓名和罪状的刑罚)两

---

〔1〕《紫薇二集·高等学堂新葺小园秋日与懋臣观察涞之大令饮卷阿馆即席有作》。

〔2〕《紫薇三集·二月朔艾卿学使枉过煮茶看画清言竟晷》。

观,何伤孔教之宏？……试问:国有灾异,救灾者是乎,抑讳灾者是乎？朝有奸臣,锄奸者是乎,抑养奸者是乎？是此一案,本无‘投鼠忌器’之嫌,更不可存‘讳疾忌医’之见。”然后决定,“本司(本臬司)防淫纠慝(音‘特’,邪恶),是其专司。除咨请学院(教育管理部门)将薛秉午即行斥革外,相应详请宪台(巡抚)斟酌情法,严予究惩,以儆顽淫而端士习……”[1]樊增祥此言此举,都是立足于国家利益层面的,可谓正气凛然,雷厉风行。这对于今天如何面对大学师生品德问题,保证校园风清气正,不无借鉴作用。

---

〔1〕《樊山政书》,中华书局2007年版,卷五《详抚部院》。

裁撤冗浮机构

樊增祥任陕西“地方大吏”期间(1901 ~ 1906 年),以“国士”自命,痛感于“中国今日被人欺压至此”与官场“积弊”之重,为了使中国“驯致富强”,主张“欲办新政,先除积弊[1]”。因此,他不顾既得利益者的反对,大刀阔斧实行了多种机构改革举措,或成立新机构以取代旧机构,或把人浮于事的机构裁撤掉,使之“化私为公”。例如,冲破阻力、撤销冗浮机构陕西“督粮道仓”等,即可圈可点。

一、撤销督粮道仓成立粮务局

陕西公粮收放事宜,原来是由督粮道掌控,存在严重贪腐问题:“至红单房(税收机构;商人纳税须填写红单为凭)以下,通同弄弊者,则有包粮铺,大半即红单房所开,引蔓蟠根,亏官结吏,剥民克兵,而不可心。此曹(辈)托名商铺,谊难一并查封。本司以为,吾陕既有‘官钱铺’,何不开‘官粮铺’(粮务局)?”为杜绝官粮私弊,樊增祥决定秉承“抚宪奏裁之本意”,裁撤督粮道员,“所有道仓一切收放事宜,归并藩司衙门办理”,“夺中饱以归公家”。樊增祥深知“凡事以更始为难,而破俗论、祛积弊,夺中饱以归公家,尤为不易”。但是他毅然决定,道仓由粮务局于光绪三十年九月二十八日(1904 年 11 月 5 日)接办,令红单

[1] 《新编樊山批公判牍精华》卷二四《代洋务局批周至县禀》。

房等“各书办交清以后”,“各自安分回家,另图恒业”[1]。

从中可以看出樊增祥“夺中饱”“祛积弊”的决心。

二、撤销留养局改为习艺所

“留养局”原是养活轻罪贫穷犯人的机构。樊增祥认为,“留养贫民,名为作‘好事’,实吾中国之粃政也。有民而不令其各自谋生,长此设局以养之,是教民惰也。综计每年经费有银一千一百余两,钱二百六七十串,粮三百六七十石,合老幼、大小、男女四百七十余名口……”并且有虚报留养犯人的现象。根据清廷商部的新政策,樊增祥迅即决定“将留养局改为‘习艺所’”。设罪犯习艺所,是仿西人对“遭事管押者,皆罚作苦工”办法,“与学徒习艺者不同”。习艺所的宗旨是,“先从贱而易售习起,利薄可养身,利厚并可养家,至于身家俱赡,则不致因饥寒而起盗心;工艺有成,更不致因游惰而倒沟壑”[2]。首先在省城西安府开办,作为试点,使贫民罪犯“习粗浅手艺”,以“开民智”。办好以后,“再行推及外府州县”。

樊增祥预见被撤换的“局中委员绅士”,会因“失此利益”而反对,便发出警告,倘若“造作浮言,阻挠新政,则二罪俱发,定予重惩不贷”![3] 把留养局改为习艺所之举,说明樊增祥对西法是持选择态度的。

---

[1] 《新编樊山批公判牍精华》卷五《牌示》。
[2] 《樊山政书》,中华书局 2007 年版,卷一五《批雒南县丁令禧瀚禀》。
[3] 《新编樊山批公判牍精华》卷二七《批咸长两县留养局清册》。

三、撤销西安候审所

西安候审所,当初原是提供案件有关人员居住交费、等候随时传唤的场所,但实际上长期不审,候审者耗时、花许多钱,叫苦连天,案件有关人员大大减少,而该所的胥吏们却以少报多,一批勤杂人员各种开支如故。这种虚靡情况持续近20年。

先前光绪十三年(1887年),樊增祥第二次任长安县令时,陕西臬司黄彭年,为了避免案件当事人"羁押县厅受累",就与陕西藩司李用清商议,决定成立"西安候审所"这一机构。当初每月有二三十人"待质",同时也安置了一批"员役薪工",开支甚大。不久,黄彭年调任江苏藩司,候审待质的人数大大减少,甚至一年才有三四个人,且只在所里待仨俩月,却仍然按每年每月二三十人计算。光绪三十二年(1906年),樊增祥第二次任陕西藩司期间,了解到这一"虚靡"情况,便主张将西安候审所裁撤。可是遭到西安府太守光昭的反对,引起一场争论。太守光昭原来"到任之初",遵藩司之命,首先"惩治讼棍",其禀受到樊增祥热情赞扬,称"阅禀如酷暑啖冰、雪天饮火、春食羊胛(肩胛)也"[1]。可是,这时因裁撤"西安候审所",将直接影响其僚属的经济利益,便上禀持反对意见。理由是:(1)候审所建立已久,依古训不可轻废;(2)如果"经历(官名,辅助办理政务事项)无此津贴,即穷不可耐。"

樊增祥批示必须立即裁撤候审所,提出四点理由予以批驳:

(1)候审所本不必设。"吾作令久矣,深知提省受累,甚于

---

〔1〕《樊山政书》,中华书局2007年版,卷一五《批西安府光守禀》。

在县含冤。是此所本不必设”。

(2)光某援引“古训”依据失当。“《记(礼记)》曰:‘有其举之,莫敢废也。’此为有关典礼者而言;若积弊之丛,安能忍与终古?”

(3)以“津贴”济官穷的理由不能成立。指出,若依光某“经历无此津贴,即穷不可耐”的说法,则“光绪十三年(1887年)以前之经历,岂皆槁饿而死乎”?

(4)候审所已失去存在必要。“为政有体,不可被人拾作笑谈”;“历年既无候审之人,即不应留此候审之所。譬如陕西富翁攒一戏班,为唱戏也;若生、旦、净、丑一无所有,而管班、管箱、敲锣打鼓之人,群聚一屋,吃饭、睡觉、拿钱而外,无所事事,岂非怪异乎”?

当时筹款“万分艰难”,西安府中学堂“每年尚不敷银二千两”,于是樊增祥作出决定,“今积有此虚靡之款,应即尽数划归学堂,以为长年经费”;“仰于批示至日,将该府候审所即日裁撤”[1]。批文表现了樊增祥勇于改革机构的魄力和决心,也表现了樊增祥深入浅出、犀利雄辩的才情。

四、撤销团练

樊增祥初任陕西藩司,心怀“除积弊”的锐气,凭多年在基层为官的经验,力主撤销摆样子、扰害老百姓的县团练。例如,韩城县令丁锡奎,禀请将该县“养勇三十名”裁二十名,“仍留十名,以资弹压”。樊增祥未予批准,谈了三点理由:(1)办团练的

---

〔1〕《樊山政书》,中华书局2007年版,卷一八《批西安府光守禀》。

欺骗性。“所谓‘练勇’者,乃州县出门摆样者也;所谓‘办团练’者,乃州县纸上谈兵、欺上司靡捐款者也。”(2)团练有害无益。“各属自有差役,要团丁何用?本司多年令长,从不办团,亦从不敛费,而地方自然安静。办团练各州县,收费既扰百姓,抽丁复夺农时,有害无益,最为弊政。”(3)援引正反名臣之言,强调团练不可办。“本司向来说话做事最喜爽快,从不欺人。曾文正公(曾国藩谥号)云:‘团练断不可办。’此名臣之言也!刚毅(字子良,清末曾任军机大臣;1900年初义和团运动时主张围攻外国使馆,八国联军攻陷北京,随慈禧西逃途中病死)则云:‘县县办团练,则不必养兵,自得数百万胜兵。’此呓语也!愿诸君学曾文正公(曾国藩),勿自同于刚毅……”最后批示撤销团练。指出,“该令作事近于‘月攘(偷)一鸡’[语出《孟子·滕文公(下)》:某人一天偷邻居家一只鸡,经人劝导知错,但表示愿改为一月偷一只鸡。借喻没有改正错误决心的人],留此十名团丁,即可保地方无事乎?仰将三十名无用之练勇全行裁撤,永远不准抽费”[1]!

撤销冗浮机构的同时,在樊增祥的参与下,陕西也新建了一批适应新政需要的行政机构,如铁路局、警务局、官钱局、洋务局、邮电(政)局、学务处、善后局、发审局、财政局、商厘捐总局、官书局等。此外,积极支持牧令改革措施。如陕西靖边县历任“因公出署,概由里总支应,官之所得者少,而民之受累者多”。新任县令王沛棻“廉得其情,恻然动念,立将里总陋规裁革,所有下乡夫马口食,自行预备”。樊增祥热情赞许说:“贤哉令尹!

---

〔1〕《樊山政书》,中华书局2007年版,卷三《批韩城县丁令禀》。

捐廉者少,而饮惠者多矣!应准永远立案。"[1]以上四"撤",足见樊增祥大刀阔斧的改革魄力。

---

〔1〕《新编樊山批公判牍精华》卷三二《批靖边县王令沛棻禀》。

惩贪恶 恤民瘼

有改革就会有阻力。早在戊戌变法时期,“排斥变法者”大体有三种人:“一为泥古之迂儒”,“一为苟安之俗吏”,“一为苛求之谈士”[1]。到此时,反对新政者也大体如此,其中以“苟安之俗吏”为多。樊增祥在推行新政过程中,一直重视奖惩结合,倡导属吏廉洁之风。他曾说:“本司作令十余年,凡同寅油滑躲闪手段以及打诳语、避处分、占便宜、卸责任,种种君子所不为而小人自以为得计者,知之熟矣!”如他警告“倒填日月”企图避责的县令,“此等破斧钝刀,不必向老夫(樊增祥自称)卖弄”[2]!鉴于当时官场腐败积习太深,他以“欲行新政,先破积习”为明确指导思想,因此把惩恶作为倡廉之首。对于惩恶,樊增祥的态度是严厉而坚决的。他说,“本司(本藩司)向来惩治恶人,每施辣手”[3]。具体措施有以下六个方面。

一、惩治州县贪官污吏

樊增祥任陕西省藩司时,对下属考查甚严,能够正视属吏的腐败现象;一旦发现其有贪污行为,立即予以惩处。例如,处理蓝田县(属西安府)县令胡某贪污“荒赈”一案:

蓝田县令胡某,禀请把备荒买粮公款550余两银子,挪

---

〔1〕 张之洞:《劝学篇·变法第七》。

〔2〕 《樊山政书》,中华书局2007年版,卷一四《批华阴县禀》。

〔3〕 《樊山政书》,中华书局2007年版,卷一八《批镇安县刘令林立禀》。

存“发商生息，作为学堂经费”，被樊增祥“批斥不准”。之后，又禀请按市斗（大斗）和市平价（低价）购买豌豆。当被批准按市斗、市平价购买以后，却又谎报买了京斗（小斗，每斗比市斗少两三升）364石，共用库存平价（比市平价贵，每两银子加两三分）银546两，下余7两多，留着买芦席。胡某擅自变市斗为京斗、改市平价为库平价，“以大斗之银籴小斗之粮”。樊增祥发现胡某前后禀报自相矛盾，经核查：“市斗一石即京斗两石”，每市平价银5两可买京斗豌豆4石，市平价银550两可买京斗440石。然而，胡某用库平价银540两仅买京斗豌豆364石，“平余斗余”，里拐外拐，“二者并计，赚银百两上下”。

针对胡某利用“差价”骗取、贪占的行为，樊增祥严厉批斥：“贪得亡（无）耻，胆大糊涂，实堪痛恨！……须知，买粮所以备荒赈也，吞买粮之银与‘吞赈’何异？此本司决不能容者也！”于是作出两项决定：（1）“胡令著详记三大过”；（2）派新任县令孙某“将胡令买定之粮照市平、仓斗（市斗）折算，短银若干，勒令交足”[1]！从此案的处理，可以看出樊增祥办公事之认真，治吏之严明。

二、平冤狱　明奖惩

樊增祥在严惩贪贿属吏的同时，并注意对于制造冤案与平反冤案的属吏分明奖惩。例如，关于一起刑讯逼供案的处理。此案情节复杂，涉及多人，牵连武功、咸阳、兴平三县。

---

〔1〕《樊山政书》，中华书局2007年版，卷一四《批蓝田县胡令禀》。

武功县(属乾州)张顺兴铺被窃四十两银及烟土,武功缉役差头王彪缉获窃贼张根记到案。张供述另有同伙金七、魏姓(并不知其名)等人,在缉捕伙犯过程中,路遇咸阳(属西安府)人魏玉龙身带银五两;其银,是魏玉龙为了聘继妻出财礼,向姐夫刘钧(兴平人)"借衣三件",暂时当给黄中未家(在咸阳)所得。可是,魏玉龙遭"差头王彪吊拷诬服",且妄指铺主黄中未、妓女红花等人。王彪为了"坐实"魏玉龙系"同伙",事先向窃贼张根记说明魏玉龙的体貌特征;当武功县令高锡华开庭时,让魏玉龙"杂立众中",令张根记"当堂辨认,开口即曰'此人是魏玉龙'"!高县令"遂以为真贼无疑"。同时,为了顾忌"赃不齐则案仍不圆",高县令又移请咸阳黄县令,伪造赃证,断令无辜的妓女红花"变卖衣物得十金,交武差持回"。然而被差头王彪私匿,达两个月之久,直到案情暴露。后经魏玉龙之父上控到巡抚,又经樊增祥委派办案"老手"县令屈寿昌复查此案,"不辞劳瘁",终于使这起刑讯逼供、连环伪造证据导致魏玉龙等受冤的案件得到平反!樊增祥对于此案酿成的原因和危害,作了深刻分析:

"高令于差役倚其人不啻'腹心',借其言过于'枕席',武功之民尚得见天日乎?……总役王彪串害诬良,诈赃入己,应从重惩办。夫窃案何县蔑有?若有一窃案即执途人而拖入班厅,恣意拷掠,高坐堂皇者亦不问来由,唯差言是听,行路者人人自危矣!高令此案既有特别之恶差,非贼而以为是'贼',更得倒霉之妓女无赃而勒令赔赃,案由凑合而成,官则糊涂已极!"最后批断:"王彪不死,何以服民?高锡华不撤,何以驭吏?……王彪着锁押来省,尽法惩办。""高令业已撤任,应否参革,俟会同臬司商禀抚宪再夺。该令(屈寿昌)平反冤狱,应详记三大功,以示鼓励。”[1]此批,未能论及对造成冤案的咸阳县令黄某的处理,似欠完美,但是,樊增祥平反这起冤案的历史警示意义,不可低估。

三、惩戒慵惰媚外牧令

樊增祥对于软弱懒散的牧令是非常怨愤的,尤其是对于奴颜婢膝的牧令最为痛恨。略阳县令桂超,曾因处理民教纠纷媚外受辱,后因纵容奴仆设卡收费被撤。樊增祥对这位“无用”县令先后多次予以指点,然而扶不起来。后来只好采取严厉措施,将其撤任。其中有两次批示,措辞极为辛辣。

如因一教民拒缴“猪厘(猪税)”三百文钱,致起官教纠纷。后教士王奉元(取中国人名)出面干预,令该教徒缴纳了三百文。县令桂超居然向该教士献媚“放鞭挂匾”,表示“感谢”。由此助长了该教士的气焰,不把县令桂超当人看。之后,又因一起民教纠纷,县令桂超差点被蛮横的教士王奉元用茶碗砸中。不久,民教纠纷又起,该县令向藩司请示办法。樊增祥批斥:“教民诚属可恶,然非该令平日软弱无能,何至于此?本司风闻,前因猪厘之故,仅三百文钱,该教民除抗不遵完(缴纳)外,该令反花钱二十余串(串亦称“吊”,清末货币单位,一串等于一千文),放鞭挂匾以谢之;媚教长刁,一何可耻!驯至今日,彼教直视该令不如奴隶;一遇干涉教民之事,既不能令,又不受命,汲汲皇皇上禀请示。试问:何县无教民?何以该令独丁其酷也!本司

[1] 《樊山政书》,中华书局2007年版,卷一九《批屈令寿昌禀》。

不管！"[1]

樊增祥对桂超软弱媚外、糊涂用人的愚懦丑行的批评，虽然用语辛辣近酷，但是点出的问题很精准到位。

四、惩治乡曲霸人

樊增祥作为封建官吏，对"闹事"者动辄以"刁民"呼之；其中是非，今天当用历史唯物主义观点进行分析，究竟是"刁民"，还是"英雄"，不可简单下结论。姑且依当时官方"一面之词"，不无历史认知意义。

当时陕西镇安县（属商州）发生一起土地纠纷上控案，大体案情是：上控人刘振仪诉刘玉全、刘振才"父子同谋，狼狈相倚"，先由父刘玉全霸占刘振仪的一块地（距刘玉全家近，距刘振仪家远）已有十多年，近由刘玉全之子刘振才出半价 470 金买下（钱交与了刘振仪），伪造卖约、妄指过户证明。"既霸而又买，使人不疑其占夺之非；短价而不交，欲饰半以为全。"镇安县令刘林立，拟判决将被霸之地复还给刘振仪，一并作价卖与县小学堂。樊增祥首先对刘县令的判决意向表示"击节赞赏"，然后又进一步主张，"将来地价议定，即将（刘）振仪应退之四百七十金由学堂扣除，作为（刘）玉全父子罚锾"[2]。樊增祥的批示可谓公允，且符合新的律意。

五、心系民瘼　奖惩属吏

《辛丑条约》进一步加重了陕西乃至全国人民的贫困。樊增

[1]《樊山政书》，中华书局 2007 年版，卷一五《批略阳县桂令超禀》。
[2]《樊山政书》，中华书局 2007 年版，卷一八《批镇安县刘令林立禀》。

祥任陕西藩司之初,正值新政方兴,却深感财经匮乏和百姓生活的贫苦,他不禁悲叹,“黄金已尽催填海,白璧何年再入秦?……流亡未复疮痍在,最念天寒白屋贫”[1]!然而,“新政筹款无不取资于民;各属禀报到司,凡近苛、近琐、近扰以及利少害多、可暂而不可久者,皆随时批驳,以恤民艰”[2]。樊增祥体恤百姓困苦,突出表现在对灾民的同情。有两件事足以说明:

1. 关于郃阳县(属同州府)垦荒“升科”一事。樊增祥任陕西藩司不久,接到新任郃阳县令仇继恒的禀报,称该县垦荒免赋的年限虽到,可是因遭凶年,垦户逃亡,而前任仍然“责令值年户首”将应征的三百八十余金“垫纳”。前令“忍心追比”,大半报解,得到了“催科得力”之美名,而后任的我“为民请命”,未催交欠额,反获“弗顾考成”之咎!樊增祥看了仇令的禀报后,批示,“荒地招垦,届限升科,乃通例也。虽届升科年限,而仍岁凶饥,自应禀祈展缓——此‘随时’办法也。前任郃阳县,因年限已届,不问垦户逃亡与否,即将应征之三百八十余金,责令值年户首垫纳”。“该令到任,熟察凋敝情形,甘冒‘不韪’,为民请命……本司身亲阅历,深悉赔粮之苦,尤不以专打官话为然。若该令之明允慈良,真吾陕祥麟威凤也!”最后批定:“此项银粮,既然垦户逃亡,自宜展缓升科……以示体恤。”[3]同一件事,不同上级,恤民与否,对问题处理的态度和方法完全不同。

2. 裁撤不关心民瘼的牧令。光绪三十二年丙午六月初八日(1906 年 7 月 28 日),因蛟河水陡发泛滥,汉中府佛坪厅出现严

---

〔1〕《鲽舫集·壬寅岁暮关中杂感九首》。

〔2〕《樊山政书》,中华书局 2007 年版,卷一八《批商南县禀》。

〔3〕《新编樊山批公判牍精华》卷九《批郃阳县仇令继恒禀》。

重洪涝灾害,“淹毙男妇大小”二十余口,田地被淹成灾五六成至七八成不等,可是佛坪厅丞杨卓林若无其事,樊增祥根据举报,将其“撤任候参”。樊增祥给汉中府太守恩某的批示说:“该厅杨丞身为民牧,遇此奇灾惨状,宜如何缨冠被发,拯民于饥溺之中……而杨丞则历六、七两月之久,如睡如醉,并无只字禀报,闻之深堪愤诧!”樊增祥在给该厅丞杨卓林的批文中怒斥:“积今两月有余,该丞无只字禀报……若无被灾之事也者,亦可谓毫无心肝矣!现据汉中府转据冯巡检禀词,以该丞‘玩视民瘼’禀讦到司,已委刘丞署理斯缺(这个空缺)!”[1]

此类事例,充分表明了樊增祥的爱民恤民情怀。

六、严格财政管理

樊增祥掌管全省财政大权,对公款的开支使用,认真审核,锱铢必较。

例如,追究原任督粮道崇恩未解交完的巨额粮款一事:当樊增祥接收督粮道移交的账目时,发现即将“改任襄郧(湖北襄阳、郧阳)”的前粮道崇恩,短缺征粮四万七千余石的“款银七千八百四十七两四钱”时,他经过一番思想斗争,认为,虽然“本司与崇道同官为僚,交情不浅……然以公家之款徇寅情,又何以对君父(皇上)”?于是“详请宪台(巡抚)转饬崇道”:将短缺的款银“如数补足,再赴新任”[2]。

樊增祥这种“为国家管库”理财、不徇“寅情”的精神,可圈可点。

---

〔1〕《樊山政书》,中华书局2007年版,卷九《批佛坪厅杨丞卓林禀》。

〔2〕《新编樊山批公判牍精华》卷五《详抚部院》。

发展特色经济

当时陕西民风淳朴,生产生活比较守旧。樊增祥长期在基层多处为官,对陕西这种状况深有了解,并常常表露出焦虑之情。有时甚至惋惜、感叹:"陕省民俗苟安,不知工作。故赣之瓷、晋之钢,每岁行销本境者,不可以数计!"[1]为了改善陕民生活,樊增祥重视发展地方特色经济,如关注陕西的养蚕、瓷窑、铁矿等事业。其中,樊增祥特别提倡、鼓励、推行陕西州县因地制宜植桑养蚕事业,"以蚕桑易罂粟"。

陕西养蚕业具有悠久的历史,现代考古工作者,在"宝鸡茹家庄西周中期墓葬中发现许多玉蚕"[2]。樊增祥认为,"地方之美利,以货产为宗;货产之振兴,以工艺为本"[3]。他支持延川县(属延安府)"岁贡"(每年向朝廷贡献的人才)张清泉"著书立说,手自植桑五百余株",并批示推广至榆、绥、鄜等州县"一律仿照兴办"[4];他以华州为试点,"以越(浙江)俗易秦风",选雇浙江工匠来陕西教授种桑养蚕技术;不到两年,即"已着成效"。当他看到华州呈送的蚕丝"净白有光,质复柔细,直与湖丝无异"时,"深为嘉悦",顿生感慨,"利从地出,事在人为。不得其人,则货弃于地;得人,则收效无穷。凡事皆然,蚕桑特一端

[1] 《樊山政书》,中华书局2007年版,卷一五《批定远厅》。

[2] 《陕西省志·政务志》第五篇《施政概略》。

[3] 《樊山政书》,中华书局2007年版,卷一五《批定远厅》。

[4] 《樊山政书》,中华书局2007年版,卷一五《批延川县岁贡张清泉禀词》。

耳”[1]。当初,请浙工来华州作技术指导,发不了工资,华州牧禀请“拟于代书(指官代书者)为人写状每纸四百文下,酌提百文,以为桑者津贴”。樊增祥批示:“州民每递一词(呈词),由该代书手写过戳(盖公章)者,准取钱二百文,外交种桑经费一百文;若来稿代戳者(官用状纸),则只取戳费百文,桑费百文,以示限制。”[2]这件事,一可知当时“生财”之难,二可见樊增祥为老百姓着想的精神。

除了提倡在华州发展养蚕业、在长武县开办纺织厂之外,樊增祥还计划在延长县开采石油[3]。

---

〔1〕《樊山政书》,中华书局2007年版,卷一八《批华州褚牧成昌禀》。
〔2〕《新编樊山批公判牍精华》卷三十《批华州褚牧禀》。
〔3〕《樊山政书》,中华书局2007年版,卷一六《批宝安县童典史禀》。

派遣赴日留学生

大清帝国原是以“天朝”自居,经过两次鸦片战争失败之后,特别是经过甲午战争、八国联军惨祸之后,清政府逐步清醒了头脑,睁开眼睛看西方、看世界,感到外交、技术、法律等人才严重匮乏,逐步放下架子,派遣青少年赴美欧日留学,设想“师夷长技以制夷”。

一、陕西也要睁眼看全国，望世界

时任陕西藩司的樊增祥,除了重视发展地方教育之外,在其老师张之洞的直接影响下,也开始把目光投向全国、投向世界。他说:“见闻不逾阈,何足称英豪?环游不超海,何日达夷情?”[1]受新思潮的影响,古风犹存的陕西出于“开发民智”的需要,于光绪三十年(1904 年)公派康宝忠等第一批 8 名赴日留学生,学习军事。次年,成立了陕西学务处,加大文教改革步伐,又筹备派遣第二批更多留日学生事项。但是规定“游(留)学”的条件为具有“监生”以上资格的“举、贡”等人,童生不得“游学”。此规定一出台,立刻一片哗然。如临潼县(属西安府)县令呈禀提出异议:“童生尽有胜于秀才者!考试既停,童生永无入学之日,即永无选送出洋之望,岂不‘向隅’?”

樊增祥对于临潼县令的意见很重视,解释说,“学务处所

---

〔1〕《沆瀣集·奉和金陵游览诗诗三首·鸡鸣寺》。

言，特论其大凡耳！吾陕士风朴僿，考秀中侥幸尚多，何论童考？而各县公又不能人人具有藻鉴（品评鉴别能力），不稍示以限制，必致申送纷纭”。然后，说明上述规定只是权宜之计，并表示同意临潼县令的观点，“凡事当观其通，不可死于句下。若必定一不收童生之例，则五十年后，前之举、贡、生、监俱已木拱琴荒，天下学堂无一非‘童生’者，岂不无人可送耶？况今日学堂全仿外国，外国之游历他邦者，有举、贡、生、监耶？士取其佳而已！不佳，虽翰林、进士无用也；佳则白衣可取也”[1]。

樊增祥虚心采纳临潼县令的意见，并以驳论的口气，阐明重视真才实学的观点，很有说服力，扫除了陕西留学资格的障碍。

二、殷殷送别情

光绪三十一年八月一日（1905 年 8 月 30 日），陕西派遣党积龄（1879～1967 年）等共 45 人赴日本留学，是陕西留学生规模空前的一次。这批留学生，年龄最小的 16 岁（钱鸿谟），最大的 38 岁（徐志鸿），以“附生”资历的居多，所学专业以工科最多（17 人），其次是兵科（12 人）[2]。这批留学人员热情很高，其中有一名留学生“新婚不逾月”，毅然“新婚别”，并得到新妇的积极支持。樊增祥深深为之感动，立即写诗称赞，“鸳鸯七二各成行……女牛银汉共辉光。少年日月真须惜，儿女风云两不妨。一出红闺行万里，玉人含笑看扶桑”[3]。灞桥，自唐代以来是离人伤别之地。可是，当留学生们临别西安时，樊增祥却在灞桥发

---

〔1〕《樊山政书》，中华书局 2007 年版，卷一四《批临潼县禀》。

〔2〕《陕西省志・教育志》。

〔3〕《紫薇集二・仲锡令弟新婚不逾月即赴日本留学赋赠一首》。

表了激情四射、振奋人心的送别演说，对即将离开家乡赴日求学的陕西学子，寄托了殷切的希望。原文长达1600余字，节录如下：

送陕西高等学堂学生留学东洋序（节录）

《论语》曰“志于道”，《中庸》曰“知耻近乎勇”。志不立则事无成，不耻不若人，则终为人役而已矣！

诸生试思之：（日本）明治维新之初，其学于泰西者不先于曾文正，由今以观，文正所遣容闳、马建忠诸人，其视尹藤（1841～1909年，即伊藤博文，甲午战争时期任日本首相，战后任日本全权代表，强迫清政府代表李鸿章签订《马关条约》）、陆奥（陆奥宗光，与伊藤博文都是日本赴西洋留学生，甲午战争时成为日本外相）何如也？甲午之役，叶（叶志超，原直隶提督，被李鸿章任命为援朝诸军统帅，指挥无能，战败逃回）、魏（疑是“卫”之误，系指总兵卫汝贵）诸军其视大鸟圭介（任日本驻朝鲜公使）何如也？三十年来，彼国势日张而吾益弱，彼实业日精而吾益窳（音“雨”，破败）；彼人心士气日益团结而猛起，而吾益涣益隳（堕）。所以然者，人人不立志而不耻不若人也。（按：指出30年来中国国力、实业、人心日益不如日本，其原因是“人人不立志而不耻不若人”）

庚子（1900年）以后，遍立学堂，扩张新政，然试求诸人人之心与夫上天下泽交通之故，则其散漫而壅塞者，殆无以异前而又加甚也！先圣先儒大抵责己不责人，务实不务名，爱国不爱身，计功不计利；今之谬论，专责政府、指斥朝廷。及问“客何能？”则呺然无具。所谓“新学”者，猎皮毛而已，志富贵而已！不得富贵，则怨望、怒骂而已；倖而富贵，则亦甘为人役而已！呜呼！学新学者皆如是，何颜责政府哉？韩子曰："业患不精，无患不明；行患不成，无患不公。"（韩愈《进学解》）两宫（慈禧太后和光绪皇帝）方持高爵厚禄以待天下非常之士，文武一体、满汉一气，以尽洗有司（专职官吏）不明不公之旧习。诸生学而有成，何忧韫玉于山林，而遗珠于沧海哉？且使人人皆贤皆才，则虽如探筹积薪，皆足以得人而济事。然则不才而偾（音"奋"，败坏）事者，虽用人之过，而亦人人不自力于学之过，为士者独不自愧耶？（按：批评"新学"者"专责政府"而不责己，为清廷辩护。但是意在强调人人应该从"我"学起）

诸生勉之哉！远涉东瀛，去家万里，父母倚于门，少妇叹于室。慎居处，节饮食，谨暑寒，远声色，卫生之要术也；惜分阴，戒游谈，勤术业，志远大，成业之梯桄（用来绕线的一种工具，喻要素）也；脩羊（教学报酬，亦称"束脩羊"）灯火之需，吾故乡万人之膏血也；舟车衣粮之费，吾官师铢寸所襞（音"必"，褶皱）积也。吾父吾兄，割骨肉之爱而使之远游；台司郡县，不辞供亿之烦而资之就学，其待之者何如？而其所责望者何事？诸生而无爱亲敬长之心则已，人人有心，将必人人力学，其忍徘徊歧路，蹈袭狂迷乎？况吾中国事势如此其亟也，种族如此其衰也，学成而归，转相传习，寸炬千灯，一鸣万和，则光绪一"明治"也，西都（西安）犹"东京"也！天下之重，后生任之矣。若今无异于昔，后更不逮（不及）今，群雄相逼而来，父母妻子将仆妾于他人，墟墓田庐恐沉沦于异族！兴言及此，其不"发愤忘食"、自力于学者，岂独非"人情”,亦决非吾三秦子弟忠孝沉毅之性质也!(按:强调家人、故乡人、地方官府等的殷切希望和学费来源之艰辛,使留学生明白重任在肩,以激发其为振兴陕西而奋发学习)

诸生行矣!经旅顺,眺大连,日露炮火所争持,倏完而倏破者,皆吾地也。泊长埼,指马关,甲午城下之盟,掷金二万万之处也。北望辽阳,战血未干,遗骸满目,我太祖太宗发祥之所也。西望故乡,五年以前两宫蒙尘所巡幸也。西南望中华,全国风潮汹涌,海气蔽天,吾黄帝、尧舜亿万万子孙所侨寄而托命者也。(按:想象留日学生途经甲午海战相关之地、到达日本后回望祖国的辽阳、故乡陕西以及全中华所见所思,嘱咐留学生不忘国耻、不忘亿万万国人的重托)

诸生勉之哉!取人所长,益我所短;吐吾之故,纳彼之新;救及身之危,图万世之安,期于各得其精华,而仍不自漓其根本。我不若人,惟当自奋,不当自馁;即稍能趋步,人益当自勉,不当自足。日置吾身于“薪胆”之中,而预悬人格于欧美之上,积愤求通,增高继长,以吾华人之聪明,弃其畴昔无用之学,而人人求为有用之才,何实业之不成,何国耻之不振?勉之!勉之!学成名立,三年来归,河岳腾光,桑枌(桑梓、枌榆的缩略词,喻家乡)表色(明色,即增光),吾将与三秦父老张乐设饮,相见于灞桥之上!(按:展望未来,勉励留学生取人长补己短、不自馁、不自足,以卧薪尝胆之志学成有用之才,以洗刷国耻)

光绪三十一年岁次乙巳八月朔　恩施樊增祥序〔1〕

---

〔1〕《樊山政书》,中华书局2007年版,卷一四《送陕西高等学堂学生留学东洋序》。

一般情况下,樊增祥的公牍是不注明具体写作日期和署名的,该文表明其对此事特别地重视,含有“大事记”意味。

这篇深沉厚重、热情洋溢的赠别演说,虽然写于一百多年前,然而至今依然令人感到震撼和振奋,可以说是一篇充满爱国主义情感的美文。或者可以说是继《书王令景峩试卷后》一文之后又一篇纵谈“强国梦”的政论,是樊增祥的“劝学篇”。其内容和语言至今仍值得反复体味:

宗旨明确。寄厚望于即将赴日留学“诸生”,抱定卧薪尝胆之志,“预悬人格于欧美之上,积愤求通”,发奋学习,“三年来归”,成“实业”,振“国耻”。

强调忧患意识。忧国危,愤人心“散漫”;批评不立志、不知耻、不学习的世俗,激励留学生为强国而“人人力学”。其思想感情,与其师张之洞 8 年前所倡导的“五知”遥相呼应,即“知耻”(耻国弱)、“知惧”(惧国亡)、“知变”(变习、变法)、“知要”(致用、西政为要)、“知本”(在海外不忘国,见异俗不忘亲,多智巧不忘圣)[1]。

寄托成才厚望。叙家国重托,动之以情;论千古圣训,晓之以理;用炽热恳挚、汪洋恣肆、一咏三叹的话语,鼓励以“吾华人之聪明”,“人人求为有用之才”。

激励士气。面对国势衰微和新政方兴,特意营造暖春的气息,设想留学生在异国“西南望中华,全国风潮汹涌,海气蔽天,吾黄帝、尧舜亿万万子孙所侨寄而托命者也”。以激励其时代责任感,使留日学生怀着奋发昂扬的心境而别。

---

〔1〕《劝学篇·序》。

樊增祥此文具有深刻的思想性和强烈的鼓动性。大声疾呼、谆谆嘱咐,酣畅淋漓地表达了政治家的情怀,多姿多彩地展现了文学家的才思,也是樊增祥中国"驯致富强"梦的进一步升华和艺术化。从文体来说,也是一篇值得研究的演说词。

但是,有必要指出三点:

第一,樊增祥的"强国梦",目的是振兴衰败的大清王朝。樊增祥批评新派"专责政府、指斥朝廷"而不自责,明显是为苟延残喘的"两宫"辩护,一句"我太祖太宗"将其政治立场表现得再清楚不过了。然而,身为朝廷命官,樊增祥是把大清王朝和"两宫"与"中国"视为一体的,这是传统士人以当朝为"国家"的共同思维方式。

第二,樊增祥未能兑现承诺。原承诺当留学生"三年来归"时,自己要"与三秦父老张乐设饮",相迎于灞桥。这批 45 名留学生,因专业年限等不同,多数分别在 2 ~ 4 年后回国。可是 1 年后樊增祥却遭罢官,3 年后调任江宁。

第三,樊增祥提出"弃其畴昔无用之学",但没有具体说明"无用之学"指的是什么。根据樊增祥有关诗文,应是指无补于实业而仅为应付科举考试的"试帖诗"之类。

樊增祥为赴日留学生送别之后,发生的两件事值得一提:

其一,留学落选的 2 名书生(潼关厅举人陈同熙和蒲城县增生王其昌),于当年冬天联名禀请留学。樊增祥在批文中进一步批评了"新学者"的不正学风,并对留学生的学习目的提出了要求,"今之所谓'新学者',学人之美并其丑者而亦学之;去己之短并其长者而亦去之;不分事势之缓急,不揣程度之高下,人人自命为'识时之俊杰',而其无识与'八股'诸君同,而祸且益烈焉。此可为长叹息者也！吾陕学人幸无此习，将来诸君出洋，文武、实业总期各有一得，而终身不忘为大清国（对外代表中国）人，则善矣！老夫灌灌（言语恳切），久为少年讪笑；然可言者不与之言，如失人何"[1]？樊增祥强调学习外国必须有所选择，不可照搬一切，无疑是正确的，强调要"终身不忘为大清国人"，既有狭义忠于"大清"王朝的政治目的，也有广义牢记身为"中国人"的理念。

其二，这批留日学生很不顺利，刚到达日本不久即遇到了一场风波：日本政府应清政府请求，驱逐中国反清留学生。樊增祥在给白河县厘局仇令的批示中，曾谈到这件事，"学堂事，渐有眉目，开山之力，君为巨灵。惟东渡诸生，甫至东京，即遭艰阻；今已风平潮定，仍入学堂；而已归者，不可复返矣"[2]！透露出樊增祥的焦虑和遗憾。

不同时代的青年，有不同的历史责任。在一百多年前，留学青年的历史责任，是"积愤求通"，发奋学习，成"实业"、振"国耻"。今天留学生的历史责任是："弘扬留学报国的光荣传统，胸怀大志，刻苦学习，早日成长为可堪大任的优秀人才，把学到的本领奉献给祖国和人民，让青春之光闪耀在为梦想奋斗的道路上。"[3]

---

〔1〕《樊山政书》，中华书局2007年版，卷一五《批潼关厅举人陈同熙蒲城县增生王其昌禀词》。

〔2〕《新编樊山批公判牍精华》卷三十《批白河厘局仇令禀》。

〔3〕习近平总书记于2017年12月30日给莫斯科大学中国留学生的回信。

筹建西潼铁路

身为陕西藩司的樊增祥,积极全面推行新政,其中重要内容之一是提请“筹修”西潼(西安至潼关)铁路。

鉴于河南、四川等省已经先行修建铁路,特别是希望能够与河南汴洛铁路西来相衔接,樊增祥呈请陕西巡抚曹鸿勋(1846~1910年,字竹铭、仲铭,号兰生)于1906年1月4日“先行奏咨立案”获准;樊增祥被任命为筹建西潼铁路“总办”,立即拟定具体章程和措施。他原考虑陕西地连5省,须要建秦豫、秦陇、秦蜀3条线,但最后考虑秦豫线比较易行,决定先建西潼铁路,并拟定章程22条,完成了首次路线勘测。概括起来,樊增祥有四点基本主张和措施。

一、明确指导思想是节俭办事

他强调说:“本司向来持议:欲办新政,先除积习。”[1]认为“大凡办一事设一局,一有‘调济贫员’之心,则民不服,而事亦不成——此中国最坏之习气!变法者,必自变积习始!本司迂愚质直,窃拟开办之初,首戒张皇铺饰”。他表明自己的职责和具体做法:

“本司系倡议之人,藩司乃总汇之地;宜暂以善后局(清末处理特殊事件后果的机构)为坐办之处,以局员及司

〔1〕《新编樊山批公判牍精华》卷六《札凤翔府尹守等》。

署文委为兼办之员,不事修营,不增薪水";到开工之日,"再设专局,再议开支。盖食功可也,食志不可也"[1]。并告诫僚属须吸取外省失信于民、却要百姓乐于出资的教训,以免"塞井而求泉、避灯而取影"之讥[2]。此外,拟成立西潼铁路有限公司,规定"公司人等不得受人干托,狗(同"徇")私汲引。凡夸诈贪鄙、自命在行、浮支浪费者,一概不用","无论员绅,首重'廉'字";主张"明定奖惩,显示劝惩[3]"。樊增祥主张"变法者,必自变积习始"及"首戒张皇铺饰",可圈可点!

二、先修咸临路段作为试点

樊增祥认为,修铁路,首先要掌握自主权。即要自筹股本,"不可贷诸外洋";而"欲抵制外人,则官力不如民力之为大;欲筹备巨款,则官劝不如自劝之为良"。因此,"莫若先修咸(咸宁)、临(临潼)五十里之轨道,其所费不过数十万(两),而使秦之士、绅、商、农目睹其有成,而心知其有利,则以后醵(音'巨',大家凑钱)资接续,有不能自已(停止)之势"。并认为"开智发蒙,莫善于此"[4]。

三、外取铁路章程之善,内择得力君子

樊增祥深知"得人"的重要性,而要"得人",必须信人、破私

---

〔1〕《新编樊山批公判牍精华》卷六《详抚部院》。

〔2〕《樊山政书》,中华书局2007年版,卷一六《札凤翔府尹守禀》。

〔3〕《樊山政书》,中华书局2007年版,卷一七《详议西潼铁路办法章程二十二条》。

〔4〕《新编樊山批公判牍精华》卷六《详抚部院》。

心。他与僚属坦诚相见:"本司,旧人也,书生也,质直迂愚,久为后生讪笑。仰蒙抚宪任人勿忒,事无大小、政无新旧,悉见委属。士为知己者用,政必待人而行。陕西近数年来,新政盖八九有成,筹款在百万以上;抚心自问:何者是鄙人之功?无非上禀命于中台(巡抚),下赖同志诸君子各抒所见,各奏尔能……人人尽力,事事求实,鄙人碌碌,因以成事。诚不自意,何以得此于诸君子也!"功归他人,自谦"碌碌",进而对僚属提出希望和要求,"今铁路一事,尤为宏大。又尝昌言于庭(朝廷),力破虚靡积习";"所有各省铁路章程,均宜汇集一处,细心阅看,择善而从,而仍以酌量本省情形为主";并主张除了技工人员,可以聘用外国人,而管理人员,急需要懂得"国际公法、私法与地方规例及公司章程"的人,可以选派留学二、三人"送入东京法政速成科";"凡事以得人为最难,而集款次之。吾不敢谓我此数子(指被任命为陕西铁路议员们)皆有过人之才而不能破除自私自利之心;一以实事求是为主,则庶几可以共信!"强调共破私心,同心协力,"西潼铁路三年必可观成"[1]!

四、罚办事不力的僚属

修建铁路,除了"得人"之难外,最大的问题是筹款。樊增祥为了保主权,主张不向外国贷款,而实行官民合办,因为"贷其财,则事权属人"但他认为,修建铁路,除技工人员,可以聘用外国人,因为"操纵在我"。估算西潼铁路需银400万两,筹款办法,樊增祥参考其他先办省份的经验,计划采取加收盐税、收

〔1〕《樊山政书》,中华书局2007年版,卷一六《札凤翔府尹守等》。

粮捐(改仓捐为粮捐)、增收烟土税、扩大社债(公债)、提差馀(铁路修成后官员出差须坐火车,省下的车马供应费归公)及发股票6项办法。其中前3项势必加重民商负担,若宣传不够,势必激化矛盾。

名谚说“要致富,先修路”。修筑西潼铁路,以历史发展眼光来看,无论对国家或对陕西省都是件善事,可是,善事的办理如果超出了当时老百姓的接受能力,就难以顺利推行。本来西潼铁路的勘测工程进行得非常顺利(与樊增祥采取保护秋庄稼措施有直接关系),而一到集资收捐,陕西官民之间、上下级之间矛盾立刻升温。先是各州县贫富状况不同,牧令所持态度不一,而樊增祥肩负重任,“压力山大”,情绪几乎失控,对筹款失信的州县令动辄撤职惩处。如岐山县(属凤翔府)县令赵乃普,在樊增祥心目中原是个“精强老练、洞达民情、熟于吏事”的得力僚属,本来有岐山县移用“义仓捐”为铁路筹捐的承诺〔1〕;然而,后来赵令与其他州县进行攀比,竟以该县比凤翔县捐的数额“多”,出尔反尔,“发端”请求为岐山县减少筹捐。樊增祥对赵乃普的请求批示说:“阅禀不胜愤诧!……若各属皆比其最少者,每况而愈下之势必所得无几……总之,西潼铁路,抚宪与本司俱势成骑兽,凡为僚属,岂宜蘩若‘连鸡’?若连鸡不飞,将成笑柄,本司不任受也!……本司于此事舌敝唇焦、笔枯腕脱,而该令首先与本司为难,应即撤任,以示立信之本!”并警告其他僚属:“如各牧令有不愿办者,无妨禀请交卸,以免本司撤参!”〔2〕

〔1〕《樊山政书》,中华书局2007年版,卷一八《批岐山县赵令乃普禀》。

〔2〕《樊山政书》,中华书局2007年版,卷一九《批岐山县赵令乃普禀》。

以上四点,表明樊增祥对修建西潼铁路有很大的决心,有很高的热情,并有明确的指导思想和具体的措施,特别是主张办事应当精简,破除“积习”,反对“张皇铺张”等思想以及所表现出的自觉的担当精神,至今仍值得称赞。

后来,由于对修建西潼铁路的意义宣传不力,加上农民负担过重以及胥吏“借公肥私”,引发了扶风、华阴、渭南、同州、富平、蒲城等州县大规模农民抗捐斗争,再后来随着樊增祥本人被罢官,西潼铁路的建筑工程计划中止施行。到 1911 年 5 月 9 日,清政府将全国铁路干线收归国有,时任陕西巡抚恩寿,于 8 月 29 日奏请将西潼铁路改由官办获准。此后,由于种种“不可抗力”,樊增祥未能实现“西潼铁路三年必可观成”的设想。直到 1935 年 1 月 1 日,历尽时势波折,前后经过 3 次勘测的全长 132 公里的西潼铁路终于建成通车。这比樊增祥预想的迟到了 25 年,且已是樊增祥辞世 3 年之后,但是作为西潼铁路的最初筹建人(总办)的樊增祥,总算实现了遗愿。

禁　烟

清末，陕西种植罂粟，吸食鸦片歪风屡禁不止。樊增祥任富平、渭南知县时，即禁止种植罂粟（亩税十之二三）。后来身为藩司，兴办学堂，因经费困难，"将计就计"，采取加大对罂粟征税的办法，实际是不得已的一种办法。樊增祥这样坦言自己的心情："此事半为筹款，半为寓禁于征。果使吾民尽除鸩毒，即岁（年）短十数万（两）、数十万（两）之入款，亦所不惜！特一日种之，即当一日征之耳！"[1]樊增祥坦言为去除害民"鸩毒"，采取"寓禁于征"的办法，实含有"半为筹款"之意。但事实上是难以两全其美的。例如，当时周至县发生一起倒卖烟土、偷税漏税大案，即说明"寓禁于征"办法实为弊政。

周至县举人、书院院长徐登第，"买得昭信股票五千两，赴京捐官，大张'奉旨引见'旗号"，出县城之日，装满两箱烟土八千余两，被"厘局巡丁瞥见"，令其"照例完厘；（徐）登第不顾而去"，"驰回书院，纠领生徒二三十人"，对局差"掷石块乱殴，丁差均受伤痕"，强行将烟土箱拉回书院。徐登第"情知此事不了，乃先为反嗜之计"，面见厘局官员，诈称"被厘局抢去昭信股票五千两"。待"由省委员下县查办"，徐登第"早已预防提验"，将烟土"销弥无迹"，将账簿"改洗净尽矣"！徐登第"自以为无赃无据"，竟然进省面见藩司樊增祥，樊增祥予以痛斥，将其"发

[1]《樊山政书》，中华书局 2007 年版，卷一九《批岐山县赵令乃普禀》。

交西安府,押发周至县听候审明详办";徐登第见势不妙,马上递交"悔呈"……[1]禁毒靠征税、罚款(以罚代禁),是难以奏效的,必须靠刑罚威慑与宣传教育相结合。

---

〔1〕《新编樊山批公判牍精华》卷一九《批周至县印委关马会禀》。

不卑不亢处理涉外案件

陕西在清末日益呈现出半封建半殖民地色彩,涉外案件时有发生。樊增祥从任知县到任臬藩司,曾经遇到过多起,都能够不卑不亢,据理力争,从容对待。俗话说“弱国无外交”。但是弱国也可以不失骨气,甚至可以公理驳强权。樊增祥任渭南县令时是这样做的,后来任陕西藩司时,也是这样做的。

如对一起重大涉外民事案件的处理。汉中府城固县巨富孀妇衡张氏与嗣子衡长绪争财产,衡长绪“投教背亲”,法国教堂以“保护教民”为名,干涉其事,侵夺衡氏财产;县官“欲曲媚教堂”,致蔓讼五年未结。后来,衡长绪悔悟受教堂“愚弄”,不愿再受教堂“保护”,可是衡张氏已另改嗣子。时任陕西藩司的樊增祥,判决二人分家析产,“所有一切红契及万年簿于分析后,各皆照契管业,不与教堂相干;以后再起讼端,倍惩不贷”!教主也“尚自知其从前干预之非”。但是,樊增祥“仍恐暗肆流言”,为此给陕西巡抚写了一篇长达2250多字的报告,建议巡抚“将此案咨达(公文报告)外务部,照会(通知)驻京法使,永远立案,以杜蜚流之口,而昭事理之平”。[1] 这充分显示了樊增祥在办理涉外案件方面不卑不亢的“国士”风范。

---

〔1〕《新编樊山批公判牍精华》卷五《详抚部院》。

创办《秦中官报》

樊增祥任陕西臬、藩司期间,很重视媒体宣传。认为"报章者,开通耳目之丹方,而震动愚迷之鼓吹也"[1];"人欲知古事,莫如读书;欲知今事,莫如读报"[2]。又说,"奸民"之所以能够"造谣惑众","此皆官与民隔,不善晓谕之过也"[3]。甲午战争中国惨败,"开发民智"成为维新派的共识之一,而"办报"又被认为是"开发民智"最好的手段之一。因此,从1895年8月康有为、梁启超创办《中外纪闻》报之后,各地自办报刊如雨后春笋般出现,到1898年全国有120种左右。庚子(1900年)之乱以后,又有一批新的报刊纷纷产生,如《湖北商报》《北洋官报》《浙报》以及《晋报》等。而当时影响最大、创办最早的是上海的《申报》。该报于1872年4月创刊,1905年以前主要宣传洋务思想和改良主义,1905年2月进行大胆改革,同情革命,鼓吹立宪,基本上摆脱了对清廷的依附。相对比较闭塞的陕西省,在外地报刊和新思潮的冲击下,已不能故步自封,"两耳不闻窗外事"了。

时任陕西省臬、藩司的樊增祥,感到外地报刊所宣传的思想良莠不齐,"秦人"难辨是非,"不可拾唾而乞余",因此,认为有必要办一种适合"秦人"实际的报刊,于是决定办《秦中官报》

---

〔1〕《樊山政书》,中华书局2007年版,卷六《秦中官报序二》。
〔2〕《樊山政书》,中华书局2007年版,卷六《秦中官报序》。
〔3〕《樊山政书》,中华书局2007年版,卷一九《批渭南县印委会禀》。

(以下简称《秦报》)。其宗旨是,针对当时新旧思想激烈冲撞的形势(对《申报》有微词),开发陕西"民智",引导"秦之人皆贤皆智,而不谬于圣人;知彼知己,而不懵于时务"[1]。其刊登文章的原则是:(1)报道"以秦中政事为纲";(2)力求有可读性,"俾读者生欢喜心,除陈俗气,即言文行远之意";(3)内容有益于振奋人心,"凡可利国者无不为,稍不可示人者决当去"[2]。于1903年春试办(附属于课吏馆),1904年春正式出版,由樊增祥题写报头,成为陕西省政府的机关报。编辑形式是书册式,5日一期,内容主要是反映陕西政务(奏稿、详稿、公移文牍、州县优秀判词、冤狱平反、撤参之事等)以及国内外重大新闻。如第九册栏目有:(1)谕旨恭录(内有光绪颁布的《皇太后七旬万寿恩诏》);(2)秦事汇编(内有巡抚升允的奏折、臬藩二司的详文,其中有樊藩司批文5篇);(3)直省文牍(内有会试考题及《总税务司赫德拟呈筹饷节略》一文);(4)外报汇钞(内有《俄国民俗通考》译文);(5)艺文存略(内有时任清廷管学大臣张百熙的《与樊廉访书》);(6)路透电音(内有日俄战争及藏人与英军激战消息)等。

---

[1]《樊山政书》,中华书局2007年版,卷六《秦中官报序二》。
[2]《樊山政书》,中华书局2007年版,卷六《秦中官报序》。

取消私设关卡和私人碱场

针对陕西有些地方争设、乱设关卡及收费肥私现象,樊增祥积极支持潼关厘局吴令取消关卡的建议,批示说,“大凡两局相邻,争地设卡,聚讼纷如。托名为‘公’,实则赌气。来禀谓‘吊桥一小聚落,而河口、潼关各设一卡;公款无毫厘之益,而行商受重置之累’”。樊增祥肯定该令将关卡“即行裁撤”的建议,说:“在潼局如身之割旒(借为“瘤”),在商人如喉之去鲠。观毅然去之之便民,知争而留之之无谓矣!天下赘旒不少,安得尽如该令者一一割之!”[1]可以看出樊增祥锐意改革、狠割腐败“赘旒(瘤)”的热情和“便民”的行政理念。取消私设关卡举措,其意义古今可以借鉴。同时,樊增祥还封闭私人碱场,改变“私碱充斥”而“官碱滞销”的状况[2]。

此外,还有其他一些革新举措,如坚决查禁、扣留过境水烟私货,宣称“吾陕令出惟行,谁敢曰‘不知者不坐?’”[3]并支持修建同官至延安的“车路”[4],为开采延长县石油,计划修路、设厂、安装机器[5]以及进行公牍改革(此项竟成为后来樊增祥被罢官的罪名之一)等。

以上十多项新政举措,是樊增祥在仕途中最为可圈可点的

---

[1] 《新编樊山批公判牍精华》卷二五《批潼关厘局吴令庚禀》。

[2] 《新编樊山批公判牍精华》卷三十《批神木县张令禀》。

[3] 《樊山政书》,中华书局2007年版,卷一五《批咸长二县会禀》。

[4] 《樊山政书》,中华书局2007年版,卷一九《批延安府爱守禀》。

[5] 《樊山政书》,中华书局2007年版,卷一六《批保安县童典史禀》。

行动表现。此外,樊增祥对公牍陈词滥调文风的抨击和革新,也是值得肯定的。“判断一个人,不是根据他自己的表白或对自己的看法,而是根据他的行动。”[1]上述事实表明,樊增祥是清末弊政、陋习的大胆革新者,与他继承我国传统士人自觉的担当精神和受新思潮的影响是分不开的。

---

〔1〕《列宁选集》(第2卷),人民出版社1995年版,第221页。

樊增祥推行新政举措的意义

樊增祥怀着中国“驯致富强”理念，顺势图新，实行兴办学堂，裁撤冗浮机构，惩贪恶，发展经济，派遣留学生，兴办铁路，取消私设关卡等新政举措，客观上是符合陕西人民乃至中国长远利益的。樊增祥的新政举措，显示出非凡的改革热情和魄力，展现出实干家的风采。作为一名封建官吏，樊增祥继承了王安石、苏东坡、陆游等儒吏的思想作风，胸中鼓荡着以“忠君”为表象的爱国激情。他的所作所为，都是着眼于国家利益需要（其《送陕西高等学堂学生留学东洋序》最足以反映其思想境界）。然而，他的一系列建设性举措，也加重了当时陕西人民的负担，特别是某些改革举措直接损害了官场中一些既得利益者的私利，因此，樊增祥难免积怨于一身，潜藏着政治风险。

应当特别说明的是，樊增祥在陕西臬藩司任上，开展的多种新政活动，审理的许多疑难案件，都记录在《樊山政书》中。其中有些政法文书，具有重要的史料价值。日本的现代法学家滋贺秀三等，在研究中国明清民事审判制度、民间契约、讼棍等论著里，曾不止一次地引证樊增祥有关公牍。例如，引证《批罪犯习艺所龙令云藻禀》一文[1]，并解释说，"光绪年间任陕西省布政使的樊增祥(樊增祥)，曾驳回了咸宁、长安两县所提出的由藩库、即省财政中支出设立习艺所(监狱)设施和运营的申请"[2]。这在一定程度上反映了樊增祥的国际影响。然而，以往的研究者，对樊增祥的政绩鲜有论及，未能呈现出樊增祥的"全貌"。

[1]《樊山政书》，中华书局 2007 年版，卷一七。

[2][日]滋贺秀三：《明清时期的民事审判与民间契约》，法律出版社 1998 年版。

樊增祥谢绝贺寿

光绪三十二年(1906 年)是清政府加快高层改革步伐的一年。这一年,就樊增祥个人而言,也是个很不平凡的年头,他在仕途上达到自己空前的辉煌。10 月中旬以前,樊藩司名声在外,时有相识或陌生人慕名扰访。例如,一位姓詹的,竟然托请樊增祥友人王湘绮说,“久仰老师！欲往陕西求信与樊藩台”。王湘绮“告以‘一函百金’之例”[1]。虽不知结果如何,但至少反映樊增祥当时的社会声望之高。

仕途上如日中天的樊增祥,倒是头脑清醒的,能够克己自律。例如,拒绝僚属为他祝寿。早在 1902 年 11 月,他 57 岁生日时,身为陕西臬司,有一位“子复大令”想向他祝寿,他回复说,“余生日例不见客”[2]！1905 年 11 月,正逢樊增祥 60 岁大寿,已身为陕西藩司,下属凤翔厘局令(厘局“负责人”)徐普表示要为他贺寿,极尽称颂之词。可是,樊增祥以其家训“不乐寿筵”为由,婉言谢绝,“君子令词,吉人善颂。过情之誉,何德以堪！昔我先公(尊称已去世之父)不乐寿宴,垂为家诫,敬谢亲

---

〔1〕《王湘绮日记》。

〔2〕《双红豆词赓·石湖仙·生日子复大令用白石寿石湖韵见祝依韵答之》。

宾”。同时,樊增祥借此机会,向贺寿僚属倾吐自己的人生理念和感慨:

“增祥(自称)忽不自知,遂跻六十,滑稽慢世”;“绯已在衣,无称固先圣所羞,骤贵亦哲人所惧。按行境土(指自己入陕西省为官),何功下济于苍生?历数生平,无事不惭于君父(皇帝)。世皆言‘新法’,而身是旧人;世皆喜‘少年’,而吾今老矣!闻后生之谤议,唾面心甘;诵先儒之格言,通身汗下。阅历深而锋芒退,虽无缺折(指锋刃破损,喻灾祸)之患,而亦无刲割(指春秋时晋文公家臣介子推“割股奉君”的故事,喻“忠君”)之功;意气少而智识多,不为小人所排,而又为豪杰所笑。疚心何限!……顾我寅僚,喜为标榜。酌相如(西汉的文学家司马相如)以仙露,扬吉甫(南宋诗人曾几,字吉甫)之清风(诗格“清峭”)。人以文传,情同年永(永年,长寿)。回忆入关(陕西)岁月廿有二年,‘看镜’勋名,百无一可……自处下中之品目,从无哀怨之文章(指公牍一类文字)。比迹端明,何止‘一场春梦’(出自唐朝人张泌《寄人》诗:“倚柱寻思倍惆怅,一场春梦不分明。”意即往事如梦幻)!”〔1〕

这仿佛是樊增祥为自己的大半生经历所作的“自我鉴定”。从中可以看出以下几点:(1)婉言谢绝僚属为自己贺寿,见其官风清廉;(2)自谦自愧在陕西为官22年,“百无一可”,未能建功立业,见其律己低调;(3)仰慕先贤,见其胸有偶像;(4)说自己虽然长期处在下中层职位,却从来没写过哀怨情绪的文章,表明

〔1〕《樊山政书》,中华书局2007年版,卷一五《批凤翔厘局徐令普贺寿禀》。

其胸怀坦荡。特别值得肯定的一点是，樊增祥有保持清廉的思想防线。然而，所谈及的“哲人”“后生”“小人”“豪杰”以及自幸于“无缺折之患”等，又透露出樊增祥对自己所处的政治环境并非很有安全感，似乎他已经预感到随时会有什么不测的事情发生。

身为藩司的樊增祥，拒绝为自己贺60大寿。回想当年，他却竭力主张为恩师李慈铭庆祝50大寿呢，由此可见，樊增祥为官为民操守之一斑。

樊增祥在任职陕西臬藩司5年多的时间里，乘清廷颁行“新政”之风，积极“创办”各种改革事项，使闭塞的关中呈现出勃勃生机的景象。为实施新政，樊增祥经历了种种艰辛。他曾感叹说：“艰难新政行筹策，容易秋风感鬓丝。”[1]可贵的是，他有一种知难而进、奋发勇为的精神。

---

〔1〕《紫薇三集·寄梦华》。

樊增祥与升允的恩怨

升允(1858～1931年),蒙族镶蓝旗人,字吉甫,号索庵。历任山西按察使、布政使,陕西布政使、巡抚,江西巡抚,察哈尔都统,代理闽浙总督等。光绪卅年三月初四(1905年4月8日)由陕西巡抚调任陕甘总督。升允比樊增祥小12岁,在其任陕西巡抚时,与任陕西藩司的樊增祥交谊甚厚,然而当其升任陕甘总督以后,二人渐滋嫌怨。

一、报效"捐廉"生嫌隙

清廷实行新政遇到的最大难题是缺钱。1904年9月28日,陕西巡抚升允上奏清廷,谏议"裁官节费,以济饷需",并表示陕西愿报效练兵饷十五万两,其筹款办法之一是由省级官员捐廉,他自认三千六百两,被批准,不久,升允擢为陕甘总督而去。

1905年身为陕西藩司的樊增祥,对升允的报效计划"钦遵办理"。但是经过多方筹款,还剩"三万金"缺口;原因之一是,"前抚宪(升允)"已经"历级而升,而至今不名一钱"。樊增祥"筹思累月",慨然决定,愿由自己"按年捐银一万两";"不敷之二万金",在自己主管的"仓粮盈余项下筹足数"(此事后来竟成为升允“弹劾”樊增祥的口实之一)，以求“仍与奏案相符”。樊增祥称，他这样做的目的是，不愿加重同寅和其他州县的负担，如此“则公也，非私也”[1]。由此可知，樊增祥对清廷的“忠心”及其为官之道，并隐约可见对“前抚宪”升允的微词。樊增祥与升允本来公私关系都很好，当年樊增祥实兼升允幕僚，升允曾对樊增祥以“兄弟”相称，并赞赏樊增祥的改革之策，还曾赠“鹿”一头为樊增祥添孙贺喜。但是，从此二人开始有了政事异议，接着又发生了新的摩擦。

二、怜才违命

樊增祥传统文化功底深厚，文采卓异，且性格直爽，爱臧否人物，疾恶如仇，抱有传统“国士”情怀。他曾坦言：文爱司马相如、苏东坡，诗爱白居易、杜牧、辛弃疾，政崇曾文正公而鄙刚毅，做人以介甫(王安石)为榜样；对公事“膏火自煎”，与私人处，“滑稽慢世”。性格和才华，使他有时过分自恃其能，对属僚之过不稍容忍，对上司命令不免拂逆，致使他在仕途上必然会遇到风雨，甚至难免跌跤。

樊增祥在藩司任上，有一次，属僚陕西粮道崇恩“任情指拨”，未与樊增祥商议，樊增祥即向陕西巡抚禀告：“大祲(不幸，指庚辛年国难)以后，库空如洗，该道任意指拨，蔑视同寅”，“是视藩司如该道之属僚……亦太不晓事矣！”[2]同时，樊增祥对上司的命令也非“唯命是从”。比如，陕西巡抚受命要在西安为左宗棠(谥号左文襄)建纪念专祠，委托樊增祥致祭，樊增祥坚辞

[1] 《樊山政书》，中华书局2007年版，卷一二《详抚部院》。

[2] 《新编樊山批公判牍精华》卷四《详抚部院》。

不尊，说“宁愿违命，不愿获罪先人”[1]。特别是有一次，擢任陕甘总督的升允下调令，要把雒南县令丁禧瀚调进总督衙门（驻兰州府），“襄办章奏”。而樊增祥舍不得这位优秀县令离开，以致“竟夕失眠：欲相留，则节幕需才；听其去，则学堂可惜。沉思十刻，仍以该令留署雒南，成此美举”[2]。于是以该县推行新政、办学堂事方兴未艾、非丁令不可为由，婉拒说：“《经》曰‘为政在人’。兵方制胜而易将，徒方受益而易师，后效难期，前功恐废……（丁令）留署一年，一俟该县中学堂办成，即令解任赴甘，上供驱策”。并且，说自己可以代劳：“宪台（御史台，此借指陕甘总督升允）昨抚（任巡抚）三秦，本司实兼幕职；今分两省，无异一家，如实有机要文字，犹可电饬撰拟。本司虽老，千言之牍，半夕可成；专马飞赍（音“击”，怀抱着），七日可达，以犹丁令在左右也！”[3]不料，升允看到樊增祥的报告大为不悦：“吾下教属僚，从无梗命之理；且云门（樊增祥）于吾，岂能称‘老’？”心斥樊增祥“词气简傲失属僚礼”[4]！然而，升允对樊增祥“梗命”的理由，又不便批驳，虽然表面上予以许可，实际上“猜衅渐深”，对“属僚”樊增祥有满腹情绪，伺机发泄。

同时，此事也引起樊增祥与县令丁禧瀚失和。

三、抗密查，行密奏

接下来，又发生了一件事。有人向总督署告发“西安官盐

---

[1] 刘禺生：《世载堂杂忆》。

[2] 《新编樊山批公判牍精华》卷二九《批雒南县丁令禧瀚禀》。

[3] 《樊山政书》，中华书局2007年版，卷一五《详督部堂》。

[4] 邵镜人：《同光风云录》。

局盐官贪污”(亦说“花马池盐案”),关涉藩司衙门管辖不力问题。按正常程序,督署应当将此案饬交藩司查复,但是督署中有人迎合升允之意,甩开藩司樊增祥,密札委员兰州知府傅秉鉴,“微服”到西安藩司官邸安排耳目暗查。这说明升允已开始将内心的不满外在化。这件事被樊增祥探听到了,颇为震惊,于是“将计就计”,不动声色,派人去该委员住处盘诘;该委员不肯实说,樊增祥怒斥道:“这样鬼鬼祟祟,不是奸民,便是乱党!”便下令把委员傅秉鉴拘縶到藩署来,声言要送其去巡检讯究。傅秉鉴大恐,不得已拿出总督升允的饬札来。樊增祥看过密札,原来是“衔督命来”! 便佯装“误会”,道歉不已,实际内火中烧。

此时已近重阳节,阴雨连绵。樊增祥自信无辜,先是坦然对待:“人情自愿沉阴豁,天意深怜晚节香。来日快晴登紫阁,秦川烟树自辉光!”[1]转而又想,“帅符(指总督升允的密令)如火逼台门(指藩署),不信戈矛出弟昆(称与升允有兄弟般情谊)。有礼犹能三自反(反省),辨诬岂得一无言？怨深何计全朋友？事急将身托至尊(慈禧太后和光绪皇帝)。救汝(指升允)紫金关下死(《说唐》故事:紫金关下一战,武状元罗成被反王刘黑闼伏兵乱箭射死),当年枉为乞天恩(喻皇帝的洪恩)”[2]。诗中隐喻着前述事实:升允任陕西巡抚时,因向清廷妄报“报效款”数额巨大,而晋升甘陕总督;之后,却未缴本人的报效款。身为藩司的樊增祥,千方百计筹款替升允补足亏空,遂使升允幸免了“欺君之罪”。为此,樊增祥怨怒于虚报数字升迁的升允无情无义,决定向清廷“至尊”辩诬。他以为光绪皇帝曾把自己当作

---

〔1〕《紫薇三集·赋得满城风雨近重阳》。

〔2〕《紫薇三集·有感》。

“私人看”,便骂道,“与其为人咬,不如先发制人”! 立即挥毫上奏此事,严劾总督升允“奴视藩司”“要挟无礼”等。于是升允与樊增祥之间的矛盾进一步升级。

四、密奏反遭弹劾

樊增祥依据“上谕”授权藩司可以直接密奏的精神,上奏到军机处。但是他未能料到:(1)这道“上谕”实际已成为具文;(2)“督抚权重”,一般藩臬“无敢僭越”。樊增祥原想“身托至尊”辩清白,然而,他忽视了昔日后台“府主”荣禄早已去世,此时受理其密奏的军机处两个旗人大臣荣庆、铁良,居然认为他是“以下讦上”,惊诧地说:“樊增祥居然敢参劾上官!”〔1〕便把奏折压下,并且以密电泄露给升允。升允大怒,与樊增祥的矛盾趋于白热化,便借“盐官贪污”案,奏劾樊增祥,“请革樊增祥职”。其中说“如其心迹无他,尚可保全晚节;若使污泥有染,要当投诸浊流!”待电文呈发时,升允把电文又看了一遍,叹息曰:“云门(樊增祥)休矣!”〔2〕

正在这时候,或许是“巧合”,有个名叫赵炳麟的人参奏,称樊增祥(樊增祥)“倚任私人”“广购地宅、赃款累累”。清廷将此案交四川总督锡良查办,锡良受升允之托,急令道员周善培调查,尔后以樊增祥“兼纳粮库羡余(盈余),中有含溷(混乱);其他文牍体制,亦多违法”等为由,急急奏报枢密处,而枢密处旗人奕劻(庆亲王)等,素对升允有好感,竟不论当初的案由是“失察”,转而对樊增祥以“犯上”的案由问罪。后来,军机大臣瞿鸿

〔1〕 邵镜人:《同光风云录》。
〔2〕 李春光纂《清代名人轶事辑览》第5辑《鱼千里斋随笔》卷上。

禨也指责樊增祥,“州县报效款以粮羡作抵,未经奏明,总是一错”[1]。令樊增祥没想到的是,他身兼陕西军政要职,锐意推行新政,只是在公务细节方面与上司意见相左,居然为他的仕途埋下了“定时炸弹”。樊增祥被弹劾的“案由”,原本是对“盐官贪污”失察,而最终却是以“犯上”“文牍体制,亦多违法”罪名定案。可谓“欲加之罪,何患无辞”。

客观地说,此案导致升、樊矛盾白热化的,正是某些“大臣”。樊增祥依例密奏于清廷,显然是出于对清廷的忠信,可是,受理者居然把樊增祥“密奏”内容泄露给“被举报人”升允,显属不妥。就升允与樊增祥而言,当初“密查”也好,“密奏”也好,尚可以说是公事之争。但是,后来升允在弹劾樊增祥的奏折中说:“若使污泥有染,要当‘投诸浊流’[2]。”其中“若使”一词与“莫须有”,实属于同一手段。当然,樊增祥在此案中也应负有自傲、闹意气的责任,同时表明,事前樊增祥对于清廷政治黑暗内幕,尚缺乏了解。

当时王湘绮有自己的评论,日记里说,“与(夏)午诒(夏寿田)絮谈秦事……共看樊藩讦督(陕甘总督升允)疏,殊为孟浪(轻率)”[3];“感升、樊互讦事为赋一律:可怪封疆第一人,荐贤无望厄(受困)贤真。……表奏纷纭似浮宠,亲交凶隙惜张陈(以西汉张良、陈平两贤比喻升、樊)。臣争直恐卑公室,西望秦云独怆神”。[4] 表露出对樊增祥轻率行为和升允报复行为的批评,并且对二人的行为后果深表忧虑。

---

〔1〕 以上参阅《遗诗三万首》、《当代名人小传》、《国闻备乘》卷三、《鹿传霖致樊增祥信函二通》等文。

〔2〕《新五代史·李振传》。

〔3〕 光绪卅二年十二月十三日。

〔4〕 十二月十六日。

樊增祥意外罢官

光绪三十二年丙午十月二十日（1906 年 12 月 5 日），樊增祥即将 61 岁，自慰“无缺折之患”的时候，突然被陕甘总督升允以盐官贪污案弹劾“解任”（由陕西按察使锡桐接任藩司职务），“解任”3 个月之后，又于 1907 年 3 月 20 日进一步被“革职”，彻底罢官。其罪名是樊增祥“兼纳粮库羡余（盈余），中有含溷（混乱不清）”及“文牍体例，亦多违法”。

樊增祥面对位高权重的上司，自己信而见疑，忠而被谤，本来“能说难说之话，能达难达之情”的他，此刻却无能为力，居然落得与其父同样的下场。他由此深深感叹“世上无公道，草野无是非”！被解任（免职）第二天，樊增祥对于前来抚慰的僚属们，写答谢诗一首：

三年案牍劳苦形，解印东台百虑清。
胸次云梦千顷在，担头崧岳一时轻。
梅花天烛参差发，竹杖芒鞋（草鞋）取次行。
不尽僚属攀恋意，红炉暖酒话生平〔1〕。

---

〔1〕《紫薇三集·十月二十一日解任示客》。

该诗没有愤怒和怨恨，反而说自己任陕西藩司劳苦3年，突然获得息肩清心的机会，可以过轻松自在的日子了，有时间与以往的僚属友好围着火炉喝酒聊天了。

历史的辩证法以事实说明：樊增祥是封建礼法的推行者，也是封建礼法的受害者。这年樊增祥已逾60岁，按清制，恰到“致仕”之年；按传习，他已进入“耳顺”之年，可是，他心里很“不顺”。

樊增祥在陕西为官22年，陕西堪称他的“桐乡”（第二故乡）。从39岁至61岁，他把一生最美好的一段时光留在了陕西。他的仕途很不平坦，经历了许多艰辛和挫折，他曾经感叹“一从注牒去承明，朝列多闻叹息声”。然而，他也曾有过幸运和辉煌。因此，樊增祥对陕西产生了深厚的感情。在位期间，动辄称“吾陕”如何如何，俨然以“秦人”自居的样子。3年前他曾经动情地说过：“十九年来（指自任陕西知县至擢任臬司）判牍劳，能将秦陇土音操。西台（借指西安臬署）检校《樊山集》，关内文章一尺高。”[1]甚至后来改任江宁藩司，樊增祥还时常回忆当年在陕西从政的情形。从此他不得不黯然地永远离开他所热爱的这块土地。

---

〔1〕《鲽舫集·壬寅除夕》。

东山再起

樊增祥罢官后，虽已远离官场，但他并没有彻底忘记时政，时政也没有忘记樊增祥。由于清廷政治形势的需要，樊增祥在“革职”一年半之后，又意外地重返政坛，继续为即将崩溃的清王朝效忠。

一、官复原职

光绪三十四年戊申六月初八(1908 年 7 月 6 日)，经军机大臣兼政务大臣、樊增祥的恩师张之洞“特保”和老上司鹿传霖的周旋，樊增祥“开复原职”。樊增祥自称“戊申(1908 年)秋，莅江藩任”[1]。至此，结束了一年半的罢官生活，时年 63 岁。

樊增祥之所以能够“东山再起”且改官东南重镇，首先，在于“无罪”；其次，也与其师友张之洞、鹿传霖的通力保荐分不开。樊增祥“平日颇受知于清孝钦后(慈禧)”，可樊增祥当初“未敢遽请开复(恢复原职原衔)”。张之洞于 1907 年由武昌奉旨进京任军机大臣之后，立即与已经在军机处的鹿传霖“谋起用”樊增祥。二人代为樊增祥“进言”时，孝钦后说：“此人有才，

---

〔1〕《樊山政书》，中华书局 2007 年版，自序。

为荣禄所荐,以无罪被革,今当何如?”二人说:“谨候圣裁。”孝钦后说:“可开复原官!”恰逢当时江宁布政使“缺出”,枢密处进单请简放江宁,孝钦后连看都不看,就直接说:“与樊增祥!”樊增祥闻此感动不已,连写几首诗“谢恩”。如称:“感恩知己聚中台(尚书),安国重然(燃)不死灰。早日相公(张之洞)知国士,晚年先后叹奇才。……赤舌(谗言)几人挢(音“佼”,抬起)不下,玉音亲许大藩开!”[1]在封建社会,一个以“国士”自命的文人,因知己者辩护,冤情终于大白,得到最高统治者平反叙用,因而感激“知遇之恩”,应当说是很正常的事。

樊增祥平反“开复原职”后,并没有立即赴任。他先是参与清廷编查馆事务,任一等咨议官(共37人)。紧接着,参与查办贻谷贪污案。贻谷,晚清西北垦务大臣,在兼绥远将军、理藩部尚书期间,利用职权,贱价收购蒙地,转手贪污巨款,被副都统文哲珲揭告,慈禧闻之大怒,责令军机处派员查办。鹿传霖积极请行,并专折请调樊增祥为随员至绥远查办。

樊增祥参与查办贻谷案立功后,于宣统元年己酉五月十一日(1909年6月28日)正式调任江宁布政使。樊增祥系自乾隆二十五年(1760年)以来第九十任(倒数第二任,最末一任是李瑞清),管辖江宁、淮安、扬州、徐州四府及海州、通州等三十六州县,其治所在具有“龙盘虎踞”“六朝古都”之称的南京。

赴任之初,因两江总督端方调往直隶,樊增祥暂为护理两江总督(按清例,总督具有“兵部尚书”衔,也可称“尚书”)。后不久,两江总督由张人骏接任。

---

〔1〕《清代名人轶事》第三辑卷一六《樊山感遇》。

樊增祥刚刚调任江宁藩司,老友王湘绮即东来访谈,受到樊增祥款待。没过多久,樊增祥的师辈发生了喜与忧两件事:喜的是,宣统元年九月(1909 年 10 月),樊增祥的赏识者、老上司鹿传霖升任大学士(清代最高文官,相当于宰相);忧的是,同年十月四日(1909 年 11 月 16 日),大学士、樊增祥的政治领路人张之洞逝世,享年 73 岁,樊增祥未能实现曾许诺为恩师 80 寿辰时设"琼林宴"的夙愿。

二、身处时代激流

樊增祥任职江宁藩司两年多的时间里,正是以孙中山为代表的革命派与以梁启超为代表的立宪派(包括张謇、郑孝胥等)激烈论战的时期,也是腐败的清政府垂危挣扎的时期。就江宁而言,社会状况与几年前的陕西有明显不同,即社会矛盾更加尖锐,新旧思想碰撞更加激烈,士民思变的情绪更加高涨。樊增祥力图支撑清朝大厦一角,继续实行新政举措,例如,坚持兴办学堂,力除官场"慵惰积习",严格财经管理,清理积案,率先捐廉等。

在清朝接近灭亡的最后 3 年,樊增祥任职江宁藩司,为推行保守的"立宪"竭尽了"诚臣"之力,也亲历了"树倒猢狲散"的惊慌。

唱给清朝的挽歌

樊增祥推行新政的决心和才情，并不能挽救大清王朝衰亡的颓势。虽然樊增祥对中国的“积习”早有认识，但是对于改革的阻力，思想准备并非十分充分。与几年前相比，这时他“举办新政”已感到力不从心了。最明显的例子是樊增祥写给牧、令的两篇批文。这时清朝即将灭亡，新政与官场积习之间、官绅之间、朝野上下，矛盾重重，一贯以“国士”自命的樊增祥倍感焦虑，往往借助批文之机，向他认为“亲密”的僚属倾吐衷肠。

一篇是写给睢宁县令的，其内容主要有四点：

1. 披露严重的社会矛盾。樊增祥深有感触地说：“州县至今日不可为矣！”除了“财用”困难以外，更主要的是推行新政之难，“至地方自治，民权日伸，用人一不当，正绅杜门（堵门），劣绅横议，政事亦必掣肘”；“果锐明决之官，或遇恶劣迂庸、豪横贪鄙之绅，筹一款则以为‘虐民’，办一事则皆‘欲染指’，动相抵抗，或且径诉台司（臬藩司）；再遇媚绅要誉之上司，从而信之，则循能之吏灰心丧气而求去矣！”所暴露的官绅矛盾实质，是乡绅阻挠新政。

2. 剖析乡绅自私心理。“人心每欠公道。人妻欲其悦己，己妻欲其詈人，大愚真不可解！须知在任之官，还乡即绅也；本地之绅,亦他省之官也。为官则欲保官权,为绅则欲张民权,皆拒人悦己之私心也。"

3. 主张官绅合作,共图国家自强。"时会(时运;时势)所趋,宪法断不能不立。官与绅须相助为理:好官不用正绅,何以办地方之新政?好绅不借官力,何以拒乡党(乡里)之棍徒?当此相依为命之时,断不可存彼此异同之见!其大要在'无私'二字,人人无私心,中国之自强其有望矣!"

4. 引证历史教训。"今正筹办谘议局之时,乃目前第一要政。昔明(明朝)之祸,在君子与小人斗(指东林党与阉党的斗争);宋之祸,在君子与君子争(指王安石与司马光、苏轼之间的政见分歧)。议局初开,选举最为重要。若邪正相争,则官当护持善类;若两贤相阨(互相为难、掣肘),则官当曲意调停。"樊增祥对实行新政遇到的困难、矛盾、阻力,进行了比较透辟的分析,依然显示出一个地方大吏的"国士"情怀。最后说"本司老矣,识途之马,不无一得之愚[1]"。他希望此"忠告"能够得到"同寅"共鸣。

再一篇,是后来淮安"冬防吃紧"的时候,樊增祥写给新任淮安太守应德闳的批示。应太守在樊增祥心目中是少数"贤良"之一,是可以深谈的属吏,嘱咐此批示"秘而不宣"。因此,这篇批示最真实地反映了樊增祥当时的心态:苦闷、无奈,比几年前对官场腐败的认识更加深刻,其中说:

"至云'举办新政,按牍以稽,灿然明备;细加考察,未敢自欺'。此他人不敢言者!不图(想不到)永嘉之末(汉、

〔1〕《新编樊山批公判牍精华》卷三十四《批睢宁县禀》。

晋末年的年号，喻清末），复闻正始之音（周文王、周公兴业的声音），不能不令人开襟而悚听也！天下事所以不振者，尽坏于'名存实亡'四字！属员以是敷衍上司，外吏以是敷衍京朝。官自办新政以来，取民之财数倍往昔，而实事求是者寥寥无几"；"《大学》'平治'之道，重在毋'自欺'。人人如贵府之不欺，天下事尚有豸（音"至"，解决的办法）也。至谓'职所当尽力所能及者，惟在清理狱讼'，尤与鄙（谦称"我"）衷相合。'氓之蚩蚩（无知）'[1]，每以小事结讼，而市魁（古代集市管理胥吏）、衙蠹（衙门的坏役吏）又拨弄而鱼肉之。苟（如果）牧令不了事，拖延辗转，因讼破家者多矣！胥（全）天下而学法政，及裁判庶狱（各种狱讼案件）仍不能不用中法，亦如胥（尽）天下之饷以练新军，而不能打仗，及有事仍用旧军"。樊增祥在历数因推行新政加重人民负担、新政有名无实，法政、练军依然如故等时弊之后，感叹说，"吾侪（我辈）此时作官，惟有我尽我心，我行我法而已"[2]！

可以看出，有"吏才"之誉的樊增祥，这时已明显流露出对"新政"的失望和洁身自好的心绪。

接下来，出现一些地方官人心浮动的情况，其中包括樊增祥心目中的好官。如"素著贤声、兼饶文采"的砀山县丞李宣龚，江南一流"循能之吏"江都县令袁国钧等，先后"托疾坚辞"。对李宣龚的行为，樊增祥尚表现出"江南何患无人"的义愤，而对

---

〔1〕《诗经·卫风·氓》。

〔2〕《樊山政书》，中华书局2007年版，卷二十《批淮安府禀》。

袁国钧的请求则陷入黯然神伤之中。他感伤地说:“江南官场苦累至此,惟以空言缴奖,稍示公明,已觉问心难过;复令贤员称疾求退,本司心颜俱摧矣!”[1]应该说,李、袁二人的行为系明智之举,而樊增祥倒是执迷不悟。樊增祥一方面痴想全力支撑起清朝即将坍塌的大厦一角,另一方面又感到力不从心。这些颓唐话语,不妨说是他预先唱给“大清国”的一曲挽歌!

---

〔1〕《樊山政书》,中华书局2007年版,卷二十《牌示》。

樊增祥思想之光

晚清最后十年，是清朝最高统治集团处心积虑自保、“大清国”急剧走向衰亡的十年，也是樊增祥竭尽才情为“大清国”效忠、宦海浮沉的十年。樊增祥以“国士”自命，勤政施才，因其向以慈禧为代表的清廷出谋划策，赢得了慈禧赏识，由知县骤擢道、臬、藩，以致护督。其间，虽然遭受过严重的政治挫折，且已接近暮年，但是他坚守“士为知己者用”的传统信念，希望“中国自强”，而壮心不已！他辗转于陕西、江宁（南京）两地，官职七变（计陕西臬司三任、藩司二任、江宁藩司兼护督二任）。复杂多变的政务实践，深厚的文化底蕴，使来自基层的樊增祥的才智得到了充分地展现。

樊增祥政以诗名，诗以政名，二者相得益彰。他是风雨飘摇的清王朝的忠诚维护者和新政的积极推行者，也是胸怀“中华”富强梦的“国士”和酷爱中华传统文化的诗人。作为地方高官，樊增祥伴随着晚清层出不穷的社会矛盾的发生，延续和加强了任县令时的职业习惯：随时进行思考、判断，总结实践经验教训；随时与古代名教箴言进行对照，从而提出自己的观点和解决矛盾的办法。樊增祥与一般俗吏最大的区别是：具有自觉的时代担当精神和理论思维。他每处理一个实际问题，便有一次思想火花的迸发与闪耀。阅读其《樊山政书》，警句粹语几乎篇篇可见；阅读与其“政书”同步的《樊樊山诗集》，也常有深含哲理的清词丽句扑面而来。两者既饱含着政治家的智慧，也涌动着诗人的激情。这些思想火花，似乎显得零星杂乱。可是，将其梳理出来，却有一定的系统性。可以说，樊增祥点状式的思想火花，犹如夜空里的繁星，表面看似乎灿然无序，实际上各有其“星座”系列。

樊增祥毕竟是我国近代社会转型时期的一名封建官吏，其政治思想难免有芜杂的成分。在他的“政书”和“诗集”里，既有智者的清明，也有武夫的偏激，必须加以鉴别。

恤　民　观

樊增祥从任县令到擢升臬藩司，之所以在民间颇有政声，与他一直保持着"恤民"的施政理念分不开。

一、为政应"与民同好恶"

樊增祥为官，有一套执政理念和操守。任县令时，他就认为"为政无他，不过与民同好恶"[1]。这是樊增祥的恤民观，也是樊增祥施政的基本思想。

樊增祥晋升臬藩司后，称赞和鼓励属吏，"仁人用心，一意为民息争省累。《诗》云：'乐只君子，民之父母'。'微斯人，其谁与归[2]？'"[3]；"文王之政，首恤无告之民"[4]；"本司向来爱民如子，疾恶如仇"[5]。这实际上是他继承了儒家可贵的恤民观。又说："为政之道，重在恤民，亦重在恤商。恤民所以固本也，恤商所以保富也。"[6]可见，樊增祥所说的"民"，一般是指以农民为主体的老百姓，但有时是专指农民。由于他具有明确的"恤民"意识，任知县时候，他下乡办案都是轻车简从，自备伙食，不忍加重老百姓负担；当他升任地方"大吏"以后，依然保

---

〔1〕《新编樊山批公判牍精华》卷六《批王继春呈词》。

〔2〕《岳阳楼记》。

〔3〕《新编樊山批公判牍精华》卷三二《批邠州张牧世英词讼册》。

〔4〕《樊山政书》，中华书局2007年版，卷二十《批清河县详》。

〔5〕《樊山政书》，中华书局2007年版，卷三《批三原县陈令膺臻禀》。

〔6〕《樊山批牍·批》卷六《批赵培元城词》。

持这一基本理念，并倡导僚属这样做。

樊增祥认为，"吾辈莅官于陕，当时存一'哀矜勿喜'之心：取于民时，多一番体恤，即销一分乱萌；于治狱时，多一番慎矜，即养一分元气"[1]；"吾辈做官，总以对得住百姓为是。百姓对官不住，与吾辈无干"[2]。当关中久旱逢甘雨的时候，他同陕西人民一样流下欢喜的泪水，"心知一雨今年熟，泪笑双星昨夜浓"[3]。可他并没有忘记旱灾曾给陕西人民造成的苦难，"去年秋灾接春暵（音"旱"，干旱），中泽哀鸿无死所"；"耕牛宰尽肝人肉，斗米将来换儿女"[4]。樊增祥任陕西藩司期间，曾发生绥远蒙族百姓"抗拒"屯垦流血事件。之后，靖远县又将重演"征地"矛盾。樊增祥在给靖远县令的批示中，对此事件作了分析评论，足以反映其"恤民"思想。

"绥远将军（此指满族人贻谷，于1903年至1904年任职）办理屯垦，蒙族纳地归屯，其呈报之初，原未尝家喻户晓；及委员收地，蒙众尚不知就里者，以为'夺我牧地，何以为生？'因财产性命之攸关，遂涕泣嚣呶（音"挠"，叫嚷）而相抗。军宪（指贻谷）位高地远，但凭员弁禀词。夫，以为'抗拒'，则诚'抗拒'矣；然试推其抗拒之由，其始报地而地户不知；其后收地而地户不肯，而相持，而至于抗官，至于毁局，至于请兵；兵至而愚蒙扰乱惊慌，内无明白晓事之人，外迫'缚献渠魁'之令。"于是发生一幕惨剧：

---

〔1〕《新编樊山批牍精新华》卷二三《批富平县刘令禀》。
〔2〕《新编樊山批公判牍精华》卷三一《批渭南县刘令禀》。
〔3〕《紫薇三集·七月八日立秋喜雨》。
〔4〕《樊山续集》卷十三《喜雨》。

准旗丹丕尔年臻耄耋，家号富饶，突见兵来，妄思抵拒。夫，以多兵压穷蒙，岂能任其终抗？于是火其屋，杀其子，荡其产，而丹丕尔卒亦就获，且身被“叛逆”之名矣！其家仅余一媳……

樊增祥由此引出教训，称赞靖边县令：

今武胜旗台吉员弁等，又复以“夺地”具控，若始终相抗，又将为丹丕尔之续。该令晓譬之词，深为中肯，并将此情通禀绥远将军，俾下情得以上达，尤堪嘉尚！[1]

樊增祥这篇批文的目的，是希望靖边县令与绥远将军，要吸取前次“屯垦”流血事件的教训，即事先必须向蒙族百姓讲清道理，做到“家喻户晓”，并且不可只听“员弁”的“具控”。其中对遭受官军残杀的丹丕尔老人一家充满惋惜之情。封建社会一般是“官官相护”，然而，身为地方高官的樊增祥，却能够实事求是地说明事件真相，一针见血指出绥远将军“原未尝家喻户晓”，责任不可推卸。同时，也指出蒙民“愚昧”有“可恨处”，但是“亦有大可怜处”。

此批至少有三点意义：一是从一个侧面记录了清末屯垦流血事件，不失为重要史料；二是具体暴露了清末官僚腐败作风；三是反映了樊增祥的恤民思想感情。

二、“行一分惠，则民受一分之益”

樊增祥不仅自己“恤民”，而且常常教导僚属树立“恤民”思

〔1〕《新编樊山批公判牍精华》卷三十《批靖边县禀》。

想意识。例如,当他得知延安太守主动要求延安府老百姓植桑养蚕时,颇为感慨,“做官者,苟以民事为心,其身自策励,十倍于上官催督;不能者,如病马疲牛,虽鞭之而不前也”[1]。即认为,“做官者”必须有自觉的“以民事为心”的意识。他告诫县令,对本县“行一分惠,则民受一分之益;省一文钱,则民受一钱之赐。古人云‘勿以善小而不为’,此之谓矣”!能够充分体现樊增祥这一理念的,有以下几件小事儿。

1. 支持靖边县新县令裁撤下乡“支应”

靖边县(属榆林府)新任县令王沛棻了解到该县存在一种行政弊病,即各前任县令因公出署办事,一概由里总(乡村小吏)支应:里总一年一换,“黠桀(狡猾不驯)者,强派肥私;愚懦者,倾家应役;官之所得者少,而民之受累者多”(按:此与1889年“上谕”所列举的情形相同,连关键词都一样)。该县令“恻然动念”,立即把里总支应县署官员的陋规裁革,规定“所有下乡夫马口食,自行预备”。樊增祥对王县令此举大加称赞,批示“应准永远立案”!以后“凡因公下乡者,均不得取之里总,里总亦不得派之花户”。并且在批文中对县令王沛棻讲了一个“惠民”和“累民”的故事:

已经离任的商州牧李公,曾是陕西的“循吏”,在商州任上十多年,“从不取民一钱”。之后接任商州牧的某公,也是“关中能手”,刚到任不久,发生一起“相验之案”,到乡下,其家丁责令乡约(乡间小吏)供应饭食,乡约予以拒绝;家丁说:“我家主人是为人民劳苦办事的,难道你忍心让他空腹而归吗?”乡约不得

---

〔1〕《新编樊山批公判牍精华》卷三十《批延安府禀》。

已,向众乡亲敛钱,众乡亲立刻哗然:“李公相验,从来不让老百姓出一分钱,你不过是指官肥己罢了!”这个乡约既无法支应官员,又不能对乡民解释明白,两头为难,于是投水而死!

樊增祥讲完这件事以后说,自己至今还对那个乡约感到悲伤,并意味深长地对新任的靖边县令王沛棻说,“将来继你之后的靖边县令,还能够借鉴商州事件的教训吗”[1]?

2. 为保证农民秋收而缓行铁路勘查

为修建西潼铁路,原定于农历七月下旬勘查路况。可是,这时候秋作物即将成熟,勘查有可能损坏庄稼。当时有两种处理意见:一种认为应按预定计划进行,可以给受损害的农民一定补偿;另一种意见认为应当推迟勘查时间。任“总办”的樊增祥采纳了第二种意见。他是这样考虑的:“现在黄云遍野,刈获有期,诚恐沿线测量伤及秋稼。民既信官,则官益当恤民,工师迟旬日而行,坐旷之时无几,民田免蹂躏之累,而成之利实多。与其损稼而酌议赔偿,不如小住而待其收割也。”于是批示“俟八月初旬再行履勘为要”[2]。

3. 救济穷书生

樊增祥在任陕西藩司时,有一次接到名叫杨清江的呈词,杨是个“外来户”、穷书生,呈词说自己生活异常之苦,颇为感人。樊增祥批示:“人则已处途穷,文则犹娴墨调。姑准赏给二千文,以示矜恤可也。”[3]

---

[1] 《樊山政书》,中华书局2007年版,卷一八《批靖边县王令沛棻禀》。

[2] 《樊山政书》,中华书局2007年版,卷一九《批铁路局徐令等禀》。

[3] 《新编樊山批公判牍精华》卷二一《批客民杨清江禀词》。

4. 悯恤老道士

渭南县廪生(科举时代府州县学校享受公家粮银补贴的学员)田纪凤,捏词诬控七旬老道士薛礼荣"串匪毁业"。渭南知县某认为,道士"本应攘斥",欲把百亩庙田中的好地断令充公,建小学堂,而给薛道士师徒二人留瘠薄坡地二十亩"自耗自食"。樊增祥对渭南知县的判决持有异议,批示说:"该道士古稀已过,亦当'老者安之'。今将百亩庙田取(夺取)其肥且多者,而少与以瘠且薄者;七旬之人,何能耕作?倘使因此饿毙,学堂中人能无歉于心乎?如谓'僧道本应攘斥',则福音堂、清真寺又当如何?本司一生专持公道,此次田纪凤所控'串匪毁业',讯无其事,则该廪生谊当坐诬!"又说:"薛礼荣断令庙产充公,不敢抗违,则该道士情殊可悯。今由本司酌断:于瘠地二十亩之外,另拨六姑泉(地名)腴地十亩,为该道士养老之资;但可终其天年,不能传之徒众。俟其委蜕(比喻死亡)以后,此三十亩地全归学堂。"[1]此事充分表现了樊增祥恤老、安老的"仁人之心"!

5. 年终力争多断积案

樊增祥的恤民思想,还表现在审案方面。他在江宁藩司任上,年终对下属批示:"现值岁暮,务将积案多多断结,俾免各乡民或在城中、或在押所过年,则积福多矣!"[2]此外,樊增祥办案,主张只传提主要证人,不可"拖累无辜"。[3]

这些"小事儿",体现了樊增祥"恤民"的具体性。恤民思

---

〔1〕《樊山政书》,中华书局2007年版,卷一八《批渭南县详》。

〔2〕《新编樊山批公判牍精华》卷三四《批江宁府禀》。

〔3〕《樊山政书》,中华书局2007年版,卷一七《批褒城县禀》。

想,实际就是亲民爱民思想。明智的封建官吏都持这种观点。清代著名幕僚汪辉祖说:"长民者,不患民之不尊,而患民之不亲。尊由畏法,亲则感恩;欲民之服教,非亲不可。"[1]樊增祥主张官员"与民同好恶",惠民"不拒小善",这种理念在今天无疑也是值得肯定和传承的!

樊增祥"恤民"思想的形成,既与其所受儒家思想教育有关,更与其青少年时代的贫困经历有关。他曾在怀念前妻的一首诗里写道:"富贵忍忘贫贱事？回头三十九年非。"[2]

但是,社会生活是复杂的,必须因情而施。樊增祥有时又认为"小惠不足行",反对"一味讨好"。他说"做州县官,一味讨好,最是坏处"[3]。这是樊增祥的经验之谈。例如,当年他任宜川县令时"免行户",即有过"小惠之不足行"的感悟。后来他升任陕西藩司时,华州褚牧按惯例,收取粟行头刘天爵的米面,以供应军犯、流差食用,而"不发价(不付价款)"。然而,迫于粟行头的控告压力,褚牧自己"捐廉"作为州小学堂经费,以求缓解与粟行头的矛盾。不料,刘天爵败诉再控,"欲借'不发价'三字耸上听而破行规,既得从来未得之钱,又直上次不直之讼"。樊增祥结合自己任宜川县令的经验,告诫褚牧说:"其实衙门不格外求索,则民间由来已久,本可相安无事;一遇沽名讨好之人,而无事者多事矣!……语曰:'车船店脚牙,无罪便当杀。'凡遇此等险狡之徒,但当破其狡谋,不必与争闲气!"[4]此批有其特殊

---

〔1〕《学治臆说》卷上。
〔2〕《紫薇集(二)·六月既望作(倩卿逝世三十九年矣)》。
〔3〕《新编樊山批公判牍精华》第四册卷一九《批白河县赵令兴霁禀》。
〔4〕《樊山政书》,中华书局2007年版,卷一七《批华州褚牧禀》。

的历史背景，话语有明显的时代烙印，但意在强调为官者不可有“沽名讨好”之心，乱行“小惠”。

三、济贫与自救结合

樊增祥是“恤民”的，但是他并非单纯地“济贫（异于救灾）”，而是提倡因地制宜，发展生产（如发展陕西养蚕业等）。孔子说“博施于民而能济众”，即可称为“圣”。樊增祥根据自己的实践体验，对于孔子这一说法并不完全赞同，而赞同孔子另一种观点，“博施济众，尧舜犹病”[1]。这一观点，与西方观点不谋而合。清末，严复引进并发挥18世纪法国启蒙思想家孟德斯鸠（1868～1755年）的观点，“惠恤孤贫之政，于富国利行，于贫国则为危政”。强调须振奋“精神志气”。“孔子谓：‘博施济众，尧舜犹病’。其旨非高，其行为不可及也，亦谓尧舜所不肯为耳！……尝谓济人之道，莫贵于使之独立，舍此固必穷之术，于受者又无益也……人无智愚，特眼光短长有分别耳！”[2]樊增祥继承了儒家传统“济贫”观，也吸取了西方济贫思想，强调提倡贫民自救自立。例如，樊增祥任江宁藩司时，对贫困的生员批示，“现在新学发明‘凡为士流者，亟当变化倚赖性质’。专靠官中养赡，尧舜其犹病诸”[3]。这无疑是正确的。

---

〔1〕《论语·雍也》。

〔2〕《孟德斯鸠法意》第二九章。

〔3〕《新编樊山批公判牍精华》卷三四《批三学文生刘宝恕等禀》。

人 才 观

国家方针大计的制定、实施,都离不开人才。樊增祥对于人才的重要性和人才的选用,有自己的观点。

一、“事贵得人”

樊增祥深知人才的重要性,指出为政“则得人为本,而一切庶事(众事,各种政务)皆末也”〔1〕。“事贵得人,人惟其才;……得其人,则一人可兼数事;不得其人,则一事难倒数人。”〔2〕他说:“天下最难得者,人才。”〔3〕

樊增祥心目中的“人才”,是指有真才实学的人,并非单看学历高。他认为,“士取其佳而已!不佳,虽翰林、进士无用也;佳则白衣可取也”〔4〕。“迂生读书多,曲直不能剖;粗才达事理,什转得八九。凡事观其通,勿缚束驰骤。”他痛感清末人才匮乏,并分析其原因和危害,“今何以乏才?古何以饶士?四裔何盛强?中华何颓靡?……不才则忌才,取士必如己……志士日摧伤,才人有饿死。豪杰不世出,何由得兴起”〔5〕?通过长期政务实践,他“信乎作官不可无才”〔6〕;“立法在人,行法亦在人。……制成

〔1〕《劝农桑慎选举论》。

〔2〕《新编樊山批公判牍精华》卷二四《批凤翔府禀》。

〔3〕《新编樊山批公判牍精华》卷一三《批吴访莲等禀词》。

〔4〕《樊山政书》,中华书局2007年版,卷一四《批临潼县禀》。

〔5〕《两艖舺斋集》。

〔6〕《樊山政书》,中华书局2007年版,卷一五《批长安县李令词讼册》。

一套曲子，而谓‘人人能唱’，亦无此情也”；“盖立法在于因地，而奉行尤在得人”[1]；他认为“天下事因地因时，尤在得人而理，断无印版文章可以通行百年，程式阖省（全省）者”[2]。

樊增祥爱惜、赞赏精明强干的属吏，对于有缺点错误但有某种特长的属吏，注重教育和利用其所长。例如，他对于陕西兴安府太守金某关于禁令酿酒的观点，非常赞同。金某主张：“荒年宜禁，丰岁宜宽。盖民食不足，何可耗有限之谷，餔（音“步”，糊状食物）无益之糟？若民食有余，正可借酒价之高，济谷价之贱。”樊增祥称金某的观点“颠扑不破，实获我心”[3]。

樊增祥在陕西藩司任上，推行新政兴办学堂，当时各州县遇到的共同困难，是筹款之难。可是筹款的方法、效果各不相同。“凡事以得人为最难，而集款次之。”[4]他感慨时势：“世竞言‘变法自强’。有法无人，‘强’于何有？”[5]

二、“君子用人，不能求备”

樊增祥重视“才”，并非轻视“德”。他批评一个有文无行的学员说：“欲以能写能作之功，折其不孝不弟（悌）之罪，重文轻行，遗本取末，岂惟背教谕之宗旨，抑亦败学堂之声名……本司教人，先从本原上说起，文艺何足道哉！”[6]

樊增祥的人才标准，在重“本（品德）”的前提下，强调其能

---

[1]《新编樊山批公判牍精华》卷三十《批华州褚牧禀》。
[2]《新编樊山批公判牍精华》卷一六《批同州府周守禀》。
[3]《新编樊山批公判牍精华》卷一九《批兴安府金守禀》。
[4]《樊山政书》，中华书局 2007 年版，卷一六《批凤翔府尹守等》。
[5]《新编樊山批公判牍精华》卷一九《批凤翔府杨守禀》。
[6]《新编樊山批公判牍精华》卷六《牌示》。

力和一技之长。主张“君子用人,不能求备”[1];“论人当核全体,用人惟视才能”[2]。他任陕西藩司时,有个候补官员乔某在省府西安已经“寂寞”等候3年,原因是同寅反映其“近于清狂不惠”。但是樊增祥“视其写作,似尚可观”,便决定“姑以一缺试之”;告诫“该员好自为之:慎言谨行,饬己爱人,勿受民词,勿见小利”;并令西安府尹太守“随时察看,遇事训勉”,若发现该员有“贪、妄、骄、惰”其中一项,“立即撤参”[3]。又如,一件诬师案,洵洋县(属陕西兴安府)附生李梦彪的老师姜善继,曾为李的故父“借用官钱”,该生为规避其师追索,遂伙同他人诬控老师。樊增祥批示洵洋县令辛某将李梦彪“具详斥革”,而洵洋县令辛某拖延半年未予执行(后来辛某被免职)。其间,李梦彪“来(陕西)高等学堂投考取第一”,再加上李梦彪的老师姜善继“代为乞恩”,樊增祥因此改变了态度,认为“惟李梦彪文字究竟可爱,且年纪甚轻,若自知悔过,尚是可造之士”[4]。又说“李梦彪前经高等学堂考取第一,应准到堂肄业(学功课),以示与人为善之意”。但是在录取该生的问题上,樊增祥曾经过一番考虑,并向该生提出条件。根据旧道德,他认为“该生控师,不啻自控其父”,岂能够“以能写作之功,折其不孝不弟(对兄长或长辈不恭顺)之罪?”于是要求该生“持批,驰回洵阳,长跪师门,涕泣请罪”,如果姜老师“肯代为禀祈收录,则庶几可以为学生”[5]。

---

〔1〕《新编樊山批公判牍精华》卷二四《批部阳县仇令禀》。

〔2〕《樊山政书》,中华书局2007年版,卷一四《批宝鸡县禀》。

〔3〕《新编樊山批公判牍精华》卷五《牌示》。

〔4〕《樊山政书》,中华书局2007年版,卷一五《批洵洋县辛令景舒禀》。

〔5〕《樊山政书》,中华书局2007年版,卷一七《批洵洋县李令详》。

这说明,樊增祥的人才观,并非论人唯才,而是德才兼备,首重其德。

再一件事是对于抗教会首领的处置。周至县发生一场民教纠纷:非教民“因受教民欺侮,讼不得直”,以窦明堂为首组织“抗教会”,民教矛盾升级。周至县崔令根据“朝廷特许远人来华传教,凡教士、教民,地方官皆有保护之责”的命令,采取软硬兼施手段将纠纷平息后,拟将“抗教会”自首的头领窦明堂“锁系一年”,禀报藩司。樊增祥批示,首先称赞崔县令说,“凡作官者,莫不曰‘除莠安良’。然至于会堂林立,断无‘除民安教’之理,又无‘纵民抗教’之理;则莫如化莠为良最为上著。……自应一切照准”。但是接着说:“惟念作此等事,其为首之人必一乡中桀黠有才望者,如其怙恶,法所必诛;如其悔罪,才犹可用。今窦明堂既系自首,又缴出号簿名单、飘布(秘密会党成员的布质凭证),其情不无可原。”〔1〕此批,一方面反映清政府自签订《辛丑条约》之后媚外的面目,另一方面也说明樊增祥“爱才若渴”的理念。

三、“兼差”即应当“兼薪”

樊增祥重才因而爱才。他对于有才干的牧令,总是称赞、交流、信任、谦恭,甚至视为知己,畅所欲言。樊增祥很欣赏陕西凤翔府杨太守说:“天下服官者皆如贵府,民无不安,事无不举,不期强而自强矣。为政在人!”〔2〕最突出的例子,是对雒南县令丁禧瀚才能的欣赏。当时陕西“七十余厅州县”,樊增祥写给丁禧

〔1〕《樊山政书》,中华书局2007年版,卷一二《批周至县崔令禀》。
〔2〕《新编樊山批公判牍精华》第四册卷一九《批凤翔府杨守禀》。

瀚的批文最多,计有23篇。他称赞说,阅丁的公牍“与看好诗词同一悦心”。丁禧瀚有才又实干,刚任雒南县令一年多,就使雒南县“百废俱举”。其“遵设罪犯习艺所”一事,筹款“皆有县公捐廉”,宗旨是“利薄可养身,利厚并可养家。至于身家俱赡,则不致因饥寒而起盗心;工艺有成,更不致因游惰而倒沟壑”。樊增祥赞其“深得立法之意,实为造福之源”。尤其是丁令办学堂最为得力,率先筹建中学堂一所,被樊增祥目为陕西“牧令中之师范”[1]。因此,向陕甘总督升允推荐丁禧瀚的,是樊增祥;执意暂时挽留丁禧瀚的,也是樊增祥。他恳切动员丁令把中学堂办成以后再离任,说,“创办学堂,非将全副精神关注其内不能观成。增祥(自称)能知之,能言之,而百端交集,自愧力量不足。……雒南中学堂付之足下,期以三月落成,增祥与有光矣!先此鸣谢”[2]。由此可见,樊增祥对人才的厚爱。

樊增祥爱才,不仅表现在精神鼓励,还主张对特殊人才兼职,应给予较高的薪水予以鼓励。清末官场腐败现象之一,是嫉贤妒能,有才能的人精神受压抑。樊增祥初任江宁藩司时,曾遇到一件事:樊增祥为推行“裁节浮冗”的新政,拟任用“才识俱超、精坚圆稳”的裕宁官钱局参议、太守沈铭昌“兼差”并“兼薪”,而沈铭昌因虑及官场猜忌,“上禀坚辞”!樊增祥在批示中对官场陋习进行了剖析,主张优秀人才不但可以兼职,而且应当兼薪,具体谈了以下几点理由:(1)“一人而兼数事,自古亦然”。(2)兼差有不同目的、不同性质、不同情况,“一则为事简人才,一则为人增薪水;其用人有公私之别,其到差亦有虚实之分”。

---

〔1〕《樊山政书》,中华书局2007年版,卷一五《批雒南县丁令禧瀚禀》。
〔2〕《樊山政书》,中华书局2007年版,卷一五《批雒南县丁令禧瀚禀》。

(3)兼差而不兼薪是不公道的,“计功而不谋利,志士之心也;然计功而不授食,用人者之愧也。兼任众人之劳,而仅食一人之食,可以谓之‘公’乎?”(4)兼差不兼薪不利于激励“事功”,“天下勿论何事,俱不可一例而论。孟子曰:‘物之不齐,物之情也’。……才有小大,品有高卑,器有广狭,志有远近,待国士如众人,则亦食众人之报(报酬)而止,奇才异能之士谁复肯为之用哉!……天下岂复有公道耶?用人无公道,天下岂复有事功耶”?(5)申明自己是为公事择人而非徇私情,深知“积习瞻徇情面,优厚私人,所在多有。然天下亦有不徇情不徇私,专为公事择人者;士亦有既任劳复任怨,竭尽心力,以为知己用者”;该太守“纵有兼薪,应在计功之例,不在徇情之例”[1]。樊增祥反复论证“多劳”即应“多得”的道理,这在今天看来,似乎很平常,但在清末却是一种比较新鲜的见解。他主张出于公心、惟贤能是用、兼职应兼薪的思想,在今天也仍是应予以肯定的。

四、人才并非“必由科目”产生

樊增祥对人才产生的渠道也有自己的观点。他认为,人才并非“必由科目(科举)”一条道产生的[2],更不是仅凭“聪慧”天成的,而是“天资、学问、阅历三者所以相须而成也”[3]。

---

〔1〕《樊山政书》,中华书局2007年版,卷二十《批裕宁官钱局参议沈守铭昌禀》。

〔2〕《新编樊山批公判牍精华》卷二七《批长武县禀》。

〔3〕《樊山政书》,中华书局2007年版,卷一八《批岐山县赵令乃普禀》。

吏 治 观

樊增祥长期在基层为官,对牧令政事情况非常熟悉。晋升为臬藩司之后,他出于“国士”情怀,常常在政务活动中思考吏才、为吏、用吏等问题,对“吏治(官风及政绩)”和“治吏(用吏)”有自己一套独到的见解和做法。“吏治”的核心或关键是“治吏”,“治吏”并非“至尊”者的责任,每一级官员都相对负有“治吏”的责任,而“治吏”不易。

一、“为政在人”

历史反复证明了一条真理:“官吏”(官员)是国家的决定性因素。“国家之败,由官邪也。”[1]战国时代思想家韩非主张“明主治吏不治民”[2]。樊增祥说,“本司生平,惟服膺‘为政在人’[3]”[4];“士为知己者用,政必待人而行[5]”。这是樊增祥基本的吏治观。

“吏才”是人才的重要方面。关于吏才的重要性,樊增祥有许多论述。他认为:“‘为政在人’,万古不易。”[6]“特(只是)‘为政在人’。取之而善,用之而实,则款集而商不怨;取之而不

[1]《左传·桓公二年》。
[2]《韩非子〈外储说右下·经〉》。
[3]《礼记·中庸》。
[4]《新编樊山批公判牍精华》第五册卷二二《批临潼县李令禀》。
[5]《新编樊山批公判牍精华》卷六《札凤翔府尹守禀》。
[6]《樊山正书》卷十三《批西安府尹守禀》。

善,用之而不实,则聚敛无几而怨谤繁兴。"[1]

他强调官员的决定性,"郡县得人,则百废具(俱)兴……"[2]。"盖立法在于因地,而奉行尤在得人。……县令好,虽差役亦不敢横行;县官坏,虽绅士亦扶同舞弊"[3];"官既认真,则役不敢惰。故虽窃案,靡不破获。'为政在人',于兹益信。……官好则如勃兴之户,气象皆新;官坏则如破落之家,奴欺鬼弄"[4];"天下最难得者是明白官:明白地方情形,而又于公事用实力;对上司说实话,则更难得"[5];"作官须用老手,以其更事多也"[6]。

上述话语,虽有来自传统思想的继承,但主要来自樊增祥多年政务实践的切身体验。例如,他任江宁藩司时,发现牧令多有挪借备荒款作为"协饷"的情况,然而,江都县令袁某则在前任将备荒款"早一洗而空"的情况下,"两年以来,旋收旋放,计发生息已有六千八百余千"。樊增祥由此感慨,"足见'为政在人'、实事求是"[7]。樊增祥早在步入仕途之前,就对中国吏治问题有所思考。比如,1882年樊增祥在为父丁忧待业的时候,接到恩师山西巡抚张之洞寄赠《邸钞》上有关选拔"循良之吏"的文章,樊增祥作为门生,读后给恩师张之洞写了两封信,其中第二封比较全面地论述了清朝吏治存在的突出问题、产生的原

---

[1] 《樊山政书》,中华书局2007年版,卷一九《批署乾州孔直牧禀》。
[2] 《煎茶集·附墨拟一》。
[3] 《新编樊山批公判牍精华》第三册卷一六《批同州府周守禀》。
[4] 《新编樊山批公判牍精华》卷二三《批韩城县禀》。
[5] 《新编樊山批公判牍精华》卷二三《批洋县王令世瑛禀》。
[6] 《新编樊山批公判牍精华》卷一六《批宁陕厅焦丞绰禀》。
[7] 《樊山政书》,中华书局2007年版,卷二十《批江都县禀》。

因以及纠正的办法。

樊增祥认为，当时中国存在两大问题：一是国贫，二是吏庸。吏庸的原因也有两个：一是选官的途径不当（通过甲科考试和军功捐纳，都是缺乏实践经验之人），二是对官员缺乏"激劝考课"措施。中心意思是：主张打破选用官吏常格，选用有志建功立业之士；淘汰庸惰之吏，裁简浮员；使精英官吏俸禄"足以养廉"，激励其"以实心，行实政"。他认为，官员须具备四种素质，即"气（内动力）、才（助力）、识（方向）、望（美誉）"。国家选员，"德与才不必限一科"，上官用员"宽其小过，责其成功；能者尽其所长，贤者久于其任"，于是"志节之士，恃上官之知我而敢于有为，恐大贤之薄我而严以自守。如是，则经世之才日众，而刚劲之气不衰"[1]。

当时樊增祥的上述观点，难免有"纸上谈兵"之嫌。后来樊增祥通过长期任"亲民之官"和臬藩司的政务实践，有了关于"吏治"的亲身体验，深感"今日仕途冗滥"，进而形成了一套更为切实的吏治观。他在渭南任上，曾经对州县官缺乏"人才"的现状极为忧虑，说州县官"或科甲出身，或军功保举，大率读书登第，阅历多年；然贪赃枉法，时有所闻；即或存心厚道、操守廉洁，而听讼是非不明，遇事仁柔寡断者，比比皆是"[2]。樊增祥擢升臬藩司以后，对于"吏治"问题有了更深入的思考，具体包括选官、为官、用官三方面。

---

〔1〕《樊樊山文钞·上南皮夫子第二书》。

〔2〕《新编樊山批公判牍精华》卷一三《批吴访莲等禀词》。

二、选官途径和标准

樊增祥鉴于科考、军功、纳捐三种取仕途径的弊病，主张从基层选拔官员。光绪二十一年(1895年)，他在代荣禄写给鹿传霖(曾任陕西巡抚)的祝寿词中，强调“国家用人，履艰险而登仕籍者，必良有司(必然是好的政府部门)；由州县而至封疆者，乃真节帅；由封疆而入政府者，乃真宰辅。何者？州县，亲民者也，必涉历艰阻，周知情伪，而后可以临民……”并以“本朝”的名臣李之芳(字郿园，顺治进士，曾历任浙江金华府推事、刑部主事等，禁止州县官迎送)、于成龙(字北冥，号于山，任广西罗城知县，为官清廉刚正，被康熙誉为“天下第一廉吏”)等为例，说他们“皆州县起家”[1]。这在很大程度上包含了樊增祥的亲身体验，代表了樊增祥对选官途径的观点。

选官(吏)除了应坚持“州县起家”的途径之外，樊增祥还提出选官(吏)即选“吏才”的标准。具体有六条标准。

(一)有“威德”“无私心”

樊增祥认为：“天下无论贵至何品，皆有坏人；无论贱至何等，皆有好人。役之能事，仍由官之威德服人耳！”[2]“威德”的具体要求是，无私心、不贪、顾大局。古人说：“政在去私，私不去则公道亡。”[3]樊增祥继承并发扬了这一思想。他任江宁藩司时，曾对即将调离睢宁县的县令某“谢委”禀，批示说：“人心每欠公道……为官则欲保官权，为绅则欲张民权，皆拒人悦己之

---

〔1〕《樊樊山文钞·代荣将军赠鹿中丞叙》。

〔2〕《樊樊山文钞·代荣将军赠鹿中丞叙》。

〔3〕《傅子·问政篇》。

私心也!”为官“其大要在‘无私’二字;人人无私心,中国自强其有望矣”[1]! 其着眼点是“中国自强”。

主张破“私心”,是樊增祥一贯的行政理念。他在陕西藩司任上,宣示他最恨“见钱即爱,不肯放手”的“贪人”,“爱占便宜、罔顾大局者”[2],“贪鄙无良者”。他提倡用人必须“择贤而使”。针对府州用人唯亲、乱以“佐班”代理“州县因事出缺”的现象,樊增祥特发通告,要求各府州严加改正。通告首先指出用人唯亲性质的严重性:“所可怪者,本府本州为各属表率,不幸县令身故……而凡为代理,非其私暱,即其同乡;明明放饿狼以入羊群,命雀鼠以守仓庾,惟徇情面,罔(无,没有)恤官常,可为叹愤!”并且进一步剖析用人唯亲者的偏私心态:“但属同乡,犬亦‘狮’也,枭亦‘凤’也,稂莠亦‘嘉谷’,鲍鱼亦‘芳兰’也。是非之心尽昧,贤否之界不分,无事则为之营求,有过犹为之袒庇。”最后严词告诫:“今特剀切牌示:以后凡遇州县出缺,本府本州委佐班代理,务当择贤而使,勿得市惠徇私;倘代理之佐杂因贪纵获咎,定将该本府本州一并撤参。”[3]樊增祥针对府州用人“唯亲”现象及其危害,采取追究“委”任者连带责任的措施,很值得称赞。

(二)学法律“识物情”

樊增祥认为,当时“中国吏治之坏,冤狱之滋,皆由不学(法)而入官,既入官而仍不学(法)。不习吏事,不识物情,鲁莽

---

〔1〕《樊山政书》,中华书局2007年版,卷二十《批睢宁县禀》。

〔2〕《樊山政书》,中华书局2007年版,卷一四《批华州禀》。

〔3〕《樊山政书》,中华书局2007年版,卷九《牌示》。

升堂，颟顸判事，民安得不冤、吏治安得有起色乎”[1]？因此，他成立课吏馆，对牧令进行法律培训、考试，以使其学法懂法。樊增祥做官之前，就曾经“读律三年”。[2]

（三）须有“真是非”观念

樊增祥任陕西藩司时，曾总结自己从政的体会说：“本司生平，惟服膺‘为政在人’一语。……在官者，无小无大，胸中皆有‘真是非’，民有冤而不伸者，鲜矣；官有才而不得见者，亦鲜矣！”[3]又说“天下最难得者是明白官：明白地方情形，而又能于公事用实力；对上司说实话，则更难得”。[4] 自称“本司作官，向来毫无顾忌，要办就办”[5]。樊增祥这番话，实质是强调官员思想素养的决定性作用，即必须有明确的是非观念，要做清官。官“清”，才会不让老实人蒙冤，才会不让狡猾人得逞。

（四）作风“谨饬”

樊增祥赞赏“老手办事具有条理，不事矜张”，“看似平淡无奇，切实可靠”[6]。认为做官者应当谨饬，而不可轻浮。樊增祥任陕西藩司时，有一次凤翔府推荐两个青年属吏请藩司“面试”，准备提拔急用。樊增祥经谈话、观察，感到“二员”气度不同，“王从九（名王秉钧）尚属谨饬，梅典史（名梅咸寿）微露佻浮”。樊增祥认为，“此等少年须令晓得世事艰难，得差不易……渠（他）见藩司尚且趾高气扬，若本府委任外县，其狂妄

---

[1]《樊山政书》，中华书局2007年版，卷二十《批拣选知县马象雍等禀》。

[2]《樊山集外》卷七《陶仲彝七十寿序》。

[3]《新编樊山批公判牍精华》卷二二《批临潼县李令禀》。

[4]《樊山政书》，中华书局2007年版，卷九《批洋县王令世瑛禀》。

[5]《樊山批牍精华》卷一七《批朱令组绶陈令维藻会会禀》。

[6]《新编樊山批公判牍精华》第四册卷二十《批邠州舒令绍祥禀》。

无知更可想见"！根据以往一位拟被派差的"佐杂"(名德恒)"因其不谨"受挫,而"今为有用之才"的经验,决定批准王从九差遣,而将梅典史"留省察看"。[1]

樊增祥认为做官应当戒"佻浮"的观点,当是受其师张之洞的影响。据光绪甲辰(1904年)进士、曾任监察御史和内务府大臣的金梁(1878~1962年,字息候)自述:金梁年轻时,有一次慕名进京拜访张之洞,谈话间自己放言臧否历史人物,张之洞"忽然须发怒张,目棱棱如有电,数视余,欲有言,终默默然霁颜而止。后闻谓人曰:'此年少胆大,有深心,吾虑其将以言取祸也'"[2]!生动地表现了张之洞对"年少胆大"者的忧虑。

(五)"凡作官者皆须用读书人"

樊增祥称,"语云:'作相须用读书人(宋太祖赵匡胤语)。'吾谓凡作官者,皆须用读书人"[3]。"读书人说话做事,自与常人不同。本司(樊增祥任陕西藩司时自称)尝谓:凡作州县,对百姓说话要口才,对上司说话要文笔;无言语、无文学,而能政事者,未之有也。"[4]"尝谓言语、文学、政事本是一串,不会说话、不能作文之人,其政事虽妥当,而决难出色。听讼者,政事之一端,坐堂要口才,禀详要文笔。"[5]

樊增祥强调官员必须是具备优良文化素养的人,显然是继承了传统的"仕而优则学,学而优则仕"[6]和"学者非必为仕,

---

[1] 《樊山政书》,中华书局2007年版,卷一一《批凤翔傅守禀》。
[2] 金梁:《光宣小记》。
[3] 《新编樊山批公判牍精华》第四册卷一七《批大荔县张令禀》。
[4] 《樊山政书》,中华书局2007年版,卷一四《批雒南县禀》。
[5] 《樊山政书》,中华书局2007年版,卷一二《批洛南县词讼册》。
[6] 《论语·子张第十九》。

而仕者必为学”[1]的思想。

应强调指出的是：樊增祥所说的“读书人”，是指“识物情”“明是非”的文化人，而不是仅有文本知识的所谓“书生”或“腐儒”。清朝乾隆年间人黄景仁（诗人，少有狂名，屡试不第）曾冷嘲说：“十有九人堪白眼，百无一用是书生。”[2]樊增祥在批评不通人情世故的牧令时，屡曾借用这句话痛发感慨。

（六）有干才

樊增祥认为有德无才之人，是不能做官的。“信乎‘作官不可以无才。’”[3]“世间无本事人，见人鸿功美政，辄不自量曰：‘彼能做，我亦能做。’直是痴人说梦耳！”[4]联系实际说：“同一案也，能问案者直截了当；不能问案者，蔓讼数年犹不能结。此中消息甚微，出入甚大，人才之相越甚远。”[5]

有一次，樊增祥接到兴安府太守党某的一封公函，内称，白河县令干某“并非坏人；而信任家丁”，致使“上控案多发”。樊增祥回函说：“天下小人之有才者，皆可器使；‘好人’之糊涂者，最足误公，不能矜一人而害百姓也。”[6]意即品德不佳但有才的“小人”，可以用其所长；而品德好却糊涂的“君子”最容易贻误公事。他甚至说，“天下贪官污吏作孽固多，而老实人作孽亦不少”[7]。又如，同州府韩城县令丁锡奎，人很老实，但判案“糊

---

〔1〕《荀子·大略》。
〔2〕《杂感》。
〔3〕《樊山政书》，中华书局2007年版，卷一五《批长安县李令词讼册》。
〔4〕《樊山政书》，中华书局2007年版，卷一三《批西安府尹守禀》。
〔5〕《新编樊山批公判牍精华》第三册卷一六《批陈令维藻禀》。
〔6〕《樊山政书》，中华书局2007年版，卷一五《札兴安府》。
〔7〕《新编樊山批公判牍精华》第四册卷一九《批陇州禀》。

涂”。先有赘婿杀死未婚幼女（童养妻）尔后自杀一案，该令未能追究相关人员责任予以赔偿；后又有“户吏”侵吞公款潜逃一案，竟让并未“分肥”的下属人员垫赔；尔后贪吏“到案”，仅对其“酌责”而已。樊增祥对丁令愤怒地批斥：“本司亦知丁令是老实人，然老实之害甚于贪酷。盖贪而有才，犹可驾驭而用之；老实而糊涂，真百无一用矣！”〔1〕

樊增祥所谓“老实人”，显然是指不谋私利，然而不明事理、不通世故、办案是非不清的昏官。这样的人自以为“公正”，并且容易得到一般人的信赖，但实际上往往干了损害“公正”的事。樊增祥对僚属的使用，重其才，也重其德，但是对于有德而无才的糊涂官，是绝不会姑息的。

三、“作官者，不可行同无赖”

樊增祥认为，“作官者，不可行同无赖，读书人作官尤不可任意侵挪”〔2〕。强调做官者应当遵守九条行为准则。

（一）不可“贪鄙”

“政者，正也。子帅以正，孰敢不正？”〔3〕谙熟儒家经典、身居地方高官的樊增祥，深知“已身正，不令而行”的道理，深知官员以身作则及表率作用的重要性，自称：“本司一生不取巧，不占便宜。”〔4〕他认为做官最重要的品德是“清廉”。

1903 年，樊增祥在西安待任浙臬（后撤销）期间，给即将赴

---

〔1〕《樊山政书》，中华书局 2007 年版，卷三《批韩城县详》。

〔2〕《樊山政书》，中华书局 2007 年版，卷一四《批宝鸡县禀》。

〔3〕《论语・颜渊》。

〔4〕《樊山政书》，中华书局 2007 年版，卷一五《批凤翔府县会禀》。

任四川臬司的乡友梦华的赠别诗说,“江路一条七千里,与君首尾共澄清”[1]。表达“澄清”互勉之意。樊增祥认为,“凡作官人,第一不可犯‘贪鄙(贪小便宜、猥琐)’二字”[2]。亦即防微杜渐之意。樊增祥任陕西藩司时,为了方便办公,规定省城各局人员,一律在局里公费用餐,“每人每月饭钱不过三串”。可是洋务局刘、李二人,商同“欲将局中饭食钱文分携回家自炊自食”。为此,樊增祥严厉批评其“猥鄙”行为,对刘、李二员“各记大过二次”,通告各局“不但不准私分饭钱,并应日日到局吃饭,以重公事”[3]。

樊增祥在政务活动中,不办私情之事。他无论在陕西或在江宁任职,都坚持这一原则。他要求自己为官不谋私情,但愿“一生心似秦时月,持作人间暗室灯”[4]。他新任陕西藩司时,有一位亲友向他谋求职务,他婉言拒绝说“若到台司全胜我,恨无官职可酬君”[5]。樊增祥初到江宁藩司任上,有的“客民”自称是“湖北同乡”,请求樊增祥帮忙,樊增祥批示让下属转告,“本司在陕二十余年,客民无故求帮者,三四年前从无此事。近则动称‘乡谊’,拦舆递禀求恩者常常有之。其是否同乡,固不可知;即是同乡,吾楚之人何止万万?‘博施济众’,谁能驾尧舜而上之?所恳应毋庸议”[6]。

樊增祥以身作则,拒绝属吏为自己祝寿、“拜年”,拒受谢

[1]《鲽舫集·梦华老友赴蜀臬任……两太守》。
[2]《樊山政书》,中华书局2007年版,卷九《牌示》。
[3]《樊山政书》,中华书局2007年版,卷九《牌示》。
[4]《两艖艀斋集·五叠韵感怀》。
[5]《两艖艀斋集·送敬之榷厘白河》。
[6]《新编樊山批公判牍精华》卷二一《批客民刘光成禀词》。

礼。同时,樊增祥也反对变相“贪鄙”的“讨好”行为,认为“做州县官,一味讨好,最是坏处”[1]。樊增祥这一理念的实质,即主张为官者要清正,不谋私利。

(二)“凡事持平”

樊增祥任陕西藩司时,分析官场存在两种极端作风:“大凡作昏官者,率以袒差厉民为受贿鬻狱之根源,而作清官者,又皆以伸民抑差为沽名讨好之门面。是则,甘为小人者,固毫无公理;而号称‘君子’者,亦未免私心。凡事持平而已,有何‘差’与‘民’之分乎?”[2]

樊增祥认为,“为牧令者,须先正其心,无一点偏私,无一毫客气,勿论民教(非教民和教民),皆待以父母爱子之心,使民与官相信不疑,则挞之不怨,导之易从,执迷者唤之即醒,有过者教之即改”[3]。自称“本司一生专持公道[4]”;“世知有公道,请自关中始”[5];“本司乃四十年老塾师,勿论绅商士民,皆作学徒教诲”[6];“本司向来不肯偏听一人一面之词”[7]。

(三)“务实而不务名”

樊增祥认为,做官应当“实政实心”,办实事儿,“务实而不务名”。他深切了解州县官,说“州县之病有二:一则畏事儿而不肯做,一则喜事儿而不能成。庸人畏事儿不足论。稍有才者

---

[1] 《樊山批牍精华》卷一九《批白河县赵令兴霁禀》。
[2] 《樊山政书》,中华书局2007年版,卷一八《批临潼县》。
[3] 《樊山政书》,中华书局2007年版,卷一二《批周至县崔令》。
[4] 《樊山政书》,中华书局2007年版,卷一八《批渭南县详》。
[5] 《两艖艀斋集·三月初二日送……两大令》。
[6] 《新编樊山批公判牍精华》卷一六《批施丞禀》。
[7] 《新编樊山批公判牍精华》第五册卷二三《批雒南县崔令禀》。

必喜事儿：到任不久，即上禀牍，侈言某利当兴、某弊当革，以图讨好。而上司见属员肯办事儿，未有不嘉许者。卒之，纸上谈兵，空言无实；及署事年满，其人已去，其事亦无成。若此等辈言，吾见亦多矣！"[1]对"纸上谈兵，空言无实"的"新官"的批评，可谓尖锐、深刻。

樊增祥又认为，执行上级命令，应当根据本地实际，不可简单照章办事。"大凡通行之公牍，上司行之，各属酌之；彼此情形不同，断无以死法制生人者。"例如，他任陕西藩司时，原为减轻百姓之累，通饬各县义仓，把原储存易坏的麦粒，改为储存耐久的豆谷。可是，邠州牧唐沛霖，以"邠州地性高寒，即储麦在仓，亦可耐十年之久"为由，"禀请示遵"。樊增祥即刻批准，并指斥"拘文牵义，乃胥吏缚制婪财之法"[2]。他主张办事"必责实效，万勿油滑敷衍"[3]，"勿以'惜费'取悦于上司，亦勿以滥施'市恩'于百姓[4]"。樊增祥特别愤恨不求实际的官样文章。曾反复痛斥惯以"查无实据、事出有因"套话来搪塞的"书办习气"和公式化的"公牍"。

樊增祥痛恨公牍僵化的官腔官调，实际是抨击清末腐败的官僚作风，堪称讨伐公牍腐朽文风的檄文。这表明樊增祥与一般"无是非观"的俗吏是不同的，他是清醒者，可谓"出淤泥而不染"！然而，樊增祥提倡"务实"的公牍文风和创新的公文写作形式，后来居然成为他罢官的"罪名"之一。

---

〔1〕《樊山政书》，中华书局2007年版，卷一九《批长武县禀》。
〔2〕《樊山政书》，中华书局2007年版，卷九《批邠州唐牧沛霖禀》。
〔3〕《樊山政书》，中华书局2007年版，卷一五《札定远厅》。
〔4〕《新编樊山批公判牍精华》卷二二《批商州杨署牧禀》。

这里需指出的是,樊增祥所愤恨的是语言空洞死板、千篇一律、无实际内容的公牍,而并非单指公牍语言形式;他说"凡讲求吏治者,率禁'四六禀词'。……其实,红禀(清代州县官依照红公文纸格式写给上级的呈文)中亦可考镜人才"。他对于既有实际内容、语言又"藻丽精稳"的禀牍,是很欣赏的[1]。

(四)"最忌只顾眼前"

樊增祥认为,"凡作州县者,每办一事,最忌只顾眼前,不管后来何以为继"。他批评陕西凤县(属汉中府)县令李某,以办警察局等为名,将该县"举十年之积,一朝用之;只图今日飧客一餐,不顾明日为炊无米;自己暂时讨好,他人一任为难。此等居心,深为可鄙!李令应详(报告)记两大过示警"[2]!李县令的所作所为,实属于"形象工程";其心态和危害,是"自己暂时讨好,他人一任为难"。

(五)"人贵自立"

樊增祥根据自己的实践和观察,主张"人贵自立",即有主见、有才干,有真才实学,特别是身为上司者。他说"作官以遇事有主意为最难";"才堪应变,死法不足以制生人也[3]"。"貌寝休争银面光,才多须献长袖舞。"[4]

他指出"大凡无才无能之州县,率视家丁如手足腹心,否则奉书差为名师益友"。他以陕西白河县令干长华多次被劣丁(李玉)欺弄,及武功县(属乾州)县令高某先后被丁胥书办愚弄

〔1〕《新编樊山批公判牍精华》卷二九《批调署商州劳牧启恂禀》。
〔2〕《樊山政书》,中华书局2007年版,卷一四《批凤县果令禀》。
〔3〕《新编樊山批公判牍精华》卷二一《批白水县郭令禀》。
〔4〕《紫薇集三·八月二十二日夜……叠中秋韵》。

为例，抒发感慨，“总之，人贵自立。若干令果有明快之才，虽百李玉何害？否则，去一李玉，而来者且不止十李玉也。若教褒妲逢君子，都是《周南》传里人；妲己而遇纣，李玉不幸而遇干长华！……”[1]话语有点辛辣刻薄，但是道出一个平凡的真理，“打铁还须自身硬”。此外，樊增祥主张“牧令亲手写公文”。他的判词、公函等，基本上都是亲笔所写，而“不劳幕友”。

（六）举贤能“不避亲”

樊增祥欣赏有才能的属吏；出于公心，为使其施展才华，主动向上司督抚进行推荐。他认为“公道自在人间，举不避亲，勀宁避怨”；感慨“士皆愿得其知己，世不知有公是非”。为此，他毅然向督抚举荐优秀的雒南县令、湖北“吾乡之翘楚”丁禧瀚[2]。

（七）不轻易“听信人言”

樊增祥对于下属反映的问题，特别是有关属吏人品、作风问题，不轻易相信，而是要经过“密查”再下结论。他在陕西藩司任上，曾遇到一件事：

陕西兴安府官钱局负责人薛耀嶷一年任期已满，樊增祥批准其留任。这时刚交卸“兴安厘务”的叶观察，向樊增祥“面称‘兴安官钱局物议（众人议论）沸腾，商民交怨’”。樊增祥立即“密札”兴安太守党某“据实禀报”。可是“密札”还未到，接到党某禀报，称薛耀嶷“相度（考虑）机宜，认真整顿，一年之内，广行钱帖（民间代用货币）至三万串有奇（零数），长银（货币）三千四百余两”，请求将薛耀嶷“仍行留办及从优给奖”。此禀与

[1] 《樊山政书》，中华书局2007年版，卷一六《批兴安府党守禀》。
[2] 《樊山政书》，中华书局2007年版，卷一六《批雒南县丁令禀》。

叶观察所言“大相径庭”。樊增祥再次批示党某“迅速禀复”，并因此发出感慨，“吾中国大患，莫患于各持一说，黑白混淆。听言者既难悬断是非，任事者亦难自陈功罪。本司向知此弊，从不敢偏持己见，听信人言”[1]。樊增祥作为上级，听到下级对同一个人竟有“黑白混淆”之论时，并不“听信人言”，而是慎重地进行调查，无疑是很老练、很明智的做法。

(八)有“君子”器量

樊增祥谈自己为官的经验说，“本司向以直谅待同寅，故言人所不言”[2]；“闻人好善，喜而不寐”[3]；“凡作官，断不可轻易动气，一动气便是上当。小人之制君子(智、仁、勇兼备之人)，必故加君子以不可受之名，使君子怄气，而小人快心。吾一生不上此当；蚍蜉、蝼蚁值得一怒耶?”[4]当官就需要胸怀坦荡、谦诚，能够听得逆耳之言。

(九)“除莠安良”

樊增祥认为，当官除了自身修养之外，还必须惩恶扬善。他无论任县令或任臬藩司，都注意惩办恶棍刁顽，以安抚百姓。他认为“除莠安良，为临民之要略”[5]；遇到谣言时，樊增祥主张“即当穷其究竟”[6]。

这些“经验之谈”，说不上深奥，但是对于“作官”者，切实可鉴。

---

〔1〕《樊山政书》，中华书局2007年版，卷一六《批兴安府党守禀》。
〔2〕《樊山政书》，中华书局2007年版，卷八《牌示》。
〔3〕《新编樊山批公判牍精华》卷四《牌示》。
〔4〕《樊山政书》，中华书局2007年版，卷一七《批华州褚牧禀》。
〔5〕《樊山政书》，中华书局2007年版，卷二十《批江宁县折》。
〔6〕《樊山政书》，中华书局2007年版，卷一七《批渭南县刘令禀》。

四、为官如何"用吏"

樊增祥在属吏中享有很高的威信，这与他有一套"用吏"的理念和方法有直接关系。大体有十个方面。

(一)为官者须"守洁才长"

樊增祥认为，"用人之道，存乎其人。守洁才长者，虽极坏之丁胥亦难弊混；形同土偶者，虽至交之僚友未易匡扶（帮助纠正）"。强调"作令者，以我用人，而不为人所用"[1]；"凡真能办事人，说出话来，都与人不同，字里行间自有一股真气"[2]。又针对当时实际情况说，"厘局（旧税收部门）书役（承办文书的吏员）岂有不作弊渔利者？厘员（厘局官员）严明则敛迹，厘员'长厚（此处意为糊涂）'则无所不至矣"[3]！

樊增祥严戒僚属徇私用权，自己首先身体力行。例如，西安府厅丞贺某，与樊增祥有20年的"同寅"之交，贺某审案玩忽职守，造成多起重大冤案，舆论哗然，樊增祥勒令其以"告病"还籍，该丞虽然呈禀表示"近患痰症"，愿"回籍就医"，但是请求病好以后"应准言归（准予提请回任）"。樊增祥批示说：

> "本司与该丞同寅二十载，毫无怨尤。该丞才具、文章，每般心赏。所以勒令'告病'者，则以忝司（藩司樊增祥谦称）用人之柄，必去害马之尤！小过宜宽，沉冤可念，韩城五命，惨飞六月之霜；宁陕三人，足致七年之旱。风波虽定，案牍犹存，与其留以遗殃，何若去而避劾？兹据禀称

---

〔1〕《樊山政书》，中华书局2007年版，卷二十《批清河县禀》。
〔2〕《新编樊山批公判牍精华》卷二—《批绥德州孔牧禀》。
〔3〕《樊山政书》，中华书局2007年版，卷一七《批张牧鹏翼禀》。

'近患痰症,回籍就医,应准言归,以佚其老'。昔庆父不去,齐廷犹以为忧;阳货出奔,鲁人喜于征死。得免为幸,留滞胡为?嗟乎!见机不俟终日,我犹以'君子'相期,再来不值半文,尔勿为士林所笑……"[1]

批文针对贺某具有文才但犯有严重错误而不知自爱之人,先陈之以"情",然后引证古典晓之以"理",最后予以告诫;态度严正凛冽,语言老辣醒透、委婉周密。此事此批,体现了樊增祥用吏者必须"守洁才长"的思想。

(二)文吏须重"文字"

樊增祥称:"本司取人,向不专论文字,但能办事,文理稍绌无妨。惟文案则大不可。"如一次阅水利局致藩司专函,发现将藩司误称"贵统领",更将"水利军统领"误写为"贵统领水利军",就立即把该水利局的"文案委员"撤换[2]。这说明,樊增祥对属吏文字水平的要求是因事而异的。

(三)视属吏"有如师弟"

樊增祥因"久在下位,深知牧令苦情"[3]。因此,晋升臬藩司以后,"昔所不满于上台者,今亦不敢施之属吏"。他认为,"属、上之间,有如师弟(师生)"[4]。自称:"本司忝居此席,每以'老塾师'自命,不及者勉之,太过者抑之"[5];"本司于属员向做门生看待。若教而不学,学而不成,则自讨撤参矣!"[6]他

〔1〕《新编樊山批公判牍精华》第四册卷一七《批贺丞禀》。
〔2〕《新编樊山批公判牍精华》卷五《牌示》。
〔3〕《新编樊山批公判牍精华》卷二六《批兴平县杨令禀》。
〔4〕《樊山政书》,中华书局2007年版,卷一五《批长武县李令禀词》。
〔5〕《樊山政书》,中华书局2007年版,卷一八《牌示》。
〔6〕《新编樊山批公判牍精华》卷三四《批东台县彭令禀》。

主张与僚属同舟共济，说“吾属同官一省，如同在一舟，官职大小，偶然事耳。我既以直谅待人，亦愿人以直谅待我”[1]。然而，樊增祥又认为下级应该尊重上级，说“属员无是非而轻上司，则纪纲有碍”[2]；“士人入仕，为作官来也。朝廷分职，具有等威，若人人气凌其上，纪纲安在？”他对一名“无学无养”、以抗上自居的县令批示，要求其“自具‘告病’（辞职或免职的委婉语）禀词，以遂其‘不事王侯、高尚其志’之节”[3]。这一方面反映了樊增祥与下属“同舟共济”的思想，另一方面也反映了樊增祥的等级观念。

（四）告诫属吏知“爱”守“戒”

在封建社会，官府之间政务沟通的基本方式，就是传递公文。樊增祥往往借批阅公文的机会，对下属进行廉政恤民的教育，要求属吏戒“贪、妄、骄、惰”作风[4]。具体要求有两项：

第一，爱惜公款。樊增祥尖锐批评地方官挥霍公款谋取私利思想，“大抵地方官有见好士绅之意，又无爱惜公款之心：财非己财，用属公用，此时薪饭、夫马之优给，即将来‘德政碑’、‘万名伞’之先声：曾未思公款何来——无非小民膏血也！挪移挥斥，于心何安？”[5]

这番话，深刻剖析了“地方官”讨好“士绅”的思想动机，犹如警钟长鸣。

第二，知“五戒”。

---

〔1〕《新编樊山批公判牍精华》卷二四《朝邑县曾令自理词讼月报清册》。

〔2〕《新编樊山批公判牍精华》卷五《批西安府》。

〔3〕《新编樊山批公判牍精华》卷二十《代农工局批宝鸡县朱令弼臣禀》。

〔4〕《新编樊山批公判牍精华》卷五《牌示》。

〔5〕《新编樊山批公判牍精华》卷三四《批安东县许令省诗禀》。

一知戒“任性”。“作官第一不可任性。……《论语》曰：‘好刚不好学，其蔽也狂’。狂人作官有何体面？”[1]

二知戒“贪”。“天下贪人也须明白：若糊涂妄贪，终必一钱不名”[2]；“天下号称‘贪人’者，不皆‘敛财入己’也；取人之财，而横施人，讨地方之‘好’，沽自己之‘名’，此即与‘枉法得赃’无异！”[3]

三知戒“老好人”。“官场积习，大都怕得罪人；凡有恶奴悍役撒野逞刁，相率隐忍而止。”[4]这种情况与一心要推行新政的樊增祥，形成了很大的反差。樊增祥强调：“老好人断不可作官！”[5]他在初任陕西臬司时，对学律馆中无故缺席的学员，即严厉训斥，“既不愿学，何必务‘读律’之名？……本司忝领柏台（臬司别称），凡看不过眼之事，万不能忍，开罪同寅，亦所不惧。”[6]

四知戒“以私请托”。樊增祥刚到陕藩任上，承命裁撤道仓及其所属红单房、包粮铺等机构，新建粮务局及官粮铺，任用了一批新人，目的是“化私为公”。不料，粮务局成立不久，收发文件所的委员王步瀛，“竟以私函请托仓员庄敬，谓‘某日某人交粮，速为验收，不可挑斥’。庄敬以函示张令成淑（粮务局负责人）。及其人辇（车）粮到仓，成色甚坏”；张令予以驳回，并向藩司当面报告。樊增祥立即作出批示，“王步瀛如此糊涂，深堪痛

---

〔1〕《樊山政书》，中华书局2007年版，卷八《牌示》。
〔2〕《樊山政书》，中华书局2007年版，卷二《批临潼县禀》。
〔3〕《新编樊山批公判牍精华》卷三四《批清河县详》。
〔4〕《樊山政书》，中华书局2007年版，卷一三《批肤施县禀》。
〔5〕《樊山政书》，中华书局2007年版，卷一五《批洵阳辛令景舒禀》。
〔6〕《樊山政书》，中华书局2007年版，卷四《批学律馆考勤簿》。

恨！即日撤去文件所差使，停委一年，以示惩儆！……本司至公无私，不能丝毫通假也”[1]。

五知“人生大戒”。樊增祥结合案例，告诫渭南知县刘德全，“盖人生大戒，无过‘淫’与‘不孝’二端”[2]。

此外，还告诫属吏“取信于民”。樊增祥根据其为官经验，认为“地方官办事，全在平日能取信于民。官好，则令易行，反是，则动滋疑畏。迨（到）事办不动，而严符（命令凭证）迭被（轮番），于是丁差四出，骚扰不堪，而百姓反受其累”。[3]

（五）公正调处属吏之间的矛盾

樊增祥身为藩司，对属吏之间的不和谐问题非常重视，常以名训“同寅协恭”进行教育，以“老塾师”的口气进行调解。如说：“凡我同寅，遇有小小拂逆，亦宜熟思己过。君子自反，小人必文。”[4]还向下属传授“弭争”的“秘诀”：“大凡与人有所争持，莫妙于自己先认错（意即“自我批评”），此本司弭争之秘诀也”[5]。他教育僚属要相互尊重：“事莫患于彼此相非，而隙每生于语言相激……”[6]指出“最忌是己非人，意气用事”。樊增祥对于属吏相互攻讦（人身攻击）者、假公泄私愤者，常常予以尖锐责斥。

例如，陕西凤翔府麟游县典史（掌管缉捕狱囚的官）吴骏烈，听到长子在武功“坠车压毙”的噩耗，立即前往料理；未及五

［1］《新编樊山批公判牍精华》卷六《牌示》。
［2］《樊山政书》，中华书局2007年版，卷一九《批渭南县刘令德全禀》。
［3］《樊山政书》，中华书局2007年版，卷一四《札募兵各州县》。
［4］《新编樊山批公判牍精华》卷一九《批孙司狱清摺》。
［5］《樊山政书》，中华书局2007年版，卷一七《批周至县陈令官韶禀》。
［6］《新编樊山批公判牍精华》卷三四《批海丰面粉公司总理呈》。

日,而与吴典史素有嫌隙的县令李少溶,即禀请藩司以"擅离职守"罪对吴惩处。樊增祥批示说:"此禀专打官话。本司以为,典史有子之丧而越境,其情可原;该令乐人之祸而乘危,其心太忍!忍人作官,民命安托?李少溶应撤任示儆,以为官场凉德者戒!"[1]由此可见,樊增祥为官清明之一斑!

但是,有时樊增祥对于僚属相互"攻讦"问题,持另一种态度。例如,樊增祥任江宁藩司时,接到江宁府转呈六合县礼房书办李秋潭禀讦本县"库、户、屯三总书"关某的禀文;樊增祥认为"控关蠹书舞弊,虚实皆当澈究"。他虽然"明知该原告必系挟嫌禀讦,然以毒攻毒,以狗咬狗,正乐得因而用之"。于是,令江宁府迅委干员对三总书"督委严究"[2]。控告者动机或许不纯,但是只要举报内容属实,作为上司就应该"澈究",借此可以考察下属的政事和人品。官吏的贪腐问题,往往是由知情者暴露出来的,樊增祥对属吏之间的攻讦问题予以区别对待,无疑是正确的。

至于僚属之间纯粹由于公务发生争议的,樊增祥则予以劝导,充分讲道理,分清是非。例如,樊增祥任江宁藩司不久,正逢清末实行"预备立宪最初选举之始",当时兴化、东台两县为一块地域归属问题争执不下。所争焦点,是两县之间的"丁溪、草堰等七场"的人民和土地。两县县令"各有多多益善之心"并各有"理由":兴化县以其"向来学籍属兴化"为由,要求划归兴化;东台县以其向来"民粮诉讼属东台"为根据,要求划归东台。经

---

〔1〕《樊山政书》,中华书局2007年版,卷一一《批麟游县李令禀》。

〔2〕《樊山政书》,中华书局2007年版,卷二十《批六合县礼房书办李秋潭禀》。

樊增祥委派袁令从中调停，东台县令同意暂按传统办法归己；可是兴化县令在本县士绅的怂恿下，坚持主张把丁溪、草堰等七场划入兴化县，禀请藩司予以支持。

樊增祥针对双方的争执点和兴化县的禀词，作了入情入理的评断：(1)指出古往今来为官一方的心态和消极后果。“自古以来，各君其国，各子其民，往往刈瓜失平，争桑起衅。”意即兴化、东台二县令也是如此。(2)指出应尊重历史状况。切入本事，指出两县自明朝以来“相安无事”的史实，预示兴化县的主张有违传统公序良俗。(3)针对双方的争执点，进行具体分析。重点剖析兴化县令的心态是“固有加多吾民(指多得选票)之意，亦有取悦于众之心”。然后指出其主张不当：一违行政权力划分传统，二忘记了“传舍之身”。并让兴化县令换位思考：假如我(樊增祥)把该令“调署东台”，该令还能够把七场之地“拱手以归诸兴化乎”？(4)析明是非。樊增祥把调停委员袁令的禀文和兴化县令的禀文进行比较，指明前者“所言者公”，而后者“所言者私”。还进一步指出，就文采而言，后者“文字亦佳”，“乃兴(化)绅之能文者所为；吾爱其文，而不能谓其‘无私’也”。强调其“文”未能够掩饰其“非”。(5)最后批断，“暂照袁令所拟权宜办法”，要求兴化县令“及兴邑士绅少安毋躁”。[1]批文摆事实、讲道理，说理细致，语言平实、委婉、有力，堪称一篇优秀的驳论文。

(六)提倡属吏读书学法学史

首先，樊增祥提倡属吏读书，而且提倡“博学”。称“书为馈

〔1〕《樊山政书》，中华书局2007年版，卷二十《批兴化县禀》。

贫之粮”[1];认为“九流无不学,惟吏无专师”[2]。

其次,提倡属吏学习法律。樊增祥认为,做官“必通中西驿,而兼文武资。政书及律令,手口常不离……美玉必受琢,良马必受羁”[3]。他评估当时“做令者,大抵不学(学法)而仕”。以陕西为例,“身坐堂皇,知明处当者,七十余厅州县,不过得半而已”[4]! 他在陕西臬司(柏台)任上,“为造就吏才”,于1903年春设“学律馆”(课吏馆),自任监督,对“品学较优”的牧令进行短期法律培训(每月3期),即为采取的补救措施之一。

关于法律学习内容,樊增祥主张中外“兼习”,特别是不可尽弃中律,认为,全用外国法律不切合中国的国情。他的结论是:“法政诚不可不学,中律亦不可尽弃。将来审判既设,对于外人常用公法,对于吾民谁敢废《大清律例》者? 既不可废,则须兼习矣。”态度谨饬,近乎保守,但主张中外法律“兼习”,应予肯定。还认为,作吏应当读前贤的“政书”,“读之使人识见开敏,胆略英亮。平时多所储备,临时得所依据”[5]。

关于读律的方法,樊增祥主张须采取“点勘”法(点书点律法),做到手、眼、口、心“四到”,“盖手到则眼到,眼到则口到,手、口、眼俱到,则心亦到。此读书定法也”。同时,要求学员严格遵守学习纪律,必须独立完成作业。有一次得知馆内居然住着代人点勘的“枪手”,樊增祥异常震怒,对该馆的管理人员批示说,“若他人代点,与自己何与? 此如看人噉饭,无补我腹之

[1] 《新编樊山批公判牍精华》卷一六《批南科禀词》;《两艖艀斋集》。
[2] 《两艖艀斋集·三月初二日送……两大令》。
[3] 《两艖艀斋集·三月初二日送……两大令》。
[4] 《新编樊山批公判牍精华》卷二五《批扶风县自理词讼月报清册》。
[5] 《樊山集·文甲·顾观察吉林公牍叙》。

枵(音“肖”,空虚);借衣见宾,终露悬鹑之丑。本监督留意真才,而馆员敢如此欺罔,良可恨也!……我以成材期之,而馆员以作伪报之,以情理论,则为无良;以居心行事言,则为无耻而甘于自弃。此等败类,馆中度亦无多,亟应彻底清查,以免自毁招牌,败坏风气”[1]!

当时学员学习积极性不高,初办时往往有“无故不到”者,樊增祥除了“牌示仪门”警告外,为了激励馆员学习的积极性,还采取考试发榜奖赏措施,奖金由公款开支和“本司捐廉”合出[2]。

后来樊增祥任江宁藩司时,仍然重视属吏学法问题。例如,他积极支持拣选知县马象雍创办“审判养成所”的义举,称赞其既可以辅助公立法政学堂养成人才,又“不支公款,用心亦良苦矣!”并由此谈自己对中国吏治的看法:“本司尝谓中国吏治之坏,冤狱之滋,皆由不学(法)而入官;既入官而仍不学(法)。”[3]可谓一语中的!

此外,樊增祥还主张属吏学习历史知识。他建议轻信和纵容丁奴、家族的牧令读一读《霍光传》,从中吸取经验教训。霍光,西汉名将霍去病的同父异母兄弟,任大司马、大将军,历经汉武帝、汉昭帝、汉宣帝三朝,辅政达20余年,位居“麒麟阁十一功臣之首”。但是,霍光对子女和家庭的教育管理严重失误,子女“不学亡术,暗于大理”,族党满朝,权倾内外,以致霍光去世第

---

〔1〕《樊山政书》,中华书局2007年版,卷十《札课吏馆》。

〔2〕《新编樊山批公判牍精华》卷五《牌示》。

〔3〕《樊山政书》,中华书局2007年版,卷二十《批拣选知县马象雍等禀》。

二年,霍家即因谋反遭"族诛"[1]。应该说,樊增祥主张官吏学法(中西兼习),学习历史,是从实际出发的,其观点是值得肯定的。

需要指出的是,樊增祥不但提倡官员要学法、读史,而且提倡"博学",因为文化知识直接关系官员的素质。

(七)与下属进行思想沟通

樊增祥任臬藩司期间,很重视与下属平易地沟通,不忘"本司州县起家"[2]。通过批阅公牍与僚属坦诚沟通思想,从而教育、监督下属,是樊增祥治吏最常用的方式。

樊增祥任陕西藩司时,对雒南县令丁禧瀚特别器重,赞其"政学两成,风力朴厚"。丁令曾有过一次晋升陕甘总督幕府的机遇,但是樊增祥以雒南县办中学堂正需人才为由,代为丁令请求推延赴任,丁令因此情绪一度低落,以李密《陈情表》的笔法,禀称"母病缠绵,恳祈终养",并说"中学堂人人能办"。樊增祥明察,即委婉劝告说,"孝子之心,能不体贴?惟养为老亲所乐就,而终非人子所忍言。虽李密昔有是言,而纯庙垂为大戒。……勿言'进退有余',当思君亲两报也"。更进一步指出:中学堂一事,"丁令若不一手办成,则谗言之口,必谓'该令上禀之日,本无必办之心。但邀名誉于当前,而贻难题于后任。'人言可畏,正在此等处也"[3]。

又如,他在对于牧令"捐廉"行动赞扬的同时,能够融入自己的体验,进行深层心灵对话;认为"在他人为难得,在君子特

[1] 《汉书·霍光传》。
[2] 《新编樊山批公判牍精华》卷三四《批桃源县教育会长廪贡韩怀礼等禀》。
[3] 《樊山政书》,中华书局2007年版,卷一九《批雒南县丁令禧瀚禀》。

行其心之所安而已！……人欲善，谁不如我，听人自便；在己不矜，君子中庸之道也”[1]。主张捐廉不比、不骄，目的动机完全出于“心之所安”，别无杂念。

樊增祥与下属沟通思想，具体有以下几点做法：

一是对下属进行鼓励开导。例如，他为鼓励下属敢于抵制上司的“恶奴悍役撒野逞刁”。首先，对下属说明“隐忍”之害，“此不但厚小人之毒，抑亦损上司之名。须知上司非甚糊涂，决不能纵厮养以欺属吏”。然后，讲述自己作令时“尝枷院宪之车夫”等“皆蒙列宪嘉奖”的例子，让属吏放心[2]。

他针对有些牧令怕判词被驳，因此办案虽多而月报甚少的情况，进行开导说，“谚有之：‘丑妇须见姑嫜’。又曰：‘文从胡说起，诗自失粘来’。……本司待人最恕，从不苛求，即如山阳刘令，从前断案颇有失平之处；近来月报册，焕然改观。所以然者，虚心求益故也。各牧令如果为本司信心之人，虽一案不报亦可。其迫欲考察者，正在期其做得好；惟恐其做得不好之人，果能按月册报，其好者可释本司之疑，其不好者亦可规该员之过。若秘而不出，则功过皆无，由知而疑，将滋甚矣！本司既忝（辱没，谦辞）一日之长，有黜陟（降升）之权，各该员不求其相信，而听其相疑，岂非糊涂之甚者乎？”[3]说理很细致，有褒有贬，有温馨，也有严峻，但主要是鼓励。

二是向下属表露自己的心迹。比如，樊增祥向下属说明自

[1] 《樊山政书》，中华书局2007年版，卷一五《批白河厘局吴牧禀》。

[2] 《樊山政书》，中华书局2007年版，卷一三《批肤施县禀》。

[3] 《新编樊山批公判牍精华》卷二六《批石泉县词讼册》。

己的性格,“本司最恨脱滑取巧之人”[1];“本司向来深恨无良之人”[2];称自己“于贤能牧令,另眼看待”[3];“因平日爱之深,一旦同于滑吏行为,则怒之亦愈甚;既怒,则奋笔严批,如东坡画竹,芒角森利;及今思之,殊觉言之太过也。李西平(中唐名将李晟的号)曰:‘武夫性直(自称)’,正本司之谓”[4];“本司向来文字辣,而心地慈”[5];“本司向来说话作事最喜爽快,从不欺人”[6];“本司待人最恕,从不苛求……”[7]给人以亲切之感。

他向下属说明自己的行政理念,“向来本司为政,令出惟行,断不徇情中止”[8];“昔本司作令时,凡与上司函牍,皆亲笔行书”[9];“本司于各属词讼详报到司,往往较原断加重;其加重者,必至刁劣极之徒,盖恐州县权轻,刁民玩易,故随事为之助力;亦以久在下位,深知牧令苦情故也。至于各属奉批以后”,“只要刁风压得住,外人折得倒,不至长恶害良,固不必定照司批办理也”[10];“本司一生,虽私情而不外公理,故无事不可明言”[11]。给人以真诚之感。

樊增祥在政务活动中,很欣赏僚属的才干,但同时也很重视僚属的品德,其中特别强调“忠信”“谦和”四字。他以自己的人

---

〔1〕《新编樊山批公判牍精华》第五册卷二二《批城固县陈令禀》。
〔2〕《樊山政书》,中华书局2007年版,卷一六《批汉中府禀》。
〔3〕《新编樊山批公判牍精华》卷一六《批邠州李牧禀》。
〔4〕《新编樊山批公判牍精华》卷二二《批三原县德令禀》。
〔5〕《新编樊山批公判牍精华》。
〔6〕《樊山政书》,中华书局2007年版,卷三《批韩城县丁令禀》。
〔7〕《新编樊山批公判牍精华》卷二六《批石泉县词讼册》。
〔8〕《樊山批牍精华》卷一五《批藩司六房科呈词》。
〔9〕《新编樊山批公判牍精华》卷三四《批睢宁县禀》。
〔10〕《樊山政书》,中华书局2007年版,卷一二《批兴平县杨令禀》。
〔11〕《樊山政书》,中华书局2007年版,卷一二《批西安府禀》。

生体验告诫僚属,“凡事俱有反对”[1];“勿论官、商,均以忠信为本,谦和致福。此发财之源,亦即做人之道理”[2]。他劝导下属不可弄虚作假、不可轻信,说“州县官规避处分,讳‘劫’为‘窃’者固多;事主捏报重情,改‘窃’为‘劫’者亦不少”[3]。给人以忠信之感。尤其可贵的是,他还向下属讲述自己为官的教训。这一点最为难能可贵。一般来说,上级少有主动向下级自揭“短处”的,可是樊增祥不然。

例如,他在陕西藩司任上,曾对华州牧褚成昌讲述20年前,自己初任宜川县令几乎“获咎”的教训,对比地称赞褚牧政事“则有‘病’即有‘药’,且‘药’皆对‘症’”,而自己当年则只谈政事弊病,却没有治理之“药”,因此招致上司不悦[4]。他任江宁藩司时,曾向下属讲自己用人失误的一件事:当时州县财政困难,“赔累日深,每一缺出,择能而使”,但是受委派者“往往以无钱赔垫为辞”,不愿赴任。当时阜宁县须补缺县令,一个名叫王道见的人对樊增祥游说,称李绍卿“亲衰家裕,以‘扼印’为荣,虽赔万金不惜”。樊增祥即轻信王道见的话,同意李绍卿以钱捐官,当了阜宁县令。不料,李绍卿刚到任不足20天,即“天怒人怨”,绅民控告李令“残暴异常”“日夜以敲诈为事……”樊增祥痛悔不已,说“本司误听不根之言”,轻用贪狂之人,“致使阜民受害,诚无面以对苍生……”[5]这件事,一方面反映樊增祥的歉疚自责精神,另一方面也反映清末官场的腐败。

---

[1] 《樊山政书》,中华书局2007年版,卷一三《批紫阳县梁令禀》。

[2] 《樊山批牍精华》卷一六《批施丞禀》。

[3] 《樊山政书》,中华书局2007年版,卷二十《批盐城县王令禀》。

[4] 《樊山政书》,中华书局2007年版,卷一三《批华州褚牧禀》。

[5] 《新编樊山批公判牍精华》卷三四《批阜宁县阖邑绅士商民禀》。

特别是,樊增祥有一回仓促批示雒南县令丁禧翰将几名抢劫犯处斩,他对朝邑县曾县令讲述这次教训说,“大凡衙门公事,皆有一定层折(程序)。惟本司性卞(急躁),一味直行,不但幕怪之,胥亦非之,各行其是而已。犹忆去年雒南劫案,丁令奉到司批(指藩司樊增祥批示),即将各犯斩讫;及抚宪(巡抚)批饬商州‘复讯明确,再行处斩’。(商州)胡署牧疾驰而往,则已枭示三日矣!幸而抚宪素相倚重,毫不咎责,而本司至今以为惭”〔1〕。樊增祥自揭执法失检,给人以对属吏“坦荡荡”之感。此事表明:(1)樊增祥曾经鲁莽执法,轻夺人命;(2)樊增祥心有良知,能够自“以为惭”;(3)樊增祥警示下属要慎办命案。

三是虚心接受下属的意见。身为陕西藩司的樊增祥,有一次在对同州府禀文的批示中,错把计算土地面积的单位“顷”,误写为了“亩”,结果导致统计数字大谬。后经同州府太守呈文指出,樊增祥立即批复说,“来牍祗悉。承示前批误‘顷’为‘亩’,计数差讹。本署司事冗心粗,良堪惭笑;应即更正,以副雅意”〔2〕。

樊增祥由于能够向僚属袒露心迹,而且勇于自认过错,他和“寅僚”的关系便比较和谐。

(八)支持和尊重属吏的合理创意

樊增祥任陕西藩司时,略阳县令刘欣曾“办理厘金(税款)”,认为原水陆两路货运厘金轻重悬殊,请求“酌量变通”。樊增祥深以为然,称赞其“能察人所不及察,言人所不肯言,读书人、有良心人,固自与俗吏不同”。批示同意“将轻者加重,使

〔1〕《新编樊山批公判牍精华》卷二七《批朝邑县曾令禀》。

〔2〕《新编樊山批公判牍精华》卷一六《批同州府同守禀》。

水旱一律,商家得均平、公家得利益"[1]。按民情,应采取"将重者减轻"的办法才好,但是当时百废待兴,经费困难,樊增祥则同意采取"将轻者加重"的办法,实属益"公"而非利"私"的无奈之举。

樊增祥深感陕西百姓生活贫苦,对属吏有关创新财路、禁止以权谋私、发展特色经济的建议和措施等都抱以积极支持的态度。如他支持兴安府金太守灵活禁酿酒的观点;接受潼关厘局吴令取消关卡的建议;赞赏长武县令李焕墀试办纺织业、种棉植桑等经营措施,称"该令长才毅力,仁术仁心。每办一事,不惟要其成功,并可行之久远"[2]。再如,西安太守禀请表彰礼泉县民高步清一家,称高家"举宗五十余人,同居十有一世,代传清白,德著柔嘉,妇子无私财,亦无私货;家庭有贤子,复有贤孙。慨薄俗之浇漓,愧古人之雍睦……"[3]樊增祥认为,高步清家是当时少有的"无私"和睦大家庭,可以树为样板,并联想起自己当年任渭南知县时,曾经详请旌表110岁老妇徐何氏,却遭西安府太守文某拒绝一事,不胜感慨,因此对于西安太守的禀请,表示热情支持。

除了行政事务之外,樊增祥对下属审案并无严重谬误的,一般是采取尊重态度。如批示城固县令周楠的词讼册说"断案自有见解;于吾意不甚合,然亦不能谓之'不是'"[4]。

---

〔1〕《樊山政书》,中华书局2007年版,卷一五《批略阳县刘令欣曾禀》。

〔2〕《樊山政书》,中华书局2007年版,卷一八《批长武县李令焕墀禀》。

〔3〕《新编樊山批公判牍精华》第三册卷一六《批西安府详》。

〔4〕《樊山政书》,中华书局2007年版,卷一六《批城固县周令楠词讼册》。

(九)平时注意考察属吏政绩

樊增祥考察属吏的基本办法是:“考其公事,证以舆评。”[1]他平时很重视对属吏政绩的考评。

方法之一是,重点考查牧令自理案件的审理,批阅词讼月报清册。为了治理牧令慵惰作风,樊增祥特别重视一项政务活动,即审阅牧令的“月报词讼册”。陕西全省七十余厅州县,阅读量很大,然而樊增祥审阅很仔细。为什么他要这样“自讨苦吃”?他说“本司于各属月报案件所以不惮烦劳,随到随阅、随阅随批者,正欲觇(音“掺”,窥测)同寅之断才,查百姓之冤否”[2]。审阅牧令的词讼册,是樊增祥对属吏进行监督、考查的重要手段,同时,也反映了樊增祥的勤政恤民作风。

方法之二是,褒扬精明、勤政属吏,责惩庸吏、横吏,但是态度各有区别。

樊增祥平时很注意称赞办事踏实、深入的牧令。他从前任渭南县令时,就曾赞扬主动把“束脩施诸孤贫名下”的兼职“廉洁”乡正,称“志士举动与流俗不同”[3]!升任省“大吏”以后,更重视对州县令的褒扬。例如,对于德才“合为双美”的雒南县令丁禧瀚,极尽赞赏之意:“贵县到任甫及半年,诛大憝(音“对”,恶)、省徭钱、兴学堂、查保甲,诸端并举,百废俱兴……雒民何修而得此贤父母也!”[4]再如,礼泉县(属西安府)县令周丕绅为了准确对罂粟(大烟)种植户“加税”,派人“逐村查验”

---

〔1〕《樊山政书》,中华书局2007年版,卷一六《批兴安府党守禀》。

〔2〕《樊山政书》,中华书局2007年版,卷一二《批石泉县词讼册》。

〔3〕《新编樊山批公判牍精华》卷九《批河北乡正李怀泌柳荫青禀词》。

〔4〕《樊山政书》,中华书局2007年版,卷一一《批雒南县丁令禧瀚详》。

“巡行阡陌”,弄清了“有真未种烟者,有种而匿报者,有隐匿较多者”,从而“分别情况,较量多寡”。樊增祥称赞“礼泉为第一核实,曷胜嘉叹。[1]”又如,陕西武备学堂缺教习,身兼陕西常备新军第一标统领的樊增祥,聘用常备军某旗官到学堂兼职,该旗官赴任后表示不要学堂报酬。樊增祥深为感动,称赞说,“该教习教练有方,武备学生受益非浅”;“惟学堂教员缺额,该旗官才可兼人……而学堂薪水则辞之,具见仁勇廉平,实深嘉佩!”樊增祥根据“吾陕向例:凡有兼差者,准给薪水一半,作为车马费”的规定,要求该旗官“勿庸固辞”[2]。

樊增祥对于知道悔过的属吏,采取宽容、鼓励的态度。例如,对于陕西榆林府处理神木县张令失察一案:神木县高家堡等地遭受霜雹轻灾,年迈的张县令因有其他公务(蒙汉交涉事件),私托门丁马某及子弟前往调查,门丁等借机敲诈银七十两。灾区里长薛忠等以“匿灾”为由上控,经榆林府刘太守审理,对门丁“追还赃款,重责枷号”,将张令不肖子弟驱逐“回籍”。刘太守念及张令“老病清贫”“事前虽少关防,事后尚无徇庇,业将门丁交出”,其家丁、子弟又已严惩,比附“耄不加刑”之例,故拟将张令“撤而不参”。樊增祥对刘太守的审理报告,充分予以肯定,称赞其为“法家之笔,仁人之心!”[3]例如,樊增祥任江宁藩司时,痛感于“官场疲软之习”,“官场问案,视民事如儿戏者多”。其中通州(南直隶通州,即今江苏省南通市)一起债务纠纷案,即反映了这种情况。原告汤宜震诉邢式九欠债不

[1]《樊山政书》,中华书局2007年版,卷一八《批礼泉县周令丕绅禀》。

[2]《樊山政书》,中华书局2007年版,卷一二《批常备军管带胡鼎铭禀》。

[3]《樊山政书》,中华书局2007年版,卷一三《批榆林府刘守禀》。

还,原问官傅寿慈拖延不断。汤某上控,樊增祥对通州牧关某"严批'速决'"!通州牧关某紧急查问,禀报称"已由中人处息,令邢姓还钱了事"。原问官傅寿慈也自愧"无以下对百姓、外对寅僚"。樊增祥对傅寿慈批示说:"本司深嘉之。人孰无过?过而能改,善莫大焉。只要该令从此好好作官,遇事认真,案到随结,亦严明、亦平恕,本司方乐与把臂(亲密)之不暇,而又何责焉?本司方拭目以观后效也。"[1]

樊增祥对徇情软弱的牧令,常常严词批斥。例如,临潼县李令因患足疾,省里派员张运魁来代理县令。张代令对一名上控诬告者"畏之如虎",迁就退让,居然"欲割学堂之地五十亩"拨给"诬控之徒,以求免于上控"。樊增祥严厉批示:"诬控不究,反请'拨给滩地五十亩'。若再告一状,该代令必以临潼县印让之矣!糊涂柔懦,何必作官?"最后作出决定,"闻李令足疾已痊,仰该令(代令张运魁)速即回省勿延"[2]!樊增祥对于疲软特别严重的牧令,则采取更严厉惩罚措施。再如,对宁羌州(属汉中府)赵牧慵惰作风的两次批斥。"人皆谓该牧'懒于坐堂,并懒于相验'。今观来册(诉讼月报册),尽冬月一月,仅得此稀松平常之一案,足见人言非无因矣!此批登报(秦报),俾知愧励。"[3]"本司访查得实:……该员在宁羌大约一月难坐一堂,一年难办一件事。如此颓惰,何必做官?何苦造孽?仰汉中府迅即转饬该惰牧:自行禀请开缺,侍亲归里……"[4]此外,对其他

[1] 《樊山政书》,中华书局 2007 年版,卷二十《批通州谳员傅直牧禀》。
[2] 《樊山政书》,中华书局 2007 年版,卷一五《批临潼县张令运魁详》。
[3] 《樊山政书》,中华书局 2007 年版,卷一二《批宁羌州赵牧词讼月报册》。
[4] 《樊山政书》,中华书局 2007 年版,卷一二《批宁羌州赵牧禀》。

懒官、糊涂官、油滑之吏，都分别予以“详记三大过”“撤任”“撤参”示警。这是樊增祥当官不当“老好人”信念的体现，自然，也是他容易“得罪人”的原因之一。

樊增祥对于犯下严重错误而有才干的属吏，在施以教育的同时，该惩即惩，毫不姑息。例如，樊增祥任江宁藩司时，句容县县令姚某聪明敢干，文采斐然，但是为官经验不足；新上任“求治太急”，办事粗暴，竟逼死了一对夫妻（丈夫高紫珊自尽，夫亡妻殉），引起民愤。樊增祥为了平息民怨，同时也是为了对姚某“减罪过”“勉将来”，将姚某撤职，并张贴了布告。可是，这位姚令竟很不知趣，反复向藩司申诉，请求撤销成命。姚某提出三点理由：第一，自问行事“尚无大谬”；第二，家庭贫寒，欠有六千多（两）的债务；第三，到任期满只差两个月。樊增祥针对姚某的性格特点和不明智的言行，恳切指出“聪明人须加阅历”，希望其从此接受教训，“学问功名相缘并进”。同时，也严肃指出“一味任己护前”的危害性，“有过不自知，知过不能改，即是才气纵横，文章恣肆，徒增谤讟（音“读”，怨言），无益事情。况上有老亲，乃人子临深履薄之时，更不当横使意气也”[1]。上述表明，樊增祥虽看重属吏的才能，但更看重属吏的品德。

（十）对属吏定期考评

樊增祥认为，“为政用人，惟在赏罚分明而已”[2]。他在陕西推行新政过程中，深感文武属吏勤惰良莠不齐；为了振奋士气，根据自己两年的考察，特提出“甄别”名单（偏重文官），报请巡抚、总督审批。共提出奖励的 39 人，惩处的 32 人。樊增祥指

[1] 《樊山政书》，中华书局 2007 年版，卷二十《批署句容县姚令禀》。

[2] 《新编樊山批公判牍精华》第三册卷一四《批毛德呈词》。

出奖惩的必要性和奖惩的原则:"二年以来,都无甄别,虽曰'政崇宽大',究觉人少劝惩,若兰艾同荣,何以澄清仕途?鸾(凤凰)枭(恶鸟)无别,亦难鼓舞人才。本司忝尘左辖(左丞,喻藩司),兼综营务(军务),平日留心考察,博采舆评,惟期好恶同民,不敢爱憎同己。惟是陕西多见君子而罕见小人,故胪陈者,举多而劾少。""至所举者,或非甚爱之人:所劾者,容有相知之雅;要皆视其人之自取,而恩怨不存其间。"表明奖惩有据和出于公心。其评语,都是采取"八字评"的方法,概括说明提请奖惩的理由。

提请予以嘉奖的考评。如候补知府李复"兴利除弊,奉公无私";雒南县知县丁禧瀚"政学两成,风力朴厚";长武县知县李焕墀(音"池")"读律能文,明强精核";户县知县陈云霖"实心爱民,殚精治事";即用知县张瑞玑"识周域外,誉满关中"……这些赞语,不免有文学夸张之感,但是其精神风貌应该具有切实性;特别是"实心爱民,殚精治事"和"兴利除弊,奉公无私"等品质,古今都是难能可贵的。

提请予以参劾的考评。参劾的,有知县、主簿、典使、道员、中军参将、守备、千总、把总等,指斥他们的劣迹,或"小才济奸,大言无耻";或"纵赌渔利,不知检束";或"妻财纳职,罔上残民";或"嗜利营私,兵民交恨"等。以"国士"自命的樊增祥,对这些腐败官员难以容忍,因此请求督抚对他们给予降职、革职等处分,"以肃官方"。[1]

樊增祥"治吏"的思想和方法,都是来自从政的实践经验。

---

〔1〕《新编樊山批公判牍精华》卷六《详督抚完举劾文武各员文》。

他曾经这样概括做官之道说:“尝谓做官有何‘奇节’? 勿讨好,勿沽名,行其心所安,求其事之是,知过决改,见贤思齐。如是焉已矣!”[1]

樊增祥的吏治观,在今天仍不失一定的借鉴意义。

---

〔1〕《樊山政书》,中华书局2007年版,卷十《批朝邑县曾令自理词讼月报清册》。

司　法　观

樊增祥为官期间，除了办理日常政务之外，审理了大量案件。案由纷繁多样，如婚姻、继承、诈骗、唆讼、图讹、拐卖、诬告、告官、命盗、涉外（民教）等。他办案的态度是公正的，但也有偏执；是质直的，但也有武断，都具体生动地反映在《樊山判牍》和《樊山政书》等文本中。

樊增祥断案负有盛名。这与他的审判才能分不开，更与他在长期审判实践中形成的切实而独到的司法理念分不开。

一、"行法"需要"治人"

樊增祥主张必须严格守法、行法。他说："余谓天下事非立法之难，立法而不能守之之难也；其弊也，非法弊也，有法而不能行之之弊也。"[1]认为世事难在"守法"和"行法"。因此，樊增祥特别重视"治人"，即强调行法之人素质的第一性。他说"立法在人，行法亦在人"；好比"制成一套曲子，而谓人人能唱，亦无此情也"[2]。这是樊增祥司法观的核心。但是，他并非轻视"法制"或"治法"，而是辩证地看待"立法"和"行法"的关系。他认为，"既无百年不弊之法，即不敢谓以后必无舞弊之事。语云：'有治人，无治法'。既无治人，则更不可不有治法"。于是

---

〔1〕《关中湖广会馆纪略·序》。

〔2〕《新编樊山批公判牍精华》卷三十《批华州褚牧禀》。

他请求巡抚"严定章程"[1]。就司法角度而言,樊增祥强调"有治人"的观点无疑是正确的,因为"法律的生命力在于实施,法律的实施在于人"[2]。樊增祥强调"治人"的主张,是对我国优秀法治思想传统的继承和实践。

古代思想家都很重视司法人员的素质。孟子说:"徒法不足以自行。"[3]荀子说:"有治人,无治法。"[4]清初思想家黄宗羲(1610~1695年)则认为:"有治法而后有治人。"[5]这两种似乎"对立"的观点,其实都不否认"治人"(具有依法治理才干的人)的重要性,只是与其不同的时势体验有关系。当需要扭转"乱法"时,强调"治人";当需要限制"专权"时,强调"法治"。现代法学家的共识是,"立法是给国家设计正义,执法是在落实正义,司法是在守护正义"[6]。即立法、执法、司法三者目的相同,任务有别。客观规律是"法久必弊"。良法须由"治人"来制定,更需要"善治"之人去执行、去保护。因此,归根结底要有"治人"。

二、法官应具备"四要""三不"

"断讼务精于律。"[7]精通法律是法官职业的基本要求,也是当法官的前提。樊增祥认为"入官"者必须学法。

---

〔1〕《新编樊山批公判牍精华》卷六《详抚部院》。

〔2〕习近平总书记于2017年5月3日考察中国政法大学时重要讲话。

〔3〕《孟子·离娄上》。

〔4〕《荀子·君道》。

〔5〕《明夷待访录·原法》。

〔6〕徐显明:《关于法律职业共同体的构建》,载《法制日报》2014年9月17日。

〔7〕《文心雕龙·议对》。

此外,樊增祥非常重视法官的实际能力和品德。认为“大凡善断案者,如盛暑食瓜,清凉沁膈;其宽缓者,如病夫打狗,不闻棒喝之声,徒长猲骄之气而已!”〔1〕“大抵审判之事,一要天分,二要学问,三要阅历,四要存心公恕;不贪、不酷、不偏,然后可为折狱之良吏”〔2〕。如此,审案才可能“见得明,说得透,驳得倒,断得公”〔3〕。樊增祥提出“折狱之良吏”的基本条件,可以概括为才(天分)、识(学问、阅历)、德(公恕、不贪等)。

他赞赏断案能力强的牧令:“眼明口刚,每就症结之处指穿说破,使矫伪者俯首无词,于是公道大彰,葛藤立断……”〔4〕强调“聪明人须加阅历”〔5〕。他把通达事理的牧令比作“长明玻璃灯”,而把不通事理的牧令比作“黑漆皮灯笼〔6〕”。他批评不通事理的牧令:“人有拿住江洋大盗,而以‘偷吃牛肉’罪之者;是为举其细,而遗其大。”〔7〕并认为,这与法官的“阅历”有直接关系。阅历深,容易通达事理;阅历浅,虽持公心而易违情理。因此,他称赞“老手断案,圆洁干净〔8〕”。认为“作官须用老手,以其更事多也。州县由刑名出身,其于案件之窾窍,公事之节目,无不洞达于心,办事自愈形得手”〔9〕。樊增祥认为法官需要有“学问”,但不等于只会死记书本。例如,陕西镇安县令姚某,

---

〔1〕《新编樊山批公判牍精华》卷一五《批富平县周令丕绅禀》。
〔2〕《樊山政书》,中华书局2007年版,卷二十《批拣选知县马象雍等秉》。
〔3〕《樊山政书》,中华书局2007年版,卷一六《批石泉县词讼册》。
〔4〕《樊山政书》,中华书局2007年版,卷一三《批朝邑县曾令词讼册》。
〔5〕《新编樊山批公判牍精华》卷三四《批署句容县姚令禀》。
〔6〕《新编樊山批公判牍精华》卷三四《批署句容县姚令禀》。
〔7〕《新编樊山批公判牍精华》卷三一《批汉中府恩守禀》。
〔8〕《樊山政书》,中华书局2007年版,卷一九《批眉县程令壎词讼册》。
〔9〕《新编樊山批公判牍精华》第三册卷一六《批宁陕厅焦丞绰禀》。

读了很多书，但是审理自己亲信的"丁役"勒索钱财案，"乃竟枉革局外之书差"，而且不准他人为该书差担保，致使"彼得钱之丁役，反坐视他人被打、被革、被押，而宴然无惊，而姚令仍迷信如故"！樊增祥怒斥姚令："昏聩之可羞！""姚令腹中有许多书，笔下亦复驯雅，而竟如此之糊涂颠倒，使天下人皆谓'读书人不但无用，而且格外误事'，此可为太息痛恨者也！……若将此案打成戏剧，在舞台上演唱，台下之人看到此处，其不痛骂红袍、白鼻、戴圆翅纱帽之赃官者，必非人情矣！"[1]这篇批词长1100多字，说理深刻生动，是樊增祥以"批"代"判"的代表作之一。

樊增祥强调法官"能力"的重要，但是，并不认为"能力"是法官的根本条件，而"德"则是第一要素。他认为："凡讼案屡控不结者，皆问官是非不明，因牵就而转滋讼蔓。"例如，西安府首县长安县发生的一起继承案：

被继承人李永茂无子，遗有两个女儿，按封建旧俗，属于"乏嗣"。李永茂遗孀李刘氏，托亲戚乌兆翥为媒，"以长女赘（招赘）王文元为婿"，并且立其"族孙金喜为嗣"。李永茂的侄子李郁芳，平时"叔侄之情淡漠"，李永茂死后，"郁芳亦未经营丧葬"。可这时，李郁芳因"垂涎"被继承人李永茂家业"不得"，便"假其母李马氏之名出头妄控"乌兆翥，诉请由其孙子李鸿卿作为被继承人李永茂之孙"承祧（音"挑"，继承）"。长安县"捐班知县"胡某审问此案，"敷衍（附和）郁芳"，居然乱造法律词语，以"爱孙（金喜）"与"应孙（李鸿卿）"相区分，判决"应孙"李鸿卿为承嗣人。李刘氏败诉不服，李郁芳则以"官断"撑腰，双

〔1〕《樊山政书》，中华书局2007年版，卷一七《批镇安县刘令禀》。

方“屡控不一”。这桩官司打到省里,樊增祥审理此案,大为震怒,批示说:

“今由本司断定:永茂身故乏嗣,其妻李刘氏爱继何人即继何人,惟不许异姓乱宗;李郁芳照‘争继不继’之例,永远不准干预李刘氏家事”;“李郁芳倘再妄控,将治其‘贪业欺孀、逞刁健讼’”之罪。另外,还批示“胡令着记大过一次,永远不准在首县发审”[1]。

樊增祥以此案为例,总结了一条规律:一审不“公正”,就会导致案件“屡控不结”。

案例表明,樊增祥主张法官必须谙于事理和法律。

三、法官应当“亦是公牍作家”

樊增祥认为,好的法官应当既“是刑名老手”,“亦是公牍作家”[2]。古代公牍内容分为两类,一类是关于行政事务的,一类是关于诉讼的。樊增祥认为,法官须“口能折服,笔能畅达”[3];阅读好的公牍,能够“与看好诗词同一悦心”[4]“每得通人一牍,不禁心开目明,如获星凤”[5]。法官的综合素质,最后都要体现在判词写作能力上,必须“能说难说之话,能达难达之情”。具体表现为判断公允,叙述清晰。“判断公允,则受者心服;叙

[1] 《樊山政书》,中华书局2007年版,卷一八《批长安县详》。
[2] 《新编樊山批公判牍精华》卷二五《批汉中府恩守禀》。
[3] 《樊山政书》,中华书局2007年版,卷五《批咸宁县刘令德全详》。
[4] 《新编樊山批公判牍精华》卷二九《批雒南县丁令禧瀚禀》。
[5] 《樊山政书》,中华书局2007年版,卷一一《批雒南县丁令禀》。

述清晰，则阅者眼明”[1]。

樊增祥很重视法官的文字素养。说：“大凡有学问人，虽初任而即能了事；若胸无墨水，虽服官数十年，历任七八州县，而冥顽如故。人安可以不读书？”[2]判词应当“于胶葛中显断才，更以叙述胶葛案情见笔仗（笔致；文采）”[3]。“看人断案犹衡文也。同题作文，而有深有浅，有警策，有平庸，有高超卓绝，有荒谬不通；断案亦然。”而“贤而有文之吏，当倾听时早已息气凝神，驳诘时真能擢筋擢肺；及断结时，又复准情酌理，遇事持平。是每问一案，具有无限精神，无限心思在内”[4]；“叙述供、判，皆文章也。其无材料（本领）者，必作不长。但事敷衍者，说来也必不恳切[5]”。他称赞优秀县令：“叙述各案，皆逐层批导，务使真形毕露，然后片言折之。能如此断案，断无复翻之理！信乎‘作官不可以无才’”[6]。

樊增祥本人就是既有断案才能又兼“公牍作家”的法官。两种素养的融合，使他既有传统的司法理念又有个性鲜明的判牍风格。这在他任臬藩司期间批示案件的公牍（相当于今天二审裁判文书）里，多有体现。樊增祥对司法审判工作的繁难性有深刻的体会和认识。他说：“天下事似易而实难者，无过此矣！”[7]他称赞和鼓励优秀县令“似此有才有识、有笔有舌，何事

---

〔1〕《樊山政书》，中华书局2007年版，卷一四《批雒南县禀》。

〔2〕《新编樊山批公判牍精华》卷三三《批韩城县词讼册》。

〔3〕《新编樊山批公判牍精华》卷二六《批雒南县丁令词讼册》。

〔4〕《新编樊山批公判牍精华》卷三二《批蒲城县曾令士刚词讼册》。

〔5〕《樊山政书》，中华书局2007年版，卷一五《批扶风县谭令词讼册》。

〔6〕《樊山政书》，中华书局2007年版，卷一五《批长安县李令词讼册》。

〔7〕《新编樊山批公判牍精华》第五册卷二四《批临潼县李令自理词讼月报清册》。

不办？何案不结？”[1]而对于写作能力差的牧令，则予以尖锐批评：“来禀文理不通，足见该令胸无墨水！”[2]他最不愿看到的法官是“坐堂问不到深曲处，其叙详亦说不着要害处”[3]。樊增祥对法官的文字功夫要求很严，非常重视语言的准确性。所谓准确性，包括叙案无误、说理逻辑严谨、用词确当等。此外，樊增祥反对公牍使用千篇一面的“通套语”，他写公牍往往“不拘成法，不泥律例，明白晓畅，有时杂以诙谐，自然、隽爽、轻松”[4]。

四、法官办案不能怕“苦”

樊增祥深知“批阅案牍最是苦事”[5]。自称“陕省定章：命盗案初禀不得过十日。本司作令时，从不逾限”[6]。樊增祥经常夜以继日阅读案卷，“案牍如山须卜夜，未能回避是青灯”[7]。认为“断案以账债案为最难，亦如作时文（八股文）者遇沉闷理题，心力艰而意趣少”。但是，认为应当“讯鞫”细、“剖断”公[8]。比如，樊增祥批评渭南县令张某办案粗疏一例，渭南县劣拔贡张鸿儒“冒捏假账”，诈称田太玉名下应赔其“麦银一百三十两，情愿捐入学堂”，但是渭南县令张某未进行详细查证，“受其欺愚，勒令太玉交款，以致蔓讼”[9]。

---

〔1〕《新编樊山批公判牍精华》第四册卷一九《批咸宁县刘令德全详》。
〔2〕《樊山政书》，中华书局2007年版，卷十《批中部县王令禀》。
〔3〕《新编樊山批公判牍精华》卷二八《批临潼县词讼册》。
〔4〕《清代名人轶事辑览·遗诗三万首》。
〔5〕《新编樊山批公判牍精华》第四册卷一七《代批宋家川厘员禀》。
〔6〕《樊山政书》，中华书局2007年版，卷一二《批宁羌州赵牧禀》。
〔7〕《两艖艒斋集·三月初二日……送两大令》。
〔8〕《樊山政书》，中华书局2007年版，卷一四《批宝鸡县蔡令词讼册》。
〔9〕《樊山政书》，中华书局2007年版，卷一六《批渭南县刘令详》。

樊增祥痛感于庸官、懒官、迂腐官误事之害。西安府富平县发生一起"藉尸图讹案"，而县令宫某不传证人，即断给诬告者钱财，致使被诬告人受累上控。樊增祥批示西安府转饬富平县令："县令身坐堂皇，于此等极不要紧之假命案不能立时了结，而待其亲友处和，实属胆小如鼠，万分无用！……今日横目之民，视父子不相顾者多矣！舅舅身死，而令外甥以死尸卖钱，此何理也？……作牧令者，一事不断，作孽无穷。愿我同寅，知所法诫！"[1]批语洋溢着樊增祥对牧令慵懒作风的痛恨和显示出"力除庸惰积习"的决心。

司法是"苦事"，也是"乐事"，但首先是"苦事"。樊增祥认为法官须要不怕苦，其中，办案必须耐心、细心、虚心。

樊增祥认为，"听讼之事，千形百态，有有趣者，有无味者，有极讨厌者……能问案者，不难于审有趣之案，难在审无味而讨厌之案。非不明也，非不决也，身坐堂皇，遇此极讨嫌之事，先存一不耐烦之心，无暇推求，三言两语，喝令具结，内问诸心，实亦不甚清楚……必上控矣！故做官以耐烦为第一义。正如举子（旧指考生）作时文（八股文），题目宏深阔大，有工夫、有才气者能见长；必须能作无味题目，他人不能生发者，我独做得津津有味，方是真正好手。……我尝谓'案非聪明人不能问，非英爽者不能结'。然才大而心不细，转不若沉实谨厚者之推敲入里也。"[2]樊增祥以自己的切身体验，认为"耐烦""沉实谨厚"（品德）是法官的重要素养。他还认为，年轻法官须要虚心，不可

[1] 《樊山政书》，中华书局2007年版，卷一五《批西安府详》。

[2] 《新编樊山批公判牍精华》卷二九《批临潼县词讼册》。

"刚愎自用";"天下年少人、聪明人,往往误于'自是'二字"[1]。"做官以耐烦为第一义",即要有高度的责任心。

古今一些冤假错案的发生,除了因"贪赃枉法"者外,多半都是由于法官责任心不强,怕烦怕苦、主观臆断造成的。如前述樊增祥所批斥的渭南县令张某错断的"冒捏假账案"等。

樊增祥强调法官不怕"苦""耐烦"的办案精神,验证于古今案例,无疑是非常正确的。

五、法官不可在交卸时"施恩"

樊增祥任陕西藩司时,曾分析陕西治安状况说,"查,陕西刀匪(抢劫犯)甚多,视官法之宽严为匪胆之敛肆。为民除害者往往得匪即惩,久押不放,不惟民受福,官亦省事也。惟至交卸之时,则不问其人可释与否,概令'取保';意谓'即使出外滋事,后任当之,我何与焉!'本司素不以此事为然"[2]。此批,直击法官的私心和职业道德问题。

六、法官断案应具有灵活性

面对不同的案件当事人,樊增祥会采取相应灵活的方法。他说"老实人断案,至平妥而止;若天分高者,于平民则用巽语(温和语)法言,于刁绅必施权谲手段[3]"。认为"大凡讹索刁控之案,断不可以断钱。……意在悯其贫穷,而实则赏其无

---

〔1〕《新编樊山批公判牍精华》卷二五《批汉中府恩守禀》。

〔2〕《樊山政书》,中华书局2007年版,卷一四《批渭南县详》。

〔3〕《新编樊山批公判牍精华》卷二八《批华州褚牧词讼册》。

赖也”[1]。

樊增祥处理钱债纠纷，主张对“老赖”采取强硬措施。如审批同官县令关于一起欠债纠纷审理报告，批示：“著将李作栋(赖账人)枷号于该县头门，何时将欠款交清，何时开释。一日不清，一日不释！”[2]

另外，樊增祥对于不同身份的违法犯罪者，注意采取不同的惩教方法。如对于士类，即多试以经义，促其自愧自省。西安府有个劣衿刘锡纯被“详请查革”“在押待罪”，樊增祥批示西安府，“每三日，或策论或经义，由该府出题面试，如其不通，痛打戒尺”[3]。

樊增祥又认为，“与愚民说话，如家庭教小孩儿然，不可一味蒙哄，尤不可专用压力”[4]。从中可知其办案的灵活性和艺术性。

七、断案“一秉大公”

樊增祥办案，首重公正、公平。他任县令时即称“本县判事，一秉大公，不为已甚”[5]；“处事不平，即问心难过”[6]。他升任臬藩司以后，依然宣称“本司向来断案，但论是非，不管是

---

[1]《新编樊山批公判牍精华》第四册卷二十《批咸宁县刘令自理词讼月报清册》。

[2]《樊山政书》，中华书局2007年版，卷一九《批同官县卢令秉钧详》。

[3]《新编樊山批公判牍精华》卷六《札西安府》。

[4]《新编樊山批公判牍精华》卷三四《批扬州府禀》。

[5]《新编樊山批公判牍精华》卷一二《批雷炎祥呈词之二》。

[6]《新编樊山批公判牍精华》卷二《批魏作栋禀词》。

民是役”[1]；“本司但知秉公，毫无成见[2]”；“是非者，心之公理”[3]。强调“凡判事须情法两平，则受者心服，阅者惬意”[4]。他赞赏判案公正的牧令：“‘公生明，明生断’。大佳大佳！”[5]“本司折狱多矣，从不敢偏听人言”。[6] 樊增祥所谓“公”的标准，包括法律、天理、情理、儒家学说等。

一般来说，樊增祥办理命盗等重大刑事案件依据法律，而办理财产、婚姻等民事案件，多依据情理。他任渭南知县时，曾发生一起张氏兄弟（张文贵、张印儿）强奸私和、上控诬告案，樊增祥向西安府、陕臬司移文，说明自己的处理意见，“据理而论，文贵、印儿一图奸酿命，一赚官诬良，应行照例分别治罪；惟李蒲城（受害妇女之夫）前已私和，并未报请验尸填格，则办案已属无根；而印儿调奸之初本无相害之意，刘氏之吞咽而死，乃其意料所不及防，似可原其一线[7]”。认为，以“威逼致死”他人者，“万无死罪”[8]。樊增祥从法理、事理两方面论证“似可原其一线”的理由，可谓切实、公正。

可贵的是，樊增祥对“过失犯罪”特点“乃其意料所不及防”的认定，与现代法律的表述已非常接近（或者是现代法律吸取了古代法学思想精华）。

樊增祥主张“一秉大公”的办案思想，具体表现在以下

---

[1] 《新编樊山批公判牍精华》第四册卷一七《批咸宁县详》。
[2] 《樊山政书》，中华书局2007年版，卷二十《批泰兴县职员章应祥禀》。
[3] 《樊山政书》，中华书局2007年版，卷五《批咸宁县刘令德全详》。
[4] 《批澄城县高令详》。
[5] 《新编樊山批公判牍精华》卷二八《批户县词讼册》。
[6] 《樊山政书》，中华书局2007年版，卷二十《批职员汤宜震禀》。
[7] 《樊山公牍》卷三《张文贵上控李蒲城等一案详稿》。
[8] 《樊山政书》，中华书局2007年版，卷一七《批褒城县禀》。

方面。

（一）“断案最怕初断失平”

樊增祥根据自己的办案经验，强调一审公正特别重要。认为“狱贵初情”[1]；“大凡断案最怕初断失平，后来自翻自案。在听讼者不敢护前，固是好处；然前负而后胜者，虽因后断而吐不平之气，而前胜而后负者，必执前断以为上控之资”[2]。他指出，“凡藉尸图讹之案，经人处和（调处和解）了结者无他，不过给钱完事而已。本司作令时，从不准和人命，有冤者申冤，诬告者坐诬，无不一了百了。彼诬人讹人者，其处心惟在得钱。一钱不给，虽欲上控而无资；一遂所欲，不但挟之以为资，而且持之以为柄，语人曰：‘我若诬彼，安肯以钱贿我乎？’是出钱而愈不了也”[3]。应当指出，樊增祥认为“断案最怕初断失平”的思想十分可贵。

（二）公正对待不同出身的案件当事人

无论平民百姓还是仕宦人家，犯了罪，樊增祥同样予以惩处。例如，陕西凤翔县赌徒周莲卿，其兄曾经是凤翔营参将，人呼该赌徒为“三大人”。樊增祥判周莲卿“锁系巨石五年”，并且把周莲卿管押“习艺所”学艺。樊增祥认为“仕宦人家，父兄不教子弟，不学文与武，一无所就，衣与饭两俱现成，一朝失其所依，鲜不流为匪僻（邪恶）者。周莲卿脖上一条锁链，习艺所罪犯中一个‘大人’，所以使天下文武衙门中不肖子弟触目惊

[1]《樊山公牍》卷二《生员郭炳章民人任居兴互控一案详稿》。
[2]《樊山政书》，中华书局2007年版，卷一六《批华州褚牧详》。
[3]《樊山政书》，中华书局2007年版，卷一五《批西安府详》。

心也”[1]！

（三）不为沽名而任意轻重

樊增祥主张断案必须公平，包括“和息”在内。“所谓和息者，未审未结之案，从中调处息讼是也。”[2]他严厉批评私心枉断的牧令：“天下号称‘贪人’者，不皆歙（吸取）财入己也；取人之财而横施之，讨地方之好，沽自己之名，此即与枉法得赃无异！”[3]例如，他在陕藩任上，有一次接到华州牧审看一起行凶案件报告：开头称凶犯武生（武秀才）张联杰“诡谲刁滑”，次写其“寻仇”用刀扎伤人，并把“事外无干”之人的“门扇砍毁，掳其烟、菜各籽不给”。可是接下来“说理”出了问题，樊增祥根据前面犯罪事实批驳说：

“此是何等凶横！而末乃以‘殊属非是’四字轻轻带过，以致上下文全不接气；后又云‘姑念联杰已受重伤，从宽免议。’夫，受伤以后不责可也，并‘武生’亦不能斥革乎？”然后，又联系不久前该牧处理一起金融诈骗案作比较：“一生员（秀才）伪写硃票（旧时官府用朱笔写的传票），未行而即发觉，犹且照例褫革拟徒（徒刑），此是何等严厉！（张）联杰所为，与刀匪无异，而竟始终保其衣顶（衣冠，喻士大夫名声），锡（赐给）之护符。此则百思不解矣！”[4]

该批示强调必须“秉公”断案，不可私心曲意轻重。

---

〔1〕《樊山政书》，中华书局 2007 年版，卷一三《批凤翔县彭令禀》。

〔2〕《新编樊山批公判牍精华》卷七《批田国俊息词》。

〔3〕《樊山政书》，中华书局 2007 年版，卷二十《批清河县详》。

〔4〕《新编樊山批公判牍精华》卷二十《批华州详》。

(四)破除“救生不救死”旧说

处理命案,樊增祥主张既不忍心冤抑死者,也不违心宽恕生者,要摒弃“救生不救死”的陈旧办案理念。他说:“向来牧令不谙律例,幕友狃于积习,恒持‘救生不救死’之说,将‘谋故’重情,一律改为‘斗杀’。殊不知,生者漏网,死者埋冤,非‘积福’也,乃‘作孽’也! 本司向来办案不存成见,务在得情。”[1]比如,他对于岐山县一起杀人旧案平反报告所作的批示:

光绪二十二年(1896年),鞋匠周学金杀死16岁学徒范凤吉,供述“因凤吉偷窃钱土(鸦片原料)逃走,追获杀毙”;案移省“被驳发回,竟至延宕十年之久”。光绪三十二年(1906年),该县县令赵某“到任复讯,(周)学金乃尽反前供,谓(范)凤吉与伊女‘通奸,登时于奸所杀毙’。无凭无证,仅由罪犯口说”,拟将在押犯周学金释放。身为藩司的樊增祥,对周学金翻供提出多个问题,批示:“《书》曰‘罪疑惟轻’。轻之则可,纵之则不可。……乃于狱成十年以后,仅凭犯人一面之词,遽将惨毙十六龄幼童之人凭空释放。本司决狱多矣,如此平反疑狱,实不能会衔具详,应将此批移请臬司酌核定谳。盖生者固当矜,死者亦可念也!”[2]樊增祥主张打破“救生不救死”的旧观念,体现了司法革新意识和彻底的“一秉大公”判案思想。

(五)处理账债案件应做到事理公正

有一起跨山西、陕西两省的账债纠纷案。这是多家商号“连环套搭之形”的复杂案件,“问官四五人,蔓延二百日,审讯十六堂,其判词非勒限交银,即保外还银;其实,限者自限,交者

---

〔1〕《新编樊山批公判牍精华》卷一五《批淳化县详》。

〔2〕《樊山政书》,中华书局2007年版,卷一七《批岐山县赵令详》。

不交,保无人保,还无可还",判决成为一纸空文;而关键是放跑了欺东的"奸伙"。时任陕西藩司的樊增祥,对此案透辟地分析,"山、陕风气:财东出银,奸伙领本。往往本钱折尽,盈千累万之外债贻累资东,而诸伙挟其血资别谋生计……押案追偿,当追可恨之人,不当追可怜之人;当追经手借钱之人与领本办货、停门倒账之人,不当追既已折本而又受累之人也"[1]!

樊增祥在江宁藩司任上,也遇到一起债务纠纷:原告孤儿及其寡母汤氏,诉被告邢式九欠本利洋3000余元,"有据有证",状纸递到江苏通州(今南通市)衙门。可是,刚刚握有"铜符"的通州牧关某,"即染积习",自已不亲理案子,而是交给下属"谳员"名叫傅寿慈的人审理;被告邢式九空口诬称原告汤氏"欺骗",傅听信其一面之词,官司拖延了八个月之久;后来责令亲友和息,仅让被告邢式九"持出千元了事"。原告汤氏上控,通州牧关某,详请藩司"息销"。樊增祥看过案卷和关某详文,考虑到"此案若提省亲讯,适滋拖累;若发州复申,更不放心"。于是"只可如恳息销,以图省事"。但是,樊增祥对通州牧关某及谳员傅寿慈的行为极为不满,因此作出两项决定:

1. 对关某进行严厉批评教育。指出:"今之官场糊涂颠倒者诚不一而足,然既具此恰合时宜之性质,吃饭可也,得钱可也,何必坐堂问案耶?""本司自觉孤儿上控一回,父母官未见一面,但由亲友恳息吃亏了案,吾辈真无颜以对百姓也!"批评其无责任心、无公正心之后,又提出警告说,"荀子曰:'多暇日者,其出人不远。'[2]戒之! 戒之!"

---

〔1〕《新编樊山批公判牍精华》卷五《札西安府》。

〔2〕《荀子·修身》。

2. 对谳员傅寿慈予以处罚。认为“傅寿慈不公不明，应详记三大过，学习三年，然后问案。此次孤儿寡妇少得四百块钱，寿慈为之也；仰该署牧扣给三个月薪水，罚入学堂充公！”[1]

此批不但体现了樊增祥坚持办案公正的思想，也在一定程度上体现了“错案责任追究”的审判理念。

(六) 秉公处理职官假公济私行径

樊增祥任陕西藩司时，得知山西河东道派员押送赴甘肃军饷过境，有“夹带私货，多索车辆，骚扰驿站，欺讹地方官”等非法行为，樊增祥即对牧令批示，“……除饷鞘行李外，如有私货，一并扣留”[2]。

(七) 判案照顾多数人利益

樊增祥认同范仲淹语，“一家哭，何如一路哭耶？”[3]宣称“我不为‘妇人之仁’”！范仲淹的原意是，罢免一个不称职的官员，仅使其一家人哭泣而已，怎能与让一个地区的老百姓受苦受累相比呢！樊增祥借以表达对为害一方的恶人不“施仁政”的观点。他警告僚属说，“既为朝廷法官，可畏当如夏日。寄语人间寒士：等闲莫‘打秋风(巧借名义向人索取钱财)’！”[4]

此外，樊增祥还主张对于陈年老案，应依据“罪疑惟轻[5]”原则处理[6]；对于提审案件，认为“发审(原审)”的县令“无论

[1] 《樊山政书》，中华书局2007年版，卷二十《批通州详》。
[2] 《樊山政书》，中华书局2007年版，卷一四《批咸阳等州县会禀》。
[3] 《五朝名臣言行录·参政范文正公》。
[4] 《新编樊山批公判牍精华》卷一六《批在籍直隶知县汝作枚呈词》。
[5] 《书》。
[6] 《樊山政书》，中华书局2007年版，卷二十《批宝应县禀》。

虚实,均应回避”[1]。

以上观点,显示了樊增祥办案“一秉大公”的“清明”。

八、“讼事不可无据”但须防伪证

“狱贵初情”,首要的是证据必须确凿。樊增祥审理案件,很注重举证。他总结审案经验说“凡争继争产之案,易涉嫌疑”,“究竟此案是何实情,两造之言谁非谁是,必须详查案卷、传讯中人,方可斟酌断结”[2];“凡办命案,犯证、供词务须吻合”[3]。特别是涉外案件,更加重视证据。樊增祥任陕西藩司时,有一次接到周至县令的禀文,内称“传教士纵容教民欺压百姓,乡约、地保纷纷起诉……”可是却没有写明具体证据。樊增祥批示说:“讼事不可无据;对外国人言,尤不可以无据。该令来禀,但曰‘纵容’、曰‘欺压’、曰‘下乡时,约、保纷纷赴愬(同“诉”)’,且作危词曰‘其患将不可测’!究竟教士所‘纵容’者何事?教民所‘欺压’者何人?‘纷纷赴愬’者有何巨创沉冤?得何其凭确据?一概不能指实。事贵平情,不可空言无据”[4]。对于诬控案的控告人,只要“众证确凿”即可定案,不必求其口供。其认为,“大凡光棍(此指地痞流氓)就逮,万无直接认供之理。惟有据‘众证确凿’四字从严惩办”[5]。

樊增祥任江宁藩司时,曾经处理过两起诬控案,其中一起是两江师范学堂发生的诬告“革党”案件。有人禀告“庶务张通谟

[1] 《樊山政书》,中华书局2007年版,卷二十《批工头陈华章禀词》。
[2] 《樊山政书》,中华书局2007年版,卷二十《批清河县详》。
[3] 《樊山政书》,中华书局2007年版,卷一五《批同官县详》。
[4] 《新编樊山批公判牍精华》第五册卷二四《代洋务局批周至县禀》。
[5] 《樊山政书》,中华书局2007年版,卷二十《批江都县详》。

颠狂不职”，殴打学生崇朴，“学生无敢明出名者”，并称疑其为“革党”。可是禀文没有署名。樊增祥批示下属总办“查核”，同时指出，“匿名禀件动以‘革党’诬人，心术可谓坏极！应查明此禀是谁所为，令其指实，以穷其术”[1]。樊增祥作为清廷“命官”，虽然对“革党”是敌视的[2]，但是坚持举报必须有证据，对动辄以“革党”诬告他人者，斥其“心术可谓坏极”，堪称办案严正。

樊增祥主张对诬告者进行严惩。樊增祥指出司法旧习的危害：“向来上控（越级控告）诬妄之案，每经审实，辄以‘俯首认咎，免其反坐’八字了结。是以上控风气，愈惯愈坏。本司为政，向无姑息……”[3]认为“诬控之案层见迭出，总由承审官不肯坐诬，是以毫无顾忌”[4]。因此，主张对诬告者予以严惩。如临潼县发生一起诬告抢劫案：张生金欠王大娃牛价不还，互殴受了微伤，竟诬告王大娃等“夤夜纠人踏门入室，殴伤事主，抢去银两……”临潼县令“经质讯明确，全系子虚”，禀请藩司对张生金“于责枷后，牌示案由，鸣锣游乡示众”。樊增祥批示：“……尚嫌轻纵。应于游乡后，再加锁系二年，以儆诬陷！”[5]批示同意“游乡示众”，自属落后法制思想，至于认为应予“加刑”，无可厚非。

---

〔1〕《樊山政书》，中华书局2007年版，卷二十《批两师学堂旧班新班等禀》。

〔2〕《樊山政书》，中华书局2007年版，卷二十《批海丰面粉公司总理呈》。

〔3〕《新编樊山批公判牍精华》第四册卷一七《批李令士珍禀》。

〔4〕《新编樊山批公判牍精华》第四册卷一九《批华阴县印委刘李会禀》。

〔5〕《樊山政书》，中华书局2007年版，卷一五《批临潼县禀》。

九、"情理外无法律"

樊增祥审案,继承和发扬古代情、理、法相结合的优良传统,主张依法而不死守法律(意近于"能动司法"),目的是实现实质的"大公"。按清朝审判权的规定,州县只能审理笞杖刑以下的案件,即属于田土、户婚、诈伪、欺愚等民事案件。至于命盗重案,只可以拟写建议性的"看语",供上司参考,而不可以作"判语"。在清末法律很不健全的情况下,樊增祥很重视依据"情理"断案。

所谓"情理",或说"天理人情",即指"人之常情"和"事理"。"人之常情"包含传统的情义(伦理、情分)、公序良俗(社风民俗,如当时咸阳县有未婚女"死退半礼"之俗)。"事理"亦称"天理",指事物(案情)发生发展的规律性,亦即所谓"事有必至,理有固然"[1]。樊增祥关于运用"情理"断案的观点,具体涉及四个方面。

(一)断案"贵在酌理准情"

"情理"直接关系叙案是否圆通、断案是否公正的问题。樊增祥汲取前人的经验并结合自己多年的司法实践,以精粹的语言概括说"情理外无法律。抱旧本者不知,讲西例者,亦未合也"[2]。并且强调指出"断案须通达事理,不通人未足与议也"[3]。审理案件,"贵在酌理准情,片言立断;不但不能照西法,亦并不必用中律。作吏者明敏能断,则拖累少,而受福者多;

---

〔1〕《战国策·齐策四》。

〔2〕《樊山政书》,中华书局2007年版,卷一九《批韩城县词讼册》。

〔3〕《新编樊山批公判牍精华》卷二九。

优柔不决,虽心地好而作孽不浅”。“世尝有读书万卷而坐衙不能一言,治律专家而作官不了一案者”[1]。意在强调法官必须通达人情世故。

樊增祥强调情理的重要性,应该说是很正确的。因为法律来源于社会公序良俗,法律是对公众情理认知的高度概括。再者,“世之事变百出,人之情态无穷,律例不能该(全面详细)载”[2]。社会生活是无限复杂而又不断变化的,人的是非观念也并非一成不变的,而法律则相对局限、凝固和滞后,很难包容万象。因此,樊增祥断案重视于法有据,但是并不死守法律,而是充分考虑是否合乎情理,甚至坚持情理是更重要的原则。例如,樊增祥在江宁藩司任上,接到一起商董继任纠纷禀:龙旗烟叶商号董事王某故去,其子王顺文继任董事之位,遭遇伙商“觊觎”“营谋攘夺”的困境,因此禀请藩司批断。樊增祥批示说:“本司专论情理。尔父当日奔走祈请,甫能成就此业。今其人虽死,其子尚存,所用之号伙如故,何必将尔家营就之巢,作逐鹊招鸠之举?”[3]此批“专论情理”,根据事实,运用比喻,把是非分析得清清楚楚。樊增祥甚至说“本司判事专补律意所不及”[4]。

商人张瑞祥被私刻公章的“革生”梁士杰诈骗,交了税,却被泾阳县令的幕友判为“匿税”之罪。依据大清律例规定:“描摹印信、骗财蚀税者,杖七十;田房税契,业主误交匪人代投,致

---

〔1〕《樊山政书》,中华书局2007年版,卷二十《批拣选知县马象雍等禀》。

〔2〕《大清律集解附例·刑律·杂犯·不应为》。

〔3〕《樊山政书》,中华书局2007年版,卷二十《批商董王顺文禀》。

〔4〕《樊山政书》,中华书局2007年版,卷一八《批镇安县刘令详》。

被假印诓骗者,杖八十。”幕友据此,拟将坏秀才梁士杰杖七十,而将受骗商人张瑞祥杖八十。樊增祥对这一拟判甚感不公,批示说:“一经不通刑名(刑法幕友)之手,必致有例案(依法办案)而无情理为止。试思:假印诓骗之匪人,罪反轻于业主乎?来详(报告)意不在办已革之秀才,遂各引各例,而不顾事理之不平。此等幕宾,应照‘不应重律’,杖八十,代张瑞祥受杖。”[1]由此可见,樊增祥特别注重“情理公正”,而不死守“旧本”,是明智的。

(二)“家务事非清官莫断”

樊增祥对某些涉及亲情的案件,尤其注重情理,甚至是专论“情理”的。对于婚姻、家庭类案件的审理,多偏重于“情义”的分析。他深知“与人家事,其难甚于谋国”[2],但是他仍主张分清是非,并且认为能够分清是非,“语云(俗谚说):‘清官难断家务事。’吾谓:不能断者,必其‘官清’而‘不明’也。既明且决,何事不断?”[3]“家务事非清官莫断!”[4]他在陕西藩司任上,告诫牧令,凡是断婚姻纠纷一类案件,“最患泥(拘泥)一定之名分,而不谅人情;作官样文章,而不顾后患”[5]。他后来任江宁藩司时,依然主张“道(道理;办法)在因人而施,案贵衡情而断”[6]。

樊增祥不满和反对一些牧令“和稀泥”式的“调处”,“妇女

---

〔1〕《新编樊山批公判牍精华》第四册卷一八《批泾阳县舒令详》。
〔2〕《新编樊山批公判牍精华》卷二四《批西安府详》。
〔3〕《樊山政书》,中华书局2007年版,卷一一《批凤翔府禀》。
〔4〕《樊山政书》,中华书局2007年版,卷一三《批城固县易令词讼册》。
〔5〕《新编樊山批公判牍精华》第四册卷一九《批礼泉县民解维贤呈词》。
〔6〕《樊山政书》,中华书局2007年版,卷二十《批淮安府禀》。

无识,戚族教唆,涉讼公庭,照例批饬'调处';即经官断,往往无理者,薄责而厚赍(音"击",赠赏);有理者,受累而折财。问官之自命'循吏'者,于被讯之家劝令'忍让',曰'全骨肉'也;于诬告之人酌断财产,曰'恤贫寡'也。此等断法,几于人人如是,而犹自以为'厚道'、为'明允'。本司恨之较贪赃枉法者更加一倍"[1]!

樊增祥根据自己多年的办案经验,对不同案件类型,总结出不同的"潜规则"。他对继承案的主张是:"得亲心者,分产较多;不得亲心者,所得较少,亦足以劝孝而惩逆也。"[2]

(三)"惟有过来人能说在行话"

樊增祥认为,通达"情理"须有一个前提,即阅历和经验的积累;只会背诵法律条文而缺少阅历的法官,是不可能把案子办好的。他说:"天下惟有过来人,能说在行话。"[3]例如,陕西省山阳县的年轻县令刘赓年,因为缺乏阅历,审理一起婚姻纠纷,片面引用法律,居然把一个已经婚嫁葛姓丈夫而且生子的妇女,强行断给原先"许聘"的外出多年无音而突然归来的陈姓男子,致使其夫妻、母子顷刻分离,悖伦败俗。身为臬司的樊增祥,对县令刘赓年严厉责斥,并处以"记三大过"。

再如,樊增祥任江宁藩司时,盐城县有一起"构讼"二十年的婚姻案。

被告一方是僧人("淫僧"奸夫)和寡妇("淫妇"奸妇),原告一方是寡妇的亲族虞、潘两家。当初,盐城县令未判将该寡妇

〔1〕《新编樊山批公判牍精华》第五册卷二四《批西安府详》。
〔2〕《新编樊山批公判牍精华》卷一六《批商州尹牧禀》。
〔3〕《樊山政书》,中华书局2007年版,卷一三《批户县陈令禀》。

“嫁卖”，而是借其“守寡”之名，“阴随其寻僧之计”；20 年后，僧、妇二人“既生女又生子”。面对既成事实而违背公序良俗的畸形婚姻，应该怎么判？

樊增祥认为“若在二十年前，必应与淫僧断离；此时则必不可离！何也？当初构讼之时，男女年未三十，两情过热，故敢于犯法而不顾。……至于今侵寻（逐渐扩大）二十余年矣，既生女又生子，奸夫奸妇，彼此形容老丑，爱情之薄可知；儿女婴缠，身家之累益重，若此时断离，是前既遂该僧淫恶之私，今反割其附骨之疽，而使脱然无累也。应令该僧永远供养”〔1〕！樊增祥虽然不是从责任和义务角度考虑，但是其批断“令该僧永远供养”是合乎情理的。樊增祥认为“情理外无法律”，可谓至理名言。

（四）“凡办命案以情节符合为主”

樊增祥对于人命大案，则更重视“情理（含“情节”）”分析。樊增祥认为：“凡办谋杀重案，先须情理通顺，方与例案符合。”〔2〕“凡办命案，以情节符合为主；情节不对，万难照转！”〔3〕樊增祥这里所说的“情节”，是指案情发生发展的规律性环节，亦即俗称的“事理”。以情理补充“律意所不及”，是樊增祥一贯的审判理念。但是他并非无视法律，他说“天下固无死法，亦不可过于活动”〔4〕。“立法者，惟期法之必行；奉行者，当求事之有济”；“暂时变通则可，自乱其例则断不可”〔5〕！鉴于情理与法律的密切关系，樊增祥特别赞赏老手法官办案，因为年龄大的法

---

〔1〕《新编樊山批公判牍精华》卷三四《批盐城县详》。

〔2〕《新编樊山批公判牍精华》第四册卷二一《批商州杨牧详》。

〔3〕《新编樊山批公判牍精华》卷一八《批郃阳县纪令详》。

〔4〕《樊山政书·批厘税局禀》。

〔5〕《新编樊山批公判牍精华》第三册卷一六《批阳平厘卡李令焕墀禀》。

官,一般都有比较丰富的社会阅历,比较谙熟人情世故,能够把法律和情理有机地统一起来。

樊增祥任陕藩时,对定远厅关于一起"谋杀"案报告的批示,突出说明叙述案件情节,不可违背"情理"。

定远厅的"详"文称,凶犯张洸耀是被害人张碧绿的叔父。张碧绿"少孤",张洸耀之父(张碧绿的祖父)强行把张洸耀自置的财产"分四成与其胞侄张碧绿,从此伯侄不和"。头年腊月,碧绿"欲将分得老屋租与外人,洸耀夫妻向阻,碧绿面骂世父世母。洸耀气忿,遂贿嘱李得法等五人将碧绿打死"。樊增祥指出:

> "来详叙述此案,前后情节不甚圆稳。"然后从"情理"出发,一连提出十个问题质疑,如按封建礼俗,张洸耀可"以尊属而毙'犯上'之卑幼,罪亦甚微,何必出于'谋杀'?"张洸耀有三个已成年儿子,"何以不谋之于亲子,而谋之于外人?"再者,"黄夜遣人往刺,至多两三人足矣,何必延请五人之多?"……最后批示:"洸耀身为伯父,抚育孤侄成人,分其弱半之资财,报以恶声之詈骂,卒令六十老翁以'谋杀'拟抵,此事之万分不平者也!仰照指驳各节,另具副详,逐层声复……"〔1〕

显然,此批完全是从"情理"角度提出疑问的。

又如,樊增祥任陕藩时,镇安县发生一起杀人案。被害人为父亲习名声、次子习昌达。习名声生前图奸其长媳习唐氏两次,"强逼撕破衣裤";长子习昌林将妻子搬出另度,习名声"辄敢殴

〔1〕《樊山政书》,中华书局2007年版,卷一一《批定远厅详》。

逼昌林自缢身死”。而后刁唐氏的盲人胞弟唐华章“前往理论”,刁名声和次子刁昌达“一见即扑向揪殴,以致华章忿极”,邀请戴东升等人“前往殴打泄忿,致将刁名声、刁昌达一并打死”。镇安县令刘林立对此案拟了“看语”,称“死者一平人,一罪人,不能作‘一家二命’论”。樊增祥批示认为是对的。可是刘令又说,“刁唐氏于翁被殴死,听从匿报,虽因其弟(唐)华章喝禁及有伤颜面,而事关伦纪,仍应照‘私和律’杖一百、徒三年,照例收赎。将华章照‘擅杀律’拟绞候;将戴东升照‘共殴人下手伤重者,绞’律,亦拟绞候”。

樊增祥认为,刘县令这段“看语”大错,“是为一禽兽(喻不知伦理之人)而累及多人,已非上天殛恶惩淫之意;而于禽兽就死以后,犹以‘翁媳’名分,使贞妇不受旌(表彰)而受罚,殊乖(违反)天理,亦戾(背离)人心!刁唐氏应在不议(非罪)之列。惟华章、东升因刁氏家难,被罪幽囚,虽秋谳(定罪)不至‘入实’,而在狱深为可悯,应令刁唐氏供其衣食,以尽手足之情且寓酬功之意。本司判事专补律意所不及,该令识之”[1]!

樊增祥的纠错批示,在依法的前提下,依情理“补律意所不及”,提出两点改判意见:一是刁唐氏与死者刁名声之间已无“翁媳”名分,刁唐氏无罪;二是唐华章、戴东升因刁氏家事,见义勇为过当,而入狱“可悯”,应令刁唐氏“供其衣食”。樊增祥的意见,应是达到了法律和情理的统一,显然比刘县令的“看语”要公正允妥。

应指出的是,“专论情理”,有时会有主观臆断之弊。前人

〔1〕《樊山政书》,中华书局2007年版,卷一八《批镇安县刘令详》。

纪晓岚早就指出单论“情理”之弊，即“天下事，情理而已。然情理有时而互妨”。[1] 樊增祥的少数批词，即有“戴着有色眼镜看人”问题。例如，商州客民李华鸿因“佃林割漆”遭到罚款羁押，而控告宝鸡县令蔡某责罚不公（属民告官案）。樊增祥仅凭“情理”即指斥李华鸿“所控荒唐已极”；又根据印象，认定其属于“诬告”，称“蔡令为吾陕最慈最明之吏，如尔言不虚，必能伸冤理枉；乃将尔既责且押，冤上加冤，尤为必无之事。尔商州客民，刁恶是其本性，诬告是其惯技。仰蔡令将此案讯断情形录详具复，听候察夺……”[2]。樊增祥这一批两用的“批词”，在未经查证的情况下，仅凭成见已断定控告“蔡令”必为“诬告”，被告蔡县令“必无之事”。

樊增祥“情理外无法律”的观点，在一定程度上反映了中国传统司法特色，是樊增祥最亮丽的思想火花之一。今天依法审案，仍然不可背离情理。但前提是，“情理”必须是不谬的，合于时代进步与法律规定的。例如，按旧俗，儿子有继承权，出嫁的女儿无继承权，即属于落后的“情理”，不可为据。

十、同情和保护不幸妇女

涉及妇女的案件各式各样。樊增祥除了对极少数所谓“奸妇”“悍妇”予以贬斥，一般来说，对于不幸的妇女是满腔同情和尽力保护的。他称赞奋力搏斗、保护母亲遗物的未婚女“可谓女

---

〔1〕《阅微草堂笔记》卷一六《姑妄听之·二》。

〔2〕《樊山政书》，中华书局2007年版，卷一五《批商州客民李华鸿控词》。

中豪杰”[1]。他认为,“大凡判断婚姻案件,以保全妇女之节为主”[2]。他支持寡妇婚姻自主,说“朝廷有‘旌节妇’之条,并无阻止寡妇不嫁之例”[3];他痛斥买卖妇女行为,认为“妇女非(不是)买卖之物”,并认为“误娶‘拐妇’与误买‘贼赃’等(同罪)”;主张“误娶‘拐妇’”者不能“复得原银”。朝邑县一个叫百川的人,用32两银子误买一名“拐妇”,二人“双宿”已将一年,后被“拐妇”的前夫发现,要求还妻。朝邑县令“捐廉”32两银子归还“误娶”的买夫百川,判令前夫领妻结案。樊增祥批评该县令“未免‘君子常失于厚’矣!”[4]突出反映樊增祥同情和保护妇女的,是下面两个案例。

一是光绪二十八年(1902年),樊增祥对澄城县一起“还聘”案的批示:

> 陕西风气,男乐于娶二婚,女不必专一姓,由来已久。……刘祥儿于光绪二十三年(1897年)礼聘郑学有之女银娃为室(妻),因循(迟延拖拉)未娶,迨(音“代”,到)遭荒出外,于今(1902年)五年,渺无音信;经郑、刘两家禀请立案另字(许配)前来,自应照例批准。乃又加之以“访查”,重之以“质讯”,断令“再等二年,然后别嫁”。查,例载:“夫逃亡三年不归者,准其另嫁”。该令(澄城县令杨某)独令待至“七年”,不知何所依据?必守“从一”之义,则终身无可改移。若遵“准嫁”之条,则两年前已当还聘!人

---

〔1〕《新编樊山批公判牍精华》卷九《批赵廷魁呈词》。
〔2〕《新编樊山批公判牍精华》第四册卷一九《批山阳县刘令禀》。
〔3〕《新编樊山批公判牍精华》卷九《批王殿荣呈词》。
〔4〕《新编樊山批公判牍精华》卷二八《批朝邑县曾令词讼册》。

情、例案，两欠斟酌。不过曰：大老爷随便而已！[1]

樊增祥对有法不依、自乱律例的杨县令提出了尖锐批评，对妇女郑银娃提供了法律保护。

二是对临潼县杨刘氏惨遭家庭暴力死亡一案的批示，足以反映樊增祥对“弱女子”的同情心。

“此案杨刘氏为杨培林之妾，有孕在身。”杨刘氏因“抛弃残饭”，遭杨培林“辄用麻绳、木器殴伤十七处；其间致命者五处，而左右前后肋、左右前后胁、左右臂膊及脊背、脊膂皆重叠受伤，以致胎惊血溃而死”，而后被杨培林“私埋”！樊增祥接到临潼县令李嘉绩禀报后，作出几点批示：(1)杨培林惨毒可恨：“论其惨毒，实无人理！试问：胎为何人之胎？杨培林不但自毙其妾，抑且自杀其子，狼心虺(音“悔”，毒蛇)性，恨不立时打杀，以彰天报而快人心！”(2)必须对杨培林从重问罪：“究竟因何事如此痛殴？若专为‘抛弃残饭’，便下此毒手，尤为奇酷！此案仰从重问拟，勿稍轻纵。现在更定刑法，罪人俱不轻笞杖，而一介平民敢以非刑施于家庭，且于母子俱死之时视若分所应尔，悍然棺殓私埋，尤堪痛恶。仰于提讯时，先笞千板，以快过屠(过屠一嚼)之意。”(3)论证如果轻判的危害性，“女子不幸而为妾媵，分虽卑贱，而性命则同。譬如衣冠中人(士大夫之列的人)殴杀菜佣酒保，未有不问抵者；独家主毙妾则轻减其罪，以致冥顽凶暴者任意楚挞，推而至于悍姑虐媳、悍妻虐婢，皆得恃尊任性，惨肆奇刑，此事理之最不平者也”[2]。

〔1〕《樊山政书》，中华书局2007年版，卷一四《批澄城县杨令词讼册》。

〔2〕《樊山政书》，中华书局2007年版，卷一七《批临潼县李令嘉绩禀》。

杨刘氏因“抛弃残饭”(姑且如此认定)细故,竟遭其夫杨培林棒杀私埋,樊增祥斥之为“奇酷”。此批可圈可点之处:一是认为杨培林杀害二命;二是认为身份“卑贱”的“妾媵”与一般妇女“性命(生命)则同”。不妨说,樊增祥这篇批文是为妇女反对“家庭暴力”的先声。

十一、严厉打击讼棍

所谓“讼棍”,是指通文墨、“遇事生风,图财唆讼”[1]的一类人。樊增祥说“大凡公众出钱,而一二人出头具控,必系讼棍藉讼敛钱”[2];“本司痛恶刁民,严治讼棍”;其“健讼”者,“往往事不干己”,挑词架讼“害人”[3]。他要求“做秀才者,以恪守卧碑,不预外事为佳”[4]。所谓“卧碑”,是指生员的戒律;顺治九年《新卧碑文》中有“不许干预他人词讼”的规定。

樊增祥公牍中对“讼棍”多有批判,对讼棍的打击相当严厉。例如,樊增祥在江宁藩司任上,江宁府拘押讼棍顾润章,该讼棍不服,填写有“文生、陈毓兰等”37 人为自己“作保上禀”。樊增祥批斥说:“讼棍被拘,乃意中事。来禀署名者三十七人,较宋江三十六人更增其一。吾知此禀即顾润章自作,人名亦顾润章所填。如果真有其人,即仰尔三十七人结成团体,一并衣冠赴江宁府法堂为该讼棍作保……本司概不与闻!”[5]批示诙谐

---

〔1〕《新编樊山批公判牍精华》。

〔2〕《樊山政书》,中华书局 2007 年版,卷一八《批商南县禀》。

〔3〕《新编樊山批公判牍精华》第三册卷一六《批咸阳县民沈隆杨治福等控词》。

〔4〕《新编樊山批公判牍精华》第三册卷一六《批咸宁县生员胡登瀛禀》。

〔5〕《樊山政书》,中华书局 2007 年版,卷二十《批文生陈毓兰等禀》。

中透露出峻厉。

樊增祥向来主张对“讼棍”从严惩处。樊增祥任陕西藩司时，汉中府对讼棍陈思州拟处理“锁系五年”，面刺“讼棍”二字，可是樊增祥认为判得太轻，批示“陈思周，著名讼棍，积案如鳞”，曾被两次责递回籍，又故技重演，应改判“重责一千板，锁系铁杆巨石十五年，期满察看”[1]。樊增祥打击讼棍的严厉态度可见一斑。但是，认同“刺字”耻辱刑，显系旧法制思想糟粕。

樊增祥批断讼棍案件，以对于陕西临潼县讼棍薛含瑞之流的批判最深刻、最具代表性。薛某以“上控粮差”为名，行欺良民、君子之实。樊增祥批斥：“夫，劣差可恶，则诚可恶矣；而敢于上控差役之讼棍，其毒尤十倍于差！问其名，则‘平民’也；问其事，则‘公理’也。彼先自立于不败之地，以打此百讼百胜之官司。稍一驳诘，彼即坐（定罪）听讼者以‘袒差’之名，以为历控上台（上级官员）之地。一经得直（胜诉），归尔号于众曰：‘去蠹免累，皆我上控之力’，可以勒收讼费。从此声名一出，狡黠之吏役反结纳之，庸恶之官长亦畏惮之；而良民之受其鱼肉者，较贪官污吏、劣丁蠹役而更甚十倍矣！……现在吾民品格大率在中下等，其于公德公理毫无体认。试问：众花户出钱之事，何以数人出而控理？赴省要盘缠，候审要缴裹（亦作“浇裹”，日常生活费），代书要戳费，票差要草鞋钱，彼受害者安坐家园，一钱不出；独彼数人既赔钱而又受累，果何乐而为此哉？此理甚明，其情亦甚易见。而无如今之君子，一有伸民抑差、沽名讨好之心，遂置此等情节于不问，而甘为讼棍所欺也。言之可为长叹！

---

〔1〕《樊山政书》，中华书局2007年版，卷一五《批汉中府禀》。

此案既经问明,薛含瑞等所得之一百七十余金除在省花用姑免追交外,其余……所朋分均著一并缴出,充作临潼小学堂经费!"[1]

此批揭露讼棍的假公济私的心态、手段、危害,可谓淋漓尽致。但是,所谓讼棍"其毒尤十倍于差",似言过其实。

十二、提倡启蒙"羞恶、廉耻"之心

浸染儒家学说的樊增祥,认为预防犯罪的重要方法,是增强老百姓羞耻观念。在樊增祥的涉案公牍中,记录多起妇女羞愧自杀的案件。

例如,樊增祥任陕藩司时,泾阳县一名妇女杨氏,因偷人庄稼被骂,而羞愧自杀。樊增祥审阅该县报告后批示说:"'饥寒起盗心',人之常情。……杨氏羞惭,仰药而死。肇端极细,视命何轻!而杨氏不为不可怜也。……观于被骂而轻生,则知其尚有廉耻;知耻而行窃,则知其迫于饥寒;以饥寒之故,而死一有廉耻之人,吾所以重为杨氏惜也!应令宽心(事主名字)赙(音"父",赠礼给办丧事人家)二十串,既助丧费,且解冤孽也。"[2]批示表现出对具有"羞耻"心杨氏的深切怜惜之情!

又如,樊增祥对陕西韩城县发生的一起奸夫相互仇杀、奸妇无颜自尽的案件,批示说,"奸妇尚知羞愧",值得肯定;但是,如果该妇把羞耻之心"移后挪前","何难保名而全身"?因此,认为"发其羞恶之心,而严其男女之别,吾中国圣人之教所

---

〔1〕《樊山政书》,中华书局2007年版,卷一八《批临潼县禀》。

〔2〕《新编樊山批公判牍精华》卷二八《批泾阳县详》。

以不可一日废也!"[1]这显然是继承了孔子"知耻近乎勇"的教育思想[2]。

樊增祥认为,"天下惟无耻难医"[3]。为了爱护"羞恶"之心,对于审理名节一类案件,樊增祥主张"宁宽勿刻"。说:"凡问案,有必应穷追者,有不可甚究者;而于有玷门风、有关名节之事,总以宁宽勿刻为主。此非阴骘之谈,乃存心之要也。"[4]这一观点,已经接近今天对阴私案"不公开审理"的思想了!此外,樊增祥主张对轻微犯法的"在押待罪"文人,考试策论或"经义","如其不通,痛开戒尺"[5]。

我国很重视对中华优秀传统文化的继承弘扬,实践证明,其中"知耻"教育是行之有效的。樊增祥提倡用教育启迪"羞恶之心",是很有见地的。然而,教育不是万能的,还需要辅以经济、法律等手段。

十三、反对"冤冤相报"

樊增祥处理案件时发现,有不少的"伤害"案是由于当事人之间闹纠纷不求官断,而是"以暴还暴、冤冤相报"造成的。他深深为之感叹,"冤冤相报何时了"?

当年樊增祥任咸宁县令时,即处理过一起八仙庵与普济宫道徒之间纠伙"以暴易暴"案件,认为双方"均属不守清规,藐官

---

〔1〕《樊山政书》,中华书局2007年版,卷一九《批韩城县张令瑞玑禀》。
〔2〕《礼记》卷五二。
〔3〕《樊山政书》,中华书局2007年版,卷一三《批城固县易令词讼册》。
〔4〕《新编樊山批公判牍精华》卷三十。
〔5〕《新编樊山批公判牍精华》卷六《札西安府》。

玩法"[1]！后来在陕西藩司任上，遇到汉阴一起夫妻相残的家庭暴力案，涉及婚姻、教化问题，樊增祥感触至深：

> 凡谋杀亲夫之案，起于奸者居多。此则该妇廖余氏并无外遇，仅因其夫廖贤高时时殴罚，遂乘其赤身醉卧，以滚水遍淋其身。迨贤高越日因伤身死，该妇亦自刎不殊……借（假使）非前世冤牵，何以至此？然亦实由教化不兴，男女均无家庭教育。天下糊涂人太多，是以奇怪事亦多。大凡两人在一块，皆糊涂，皆任性，必有奇祸随之。所以明白人以忍事为贵也。[2]

此案显然属于家庭悲剧，樊增祥分析此案既有其特殊性，也有类案的普遍性，即源于"实由教化不兴、男女均无家庭教育"。这一分析是十分中肯的，再次证明了樊增祥主张"开启民智"的正确性。樊增祥提出以"忍事为贵"原则解决家庭矛盾，无疑也是可取的，夫妻不忍，积久成仇。但是以今天的观点，夫妻之间不仅要"忍"（容忍、宽容），更需要"爱"，俗话说"家是讲'爱'的地方"。至于樊增祥的"前世冤牵"之说，显属"荒唐言"，是时代局限性所致。

十四、"惩恶乃能劝善"

治理国家的方法，是用德治（王道）抑或用法治（霸道）？是德法并用或是德主刑辅？古来虽有异议，但是大体趋同。孔子说，"为政以德，譬如北辰，居其所而众星拱之"；"道之以政，齐

---

〔1〕《新编樊山批公判牍精华》卷一《批姜广智呈词》。

〔2〕《樊山政书》，中华书局2007年版，卷一七《批汉阴厅吕倅禀》。

之以刑,民免而无耻;道之以德,齐之以礼,有耻且格(阻止)”。又说“政宽则民慢,慢则纠之以猛;猛则民残,残则施之以宽;宽以济猛,猛以济宽,政以是和”[1]。意即强调对老百姓进行以道德教育为主、配合以礼法约束的综合治理的方法。换句话说,以孔子为代表的儒家,从来都不是单纯主张以“仁德”为政的,而是主张以仁德为主、与刑罚相辅而行的。对于“小人”(视作“禽兽”)和“乱臣贼子”并不施“仁政”。战国时代法家代表人物韩非,更是提出“威势之可以禁暴,而厚德之不足以止乱也”[2]的观点。唐朝经学家孔颖达则是明确主张法治和德治“相辅”而行。他用形象的比喻说,“刑罚”是治病的“药物”,“德教”是滋养身体的“粱肉”;粱肉不可治病,犹如药物不可供食一样[3]。清初思想家顾炎武说:“法令其本,在正人心、厚风俗。”[4]意即强调法治的特殊重要作用。

对于古圣先贤的争议,鲁迅根据我国周朝以来的历史事实,一针见血地指出,“在中国的王道,看去虽然好像是和霸道对立的东西,其实却是兄弟,这之前和之后,一定要有霸道跑来的。……方士的最高理想是仙道,儒士的便是王道。但可惜的是这两件在中国终于都没有”[5]。鲁迅强调中国历代主要是实行“霸道(法治)”的事实,樊增祥的政治思想基本上是属于儒家的仁厚理念,而在法制思想方面(特别是审理命盗重案),则是信守法家的“严刑峻法”理念的。这一理念,是樊增祥通过自

---

〔1〕《论语·为政》。
〔2〕《韩非·显学》。
〔3〕《左传正义》。
〔4〕《日知录》卷八《法制》。
〔5〕《且介亭杂文·关于中国的两三件事》。

已的判案实践形成的。

（一）“下流之人难以德化”

对于德治与法治问题，樊增祥有一个认识过程。他原本是属于“德教”派的，主张“以德化民”的，可是，积多年的审判实践经验，使他深感法治的不可轻视，刑罚的不可或缺，更倾向法家商鞅“不可以须臾忘于法”的观点，转而主张以“刑罚治民”。他任知县之初，曾“以仁”为行政理念，得到其师张之洞的肯定。然而，后来他的理念有所变化，即“仁”必须济之以“严”：

“向（向来）崇黄老（黄帝、老子，属道家），不乐申商（申不害、商鞅，属法家）；不幸，而当积孱（积弱）不振之余，不得已而出于毛鸷奋击之举”〔1〕。因为“特世风益薄，害马当除，故治邑尚（注重）严，其初颇有不谅者，久亦知其无他”〔2〕。“今之民非古之民，吾见‘以德化民’者多矣！莫不先自矜（自夸）而后乃自悔也。盖仁于愚人为矜（怜悯）其愚，仁于善人为嘉其善，仁于恶人则适足以长其恶；而愚者且将慕效之，善者无宁日矣！”〔3〕并认为“大凡州县临民，惩恶乃能劝善”〔4〕；“地方官惩治棍徒，如热鏊翻饼，无待其凉，方足使奸民知畏。若揖让俯仰，作欧阳子（尊称欧阳修）之文，纵使后来惩创綦（音“其”，极）严，而时过境迁，不及当即立断矣！……为官行法，如按病下药，良医杀虫，有用砒霜者；不可不知此意”〔5〕。案件事实强化了樊增祥的

〔1〕《樊山公牍》卷二《到渭南任上抚宪禀》。

〔2〕《樊山政书》，中华书局2007年版，卷十《批朝邑县曾令自理词讼月报清册》。

〔3〕《樊山政书》，中华书局2007年版，卷一八《批韩城县张令瑞玑词讼册》。

〔4〕《新编樊山批公判牍精华》第四册卷一八《批华阴县刘令详》。

〔5〕《新编樊山批公判牍精华》第五册卷二二《批商州杨署牧禀之二》。

"刑罚"理念。例如,他在陕西藩司任上,对雒南县惯窃王福娃一案批示说:"下流之人,难以德化。王福娃向从刀匪牛万里到处游荡,前年牛万里获案正法,福娃未加锁锢,仅予递籍,未尝不冀其知恩悔过,卒为良民;乃甫(刚刚)递旋来,仍以偷窃为事,以致受害者不一而足。此等匪类偷窃不已,势必强劫;独窃不已,势必伙劫,甚至拒伤事主,杀人越货……来禀拟以锁系十年,正所以保全该匪性命,而亦乂(音"义",治理;安定)安无数良民,真仁人之用心也。准如所拟行!"[1]

(二)"除奸必用严惩"

樊增祥主张治恶从严。樊增祥心目中的"恶",既指命盗、贪赃、抢劫等重罪,也包括贪财、乱伦、"奸情"、欺诈、聚众闹事、拐抢妇女等恶行,都是视为"人神共怒"的。认为"治民无他,择其可恶者而痛棰之,人心快而民遂其生矣"[2]。樊增祥所谓"治民"的办法,是专治老百姓中的"恶人"。樊增祥任陕西臬藩司时,批示严处这类案犯的例子很多:

其一,批示严惩恶霸和奸盗者。例如,对雒南县令禀文的批示,"仰将讹钱酿命、积案如鳞、绰号'北山狗'之梁继仓,照渭南'南山王'王有善之例,锁系大链,收入罪犯习艺所,罚做苦工三年……"[3]再如,对礼泉县令关于一起图财酿命案报告的批示:王董氏是王家的儿媳妇,偷偷把王家的银钱、衣物送给王家姐夫杨秀龄,且与杨关系暧昧。案破后,王董氏"羞忿吞烟"自杀。樊增祥接到礼泉县舒令的禀报,立即批示,"查,秀龄娶王氏之

---

[1] 《樊山政书》,中华书局2007年版,卷一八《批雒南县丁令禀》。
[2] 《樊山政书》,中华书局2007年版,卷一四《批临潼县词讼册》。
[3] 《樊山政书》,中华书局2007年版,卷一四《批雒南县丁令禀》。

女,私王氏之媳,盗王氏之财,卒致其所私者死于非命……仰将负心酿命、奸盗并行之杨秀龄严拿到案,重笞千板,勒令将盗赃悉数缴案饬领。仍将杨秀龄用大链巨石永远锁系,死而后已……"[1]

其二,批示严惩为恶讼棍。例如,南郑县令以一个"龟鳖不如之讼棍"犯罪是在"上年恩赦以前"为由,"仅请锁系三年而止"。樊增祥阅禀愤怒批示:

> 本司每见此等情重法轻之禀牍,不禁如冬风夏雷,有不平则鸣之势!天下不平事多矣,最令人难耐者,莫如懦夫畏淫僻而悍之妻,孱主怕贪骄而黠之奴,平庸牧令优容稔恶之书差,宽待穷凶之匪棍!今遇此事,决难放过……[2]

一连举出4种不可容忍的"畏、怕、优容、宽待"情事,表明樊增祥对社会问题的思考,并坦言自己"不禁如冬风夏雷"的凛然心态和严厉惩恶的司法信念。

其三,批示严惩伙劫强盗。例如,接到韩城县令关于一起抢劫案的报告,内称从犯之一傅院儿逮案,供认参与抢劫。樊增祥在"惩恶乃能劝善"的司法理念驱使下,批示:"傅院儿一犯,既已供认从李明章伙劫得赃属实,应照'强盗已行,但得赃,不分首从皆斩'律,录供通禀核办。刑乱用重,勿稍存妇人之仁,是为至要!"[3]此批,引律说明判决依据,这在樊增祥判词中是不多见的。

---

[1] 《樊山政书》,中华书局2007年版,卷一四《批醴泉县舒令详》。
[2] 《樊山政书》,中华书局2007年版,卷一四《批南郑县禀》。
[3] 《樊山政书》,中华书局2007年版,卷九《批韩城县禀》。

其四，批示严惩惯偷下流。例如，韩城县一起婚姻要挟案：被控告人卜随儿是卜刘氏夫妇的同宗嗣子，已订婚薛智之女为媳。未料卜随儿年长，“习于下流，屡次偷窃有案”。卜刘氏夫妇遂令其归宗，并令其与薛智女儿解除婚约，另以卜荆树为嗣。卜随儿恼怒，剥去卜荆树的衣服，并扬言，如果薛女另聘，“定当刁抢”！于是，卜刘氏及薛智“一齐控案”。韩城县令张瑞玑“将卜随儿笞责，断令薛智将女另聘，所得礼银（聘礼钱）分给卜随儿一半，使其做小本生意”。樊增祥审查了张令的“词讼册”，首先肯定了张令断案“明快”，其次，也指出有不当之处，即不应该把礼银一半判给已经“两不相干”的卜随儿，所判“近于畏其抢亲，而以利舔之矣！”并说，如果是他审断这个案子，不但不给礼银，还会把卜随儿“久押县厅，使知法令之严与幽禁之苦”，一年半载之后，也许会使其“回心改过，卒为好人”。然后，结合亲身经验，进一步强调自己的观点和做法，“该令阅历稍深，始知吾言不谬”[1]。

其五，批示严惩凶恶书吏。樊增祥任江宁藩司时，山阳县书吏阮梁（又名阮焱森）“为害地方，十年有余”。因其诬告农会总理卢元铨，被淮安府“发县管押”，并出了“招告”，却无人告发其罪；于是，淮安府即认为“本无可告也”。但是，樊增祥并不这样认为，批示说，“穷凶极恶之徒，虽招告而亦无人告，何也？恐其一旦保释，蓄怨深而寻仇愈甚，虽有受其毒噬者，亦不敢来告也。故打蛇必打七寸，锄奸必用严惩，去莠乃可安良，已擒不当复纵。在官人役（听差人员），查明罪诚当死，立毙杖下可也；苟为一乡

[1] 《樊山政书》，中华书局 2007 年版，卷一八《批韩城县张令瑞玑词讼册》。

之害,永远监禁可也”。“善为政者,以辣手济其慧心,此之谓也。”并重申他的司法理念:“罚金自赎,可施之外国,不可以例(实行)中华;悔过自新,可望之古愚,不可以信今诈。”[1]樊增祥强调中华“国情”,反对盲目搬用外国法律,是有道理的。

清末死刑案件的处置权已经下放到省。死刑案件,须由藩司批准,并经巡抚、臬司、道员联合批示。樊增祥往往按“省章”对重犯施以极刑,或“立毙杖下”,甚至“立决枭示”,主张对于刀匪之类“峻法在前,庶几知所儆惕,不致驱狼进虎,病及公家”[2]。他在给牧令的批示里,曾不止一次引用朱熹的名言,“君子常失于厚”[3]。主张对恶人“立毙杖下”,几乎成了樊增祥的口头禅[4]。儒家主张“德主刑辅”,甚至理想“无讼”,可是,在国民素质不高的情况下,道德的约束力是很有限的。古今法制,无不是因为道德宣教效果有限而制定的。历史事实是:“德教”率先,“法治”殿后。大量恶性案件的发生,强化了樊增祥“锄奸必用严惩”的法治理念。

然而,樊增祥惩恶有时比较偏激,甚至任情处置。他有时会以诗人的强烈爱憎,言过其实,罚不当罪,或者以情代法,甚至还把“重笞千板”视作“治恶人之丹诀”[5]。例如,他对于肆意殴毙“凶徒逆子”的行为,居然认为“死者不冤,殴者何罪”[6]?认为“去莠乃可安良,已擒不当复纵。在官人役,查明罪诚当死,

[1] 《樊山政书》,中华书局 2007 年版,卷二十《批署淮安府应守德闳禀》。

[2] 《樊山政书》,中华书局 2007 年版,卷一三《详抚部院》。

[3] 《朱子家训》。

[4] 《新编樊山批公判牍精华》第五册卷二二《批凤翔县周令禀》。

[5] 《樊山政书》,中华书局 2007 年版,卷一四《批临潼县禀》。

[6] 《新编樊山批公判牍精华》第四册卷一八《批南郑县屈令寿昌禀》。

立毙杖下可也;苟为一乡之害,永远监禁可也"[1]。清代司法制度规定,县令审讯,有权动用刑杖,直至杖毙。樊增祥主张去莠安良是对的,但是动辄主张"立毙杖下""永远监禁",显系滥用司法权!

(三)判案"似刻实宽"防恶化

临潼县悍妻与雇工勾结欺夫一案。丈夫董道新"愚懦无能",其妻是个"女强人"。后来家里来了个雇工,名傅祥,"原籍商州,转徙渭南,孤身一任漂流,两处都无家族。迨至临潼,陡交佳运"。董道新之妻,"因厌本夫之故,竟视雇工傅祥如其夫,而直以其夫董道新为雇工"。有一天种树,傅祥搬凳子高坐,而令董道新刨土培根;董道新亦甘受指挥,傅祥亦毫无愧色。临潼县令审理别的案件时,牵连到此案,遂将雇工傅祥"责枷"。樊增祥审阅临潼县禀报后,批示说:傅祥"乘其夫不夫、妇不妇,公然奴为主而主为奴,似此不平,令人发指!应将傅祥锁系十年,仍令学作苦工"。同时,应将董道新之妻交给董氏家族中"老成正派之一人随时察看,严加管束;如再淫悍无忌,禀官究治勿贷"!并解释断案理由:"本司判断此案,非必故从严核;第念傅祥若不锁系,仍必盘踞董家。况经该令责枷,则悍妇恶奴其仇道新必甚,妻杀夫而奴毙主,事在意中。若今此牵就一时,恐异日干连三命。事有似刻而实宽者,此案是也。"[2]

樊增祥凭借自己的办案经验,批示对"悍妇恶奴"严加惩处,体现了重视"预防犯罪"的法治思想。

---

[1] 《新编樊山批公判牍精华》卷三四《批署淮安府应守德闳禀》。

[2] 《樊山政书》,中华书局2007年版,卷一八《批临潼县禀》。

（四）主张“刑乱用重”

正当陕西“新政繁兴”、社会矛盾加重之时，户县、长安县（属西安府）发生了一起与咸阳县民事纠纷激化的殴官案。

户县村民吴三来到涝河河滩割草，遭到咸阳客民（外省因逃荒等迁居此地的人，俗称“外来户”）袁平义阻挡、追赶，吴三来“沿岸狂奔，失足跌入涝河身死”。案经咸阳县黄令勘验，认定“实系溺毙，并无微伤”，并且“尸亲俱俯首无词”。可是，长安县、户县的两个“刁民”韩囚牢、王村村横加干涉，聚众数百人，并“鼓煽”村民张新娃等对黄令“拦舆恫吓，欲将袁平义当堂正法”。黄令讲道理不听，韩、王竟然喝令“乱民”殴打黄令，“撕破衣矜，打拦行辕（行营），随从丁役靡（无）不受伤”。幸亏经乡地胥吏“以死相拼，尸亲叩头哀告，该令始脱毒手”。尔后，咸阳县黄令向藩司樊增祥禀报此事，樊增祥“深堪发指”，立刻批示：

将客民袁平义“讯取确供”，将殴官的张新娃等“勒拿到案，尽法惩处”。同时，命令长、户两县5日内将肇事者韩囚牢、王村村等“锁拿到案，押发咸阳，交黄令严加讯究；重则立毙杖下，轻亦永远监禁。刑乱用重，勿稍姑息”[1]。

今天，单凭樊增祥“一面之词”来看，显然，最初这是一起不幸的意外民事案件，且当事人双方都是贫苦农民，死者家属对此也无异议。咸阳县黄令认定吴三来系失足“溺毙”，并无不公正之嫌。但是不相干的韩、王二人煽动聚众闹事，以致“殴官”，很难说是一种“为民请命”的义举。樊增祥作为积极推行新政的地方高官，主张“刑乱用重”，并非其独创，实际是对传统法制思

---

〔1〕《樊山政书》，中华书局2007年版，卷一八《批咸阳县禀》。

想的继承。历代统治者面临政局失控的时候,无不是主张“严刑峻法”的。今天来看,这个案件有两点值得深思:(1)案件的起因,是“割草”细故,真实反映了清末陕西农民生活的贫困;(2)吴三来之死,毕竟与袁平义追赶有关,就“情理”来说,无过错一方应予以适当“抚慰”。咸阳县令黄某的判决确有瑕疵,因而容易被所谓“刁民”利用进行煽动。

但是,樊增祥对其他案件的处理,今天来看,倒有值得怀疑的情况。比如,当时兴平县发生的一起“因捐聚众”案:

“此案发端,由刘锡纯借‘免捐’为名,敛财肥己;及锡纯闹堂被押,嗾其弟坎坎纠约十七村民人挟官求释。”而后来“各堡士民现皆追悔无及,恨为锡纯所愚”。原来,在10年前,该县就“曾经两次聚众,皆未办罪”。樊增祥认为,“此则纲纪驰于前,故风气刁于后,愚民以麇聚为故常,并不知为犯法之事,亦可悯矣!”因此,樊增祥着重对此次带头闹事的刘氏兄弟和“刘三疯子”进行惩处:(1)对刘锡纯,首先,“令已入己之钱一齐缴出,发还各村”;其次,刘锡纯“此时在押待罪,每三日,或策、或论、或经义”,由西安府“出题面试。如其不通,痛打戒尺”;最后,将刘锡纯斥革后,“由阖县公正绅耆保领,严加管束”。(2)对刘坎坎,“重责八百板,锁押发回,锁系铁杆巨石五年”。(3)对刘三疯子“重责二千板”,“锁系铁杆石十五年”[1]。

关于如何看待封建社会里“聚众闹事”问题,必须对具体案件进行具体分析,不宜简单以“官逼民反”或“乱民”“刁民”视之。就此案大背景而言,清末新政繁兴,政府加大筹款,老百姓

---

〔1〕《樊山政书》,中华书局2007年版,卷一二《札西安府》。

因税赋加重,普遍产生不满情绪是很自然的,否则,岂能够那么容易被“刘锡纯所愚”?樊增祥对刘坎坎、刘三疯子的惩罚,未免有滥施酷刑之嫌。

应指出的是,樊增祥对于患病的普通在押人犯,则主张允许“保外调理”,“惩其奸”而“悯其病”[1],对于赌徒之类罪轻者,主张“恩威互用”,不可阻其“改悔自新”,而“宜寓慈祥于骏厉”[2]。这在一定程度上反映了樊增祥的传统“仁政”思想。还应指出的是,在一般情况下,樊增祥对于贫困的诉讼当事人或屡控不止者是同情的,认为“屡控……必有奇冤”。但是,有时也会表现出缺乏耐心。例如,对于咸宁县文童(童生)田秉钧失窃一案的态度:田秉钧在一座空庙里,不小心“失去《兔围园子》数帙”,向县衙“屡催屡控,意在挟制赔赃”。事过5年,县官换了6任,已经“数年不控,忽而一月数催”。樊增祥针对其呈词批示:

“试问,几本破书,失去五年,岂有寻获之理?不获则痛诋官役,自以为‘童生(称呼中秀才之前的读书人)’招牌,不知若何大样;若一进学(童生考取秀才入府县学习),又当如何?似此冥顽不灵、愚昧无知,何能冒充‘童生’,希图应试?仰西安府及咸、长两县,将该童田秉钧永远扣考!倘再到各衙门具呈催案,即发咸宁县痛笞百板,枷号一月,以为健讼无知者戒!”[3]

---

[1]《樊山政书》,中华书局2007年版,卷一四《批雒南县禀》。
[2]《新编樊山批公判牍精华》第四册卷二一《批周至县曾令禀》。
[3]《新编樊山批公判牍精华》第四册卷一九《批咸宁县文童田秉钧呈词》。

批文丝毫没有对县衙“不作为”或破案不力予以责斥，反而对于一名嗜书如命的寒士挖苦、痛斥、扣考、威吓，显失仁慈和公正。这反映了樊增祥作为封建官吏的司法观念的局限性。

此外，樊增祥还有某些不成文的断案理念，如“小人闲居为不善”[1]；“大凡人有心病，往往于人所不知之事，自言自语，自发阴私”[2]。这似乎涉及犯罪心理学研究了。

樊增祥上述司法理念，多半是值得肯定的。其中，主张“一秉大公”“情理外无法律”，法官应当“亦是公牍作家”，批驳“救生不救死之说”，反对“冤冤相报”等，更是闪光之点！

十五、樊增祥法治思想糟粕

作为一名封建官吏，樊增祥有明显的传统法治思想糟粕表现，例如，表彰妇女节烈，主张肉刑，主张将罪犯“游街示众”以及相信“因果报应”等谬误。

谬一：表彰“妇女节烈”。

自宋朝以来，随着“理学”的兴起，战乱的频仍，宣扬“妇女节烈”（宋儒程颐认为“饿死事小，失节事大”），代代相沿，到清朝呈极盛，甚至连穷乡僻壤也不缺“旌表”节烈妇女的匾额。

表彰“妇女节烈”，属于“旌表”制度内容之一，是清朝愚弄妇女的重要手段。其程序一般是：“先由儒学（府县学机构）通详抚学、藩府，由县加结转详。”[3]樊增祥作为地方高官，便是积

---

〔1〕《樊山政书》，中华书局2007年版，卷一三《批西安府尹守禀》。

〔2〕《新编樊山批公判牍精华》第四册卷二十《代农工局批宝鸡县朱令弼臣禀》。

〔3〕《刑幕要略·婚姻》。

极推行者。

谬二:主张“肉刑”。

按清末律例规定,重案应经道、臬、藩、抚、督递审,可是樊增祥有擅断情况。例如,对于咸阳县一起民事纠纷激化而成的群体性殴官案,批示严拿要犯,“重则立毙杖下,轻亦永远监禁”〔1〕;对华州求奸案犯王丙丙,批示“先笞一千板,然后办案”;对临潼县“以‘抢劫’诬人”的4名诬告犯,批示实行“示众”,说“诬告反坐,例有明文。至以‘抢劫’诬人,尤为险恶。……各用重枷一面,枷号两月,摘取案由粘贴高脚牌,交原差保约,带领遍历城乡,鸣锣示众,以为妄诬者戒”〔2〕;对石泉县“带刀讹诈、烧香结盟、砍毙二命、扰害闾阎”案首犯邵富武,批示“就地正法,悬竿示众”〔3〕;对诬蔑县令“一见毛女,魂飞天外”的讼棍,批示将其“重责五百板,锁系空房”〔4〕。这些做法,暴露出樊增祥司法观念的落后性。

20世纪初,清廷实行新政,刑部议改大清律例,“改笞杖为罚金”,废除“枭首”“凌迟”“刺字”等苛刑,这无疑是中国传统法制走向文明进步的表现。可是,樊增祥对此颇持异议,认为“‘罚金自赎’,可施之外国,不可例中华;‘悔过自新’,可望之古愚,不可以信今诈。善为政者,以辣手济其慧心……”〔5〕并援引个案说“今刑部改订律例,应笞不笞,一律罚金”。然而,像“吴林魁卖妻而图财,段喜豹买妻而赊账,两造(原告和被告)皆不

---

〔1〕《樊山政书》,中华书局2007年版,卷一八《批咸阳县禀》。

〔2〕《新编樊山批公判牍精华》第五册卷二二《批临潼县李令禀》。

〔3〕《新编樊山批公判牍精华》第五册卷二二《批临潼县李令禀》。

〔4〕《新编樊山批公判牍精华》第五册卷二四《批西安府详》。

〔5〕《新编樊山批公判牍精华》卷三四《批署淮安府应守德闳禀》。

名一钱,一妻遂转移两姓;若令'罚金',从何处'罚'起？是'笞'之一法,断不能免!"表示"深喜"咸阳县令杨调元的话,"恶人所以犹有忌惮者,天上有雷公,地上有板子"。[1] 他甚至认为对民事案件也不可废除"笞"刑。例如,陕西安塞县有兄弟俩"争继"打官司,县令曾朝康采用"两汉循吏"的做法,对"夺业"的一方"不打一板",而是让其读一本关于兄弟和顺的故事书,"熟读自悟"。樊增祥则认为古今不同情,批评曾县令这种做法"微嫌迂缓",将会"仁于奸民,而反累及良民",主张应该对"夺业"一方打板子。[2] 刑部规定,地方办案实行"罚金",须"解百金以为刑部饭费"。樊增祥对此规定不无冷嘲地说:"部中则吃饱饭矣！刁民则免笞挞矣!"可是他又不能不执行,根据刑部规定的精神,自定"土政策","凡有上控不实者,量其情节之轻重大小与被受累之浅深,勒令罚锾自赎";对"越诉诬告之刁民……酌量罚金。若不受罚,即照例反坐"[3]。这意味着,樊增祥虽然对新刑法持有异议,但是已开始向"肉刑"旧观念告别。

谬三:上诉"加刑"。

旧有"官无悔判"之说,樊增祥也难免这一意识。洵阳县开杂货铺的高维岳,"每来省办货,便为人捎带打上控官司,盘川钱、办货钱,皆取给于此"。樊增祥视之为"强盗""讼棍",批准将高维岳"锁系三年"。举人屈三省等 11 人联名呈请为高维岳"乞恩"。樊增祥大怒,批示洵阳县令将"该举人传案严加申饬"。同时猜测"乞恩"恳词是高维岳"自书",便批示"高维岳

〔1〕《樊山政书》,中华书局 2007 年版,卷一八《批韩城县张令瑞玑词讼册》。
〔2〕《新编樊山批公判牍精华》第五册卷二五《批安塞县曾令朝康禀》。
〔3〕《樊山政书》,中华书局 2007 年版,卷一八《批葭州赵牧思诚详》。

著加系一年,俟四年届满,再行察看禀夺”[1]。且不说高维岳是否构成“讼棍”,是否自书“乞恩”呈词,即便是高维岳“自书”,就该“加系一年”吗?这样一来,服刑人员谁还敢“鸣冤”?在当时有违“情理”,在今天,更与“上诉不加刑”的司法原则相悖。

谬四:控告主人是“犯上”。

樊增祥的封建等级观念特别强,认为下属不可控告上司,仆人不可控告主人。如樊增祥任陕西藩司时,一位姓汤的州牧因为“专权藐上”,被樊增祥撤职。之前,汤牧曾把“厨子”陶某撤用。汤牧撤职的第三天,陶某上控汤牧欠自己二十吊工钱,呈请予以追讨。樊增祥批示,“汤牧如不撤差,尔陶厨子决不告状;伊前日撤差,尔今日告状。试问:伊欠尔工钱二十吊,尔不向主人求索,亦不在府县控理,专在本司衙门具呈,其意何居?尔主人之被撤,因其专权藐上,不能不整饬纪纲。若欠厨子二十吊钱,岂藩司能为尔代讨乎?总之,上行下效,汤牧近于陵(欺凌)上,是以厨子敢于犯上。本司撤汤牧,汤牧撤尔,理在则然,例(惯例)在则然也[2]”。此批不准予立案的理由,是陶厨子越级控告和“犯上”。陶厨子未首先向县、府呈诉,而直接向省藩告状,当属欠妥。但是,可以推知,必是陶厨子有所顾虑,汤牧在职时为“活老虎”,故未敢讨要被拖欠的工钱。樊增祥责备陶厨子越级上控,虽不无道理,然而责备其控告“主人”系“犯上”,并且上纲上线到“例在则然也”,理属欠通。按其逻辑,即便陶厨子“不越级”,岂不仍是“犯上”吗?

---

〔1〕《樊山政书》,中华书局2007年版,卷一九《批洵阳县举人屈三省等呈词》。

〔2〕《樊山政书》,中华书局2007年版,卷一七《批蓝田县民陶厨子控词》。

谬五:半信半疑“因果报应”之说。

“果报之说”,其中含有封建迷信色彩。樊增祥由于自幼受传统文化的熏陶,思想意识中杂有“因果报应”的成分,在他的某些公牍里往往有所表现。比如,汉阴县廖余氏用滚水烫死丈夫案,他认为“非前世冤牵,何以致此?”临潼县发生一起因“捡瓜”纠纷而导致的人命案,他对临潼县令批示,“因捡瓜起衅,事属细微。(王性儿)右腿并非致命一伤,又未损骨,王性儿猝死,殆前生冤孽耶?仰即研讯确情……”[1]尚未“研讯确情”,就怀疑是由于“前生冤孽”,岂非荒唐?

更为荒唐的例子是,樊增祥于1906年审查渭南县令刘德全呈送的申请“考职”名单时看到一个名叫“刘葆初”的,即刻忆起此人13年前犯过“淫与不孝”之罪,不合报考资格,于是将其除名。樊增祥为此颇生感慨,认为陕西各州县送审的报考名单“何止数十本?而偏于渭南册子详加批阅;在渭六年,所断旧案何止二三千起,而偏于刘葆初之名之案由记忆独真,一似冥冥中若或使之然。盖人生大戒,无过‘淫’与‘不孝’二端。葆初一案而两犯之,是固人神共嫉也。‘考职’特小小功名,且得不得亦尚未定,而天必不许其厕身场屋;则如淫人逆子,国法或可倖逃,而自上天视之,则以为罪大恶极,必不可恕也!……本司生平不持迂论,不信‘果报’,此概据理而谈,与科名‘显报(旧时考场一种宣示“报应”的程序)’诸说不同也[2]”。此事,实际反映樊增祥对“考职”者人品的重视,也反映樊增祥对于6年为官渭南的感情之深,这并不值得奇怪。

---

[1] 《樊山政书》,中华书局2007年版,卷一四《批临潼县李令禀》。

[2] 《樊山政书》,中华书局2007年版,卷一九《批渭南县刘令德全禀》。

判 牍 观

樊增祥断案的《判牍》和有关《公牍》，今称诉讼文书，是法学和公文学二者的综合运用，属于一种特殊的实用性文体。它具有特定的写作对象和功用，即为司法机关受理、评判案件当事人争讼的载体。樊增祥的《判牍》和有关《公牍》在清末之所以负有盛名，除了樊增祥写作才情优异之外，也与其判牍写作理念分不开。

一、“例案乃专门之学”

诉讼文书与成文法的历史是并行的，先秦时期已有，核心文种是“判词(判牍)”，属于“断狱之词”。但是，直到明朝才被确定为一种独立的文体，称之为“判”或“书判”，其内容精髓是“执法据理，参以人情”，其语言特点是“脱去四六(骈体)，纯用古文(散体)”[1]。

从先秦到隋唐，判词的语言经历了从散体到骈体的转变，具有浓厚的文学色彩，其代表作是唐朝张鷟的《龙筋凤髓判》。从宋朝到明清，判词的语言又经历了由骈体回归散体的转变，与文学剥离开来，其代表作有张四维等辑录的宋朝《名公书判清明集》，尔后有明朝李清的《折狱新语》，清朝乾隆年间张问陶的《张船山判牍》，道光年间李钧的《判语录存》，以及光绪年间樊

---

〔1〕《文体明辨·序》。

增祥的《樊山判牍》等。

清朝诉讼文书的文种很多,既有判词(含批词和判词),又有关于办案的公牍(禀、详、批),还有民间打官司的“诉状”等,与今天的“诉讼文书”概念大体相当。清朝“民间讼案必先有原告控词,而后有被告诉词”[1]。“判词”则是法官(牧、令、守、司)对诉状(呈词、控词、诉词、恳词、保状等)所作的回应。按照清朝审判权限或审判程序规定,牧令、太守的判词大体属于一审文书,案件一般是民事纠纷,写作对象是案件当事人,而臬藩司的判词和有关公牍,大体属于二审或再审文书,多半是对大案、要案、疑难案所作的裁判,写作对象主要是州县令和越级上控的“民人”。

清代诉讼文书并没有严格法定的“程式”,虽有约定俗成的套路,但是随意性较强。只是到民国三年(1914年)才有作为20类公文之一的“判决书”专用程式。[2] 20世纪80年代以来,我国最高人民法院和最高人民检察院制定了全新的诉讼文书格式样本,使诉讼文书写作走上了规范化之路。

樊增祥认为,“例案乃专门之学,书生始仕,茫未有知,祗宜虚以受人”[3]。例案文书即“判词”,今称“判决书”,是法官综合素质的体现。樊增祥在继承前人判词和公牍写作经验的基础上,创造性地形成了独特的判牍文书风格。当年樊增祥任陕西臬藩司时,“每一批词挂发,吏民传写殆遍”。癸卯(1903年)以

---

〔1〕《樊山政书》,中华书局2007年版,卷二十《批前署高邮州界首司巡检徐辅臣禀》。

〔2〕杜洌泉:《中华民国公文书程式分类详解》。

〔3〕《新编樊山批公判牍精华》卷二五《批汉中府恩守禀》。

后,《秦中官报》即以樊增祥判牍和公牍“为资料”。当他“莅江藩任时”,虽比陕西事冗数倍,“然亦时有批答,为人传诵”[1]。事实说明,在同样的历史条件下,法官的办案能力、诉讼文书写作水平,是由法官自身的素质决定的。

樊增祥的诉讼文书写作理念,主要反映在他任臬藩司时的《樊山政书》中。《樊山政书》共20卷,基本上是樊增祥任陕臬藩司时的文书(前10卷是交错任陕臬、藩司时作;自11卷至19卷是任陕藩司时作;第20卷是任江宁藩司时作)。全书共有文书1409篇,其中涉讼的《公牍》有855篇。樊增祥有关诉讼文书、特别是有关判词写作的观点,先前已初步体现在他任“亲民之官”时写的《新编樊山批公判牍精华》里。至于上升到理论高度,多反映在他任臬藩司以后所写的有关“政书”中。

二、诉状“事须实指”

诉状(俗称“状纸”,主要指起诉状和答辩状)是州县衙门审理案件的基本来源,属于民用诉讼文书;诉状写得好坏,直接关系着是否准理的问题。诉状的作用具有两面性:“有颠倒是非之失,更有申辩冤诬之能;有无形杀人之害,更有笔下超生之功。”[2]樊增祥对诉状写作有以下要求。

首先,诉状“事须指实,告必有名”[3];“凡告状须有证有据”[4],要求必须有明确的原告、被告和侵害事实。樊增祥任陕

---

〔1〕《樊山政书·自序》。

〔2〕《民刑诉讼撰状方法》。

〔3〕《新编樊山批公判牍精华》卷一六《批客民张敬顺控词》。

〔4〕《新编樊山批公判牍精华》卷十《批席盛春呈词》。

西藩司时,接到长安县13名绅士联名控告“东关(属咸宁县)巡丁滋事,恳请严禁”,但是事实写得很不具体,批词说,“如果以保卫地方之人而竟有扰害地方之事,本司道等岂但严禁,即杖毙亦不足惜！惟事须指实,告必有名。受害者究系何人？滋扰者出于何段？彼‘卖柴之乡民被讹’,‘溲溺之村童受杖’,‘赊欠之商人被谎’,一无名姓,二无招牌,三无质证,本人皆默无一语,而尔等十三绅士作此怪诞呈词来局(巡警局)投递。又谓‘强入民房,不堪明指’。既不明指,何必告状？既告状,又有何‘不堪’之处？此等蒙混闪烁、若明若昧之词,本不能准;惟涉控巡丁,理无袒纵,仰咸宁县按照所控情节,逐一查明,集案质讯,秉公详复”[1]。这是实行新政之初的一起“民告官”诉讼,樊增祥比较重视,但是对呈状的缺点提出了批评。

其次,诉状须“理直而词辩”。樊增祥认为,叙案说理,必须抓住关键。有两份“民告官”诉状受到樊增祥称赞:一份是商南县职员朱开兴,因自己财产被非法充公,向县、省递交呈词,有许多话“语类疯痰”。然而,其中有两句诗很动人心,说“一生置业空劳碌,勒断入庙怎甘心”？樊增祥批示:“两句七言诗中有无穷冤痛也！”[2]另一份是华州盐商忠兴德等呈词,称华州把原来从“船捐”中收取办学经费的办法,改为“每盐一斤加收钱一文”的做法不当。理由是相邻州县都不加收盐价,华州这样做,等于“驱华民食邻盐”,华州盐商必将断绝销路。樊增祥盛赞该呈词

---

〔1〕《樊山政书》,中华书局2007年版,卷一六《批长安县举人寇鸿恩等呈词》。

〔2〕《新编樊山批公判牍精华》第四册卷二十《批商南县职员朱开兴呈词》。

说:“谁之手笔?理直而词甚辩!”[1]樊增祥所称赞的“甚辩”,即指批驳有力。

批驳的写法,多用于答辩状或辩护词,是针对指控,用事实、证据、情理、逻辑或法律进行驳辩。樊增祥认为,“辨论之文,须将原批宾主分清,然后下笔。”[2]樊增祥此说,可以从清末国学大师、革命家章太炎的答辩词得到印证。

光绪二十九年癸卯五月六日(1903 年 6 月 1 日),章太炎因先后在《苏报》上发表《驳康有为政见书》及评介邹容的《革命军》等文章,直斥“载湉小丑,未辨菽麦”,被清廷逮捕入狱,史称“文字狱”的“《苏报》案”。清政府指控章太炎“立心犯上,罪无可逭”,拟处以极刑。章太炎在法庭上答辩:“……所指书中‘载湉小丑’四字触犯清帝圣讳一语,我只知清帝乃满人,不知所谓‘圣讳’。‘小丑’两字本作‘类’字或作‘小孩子’解,《苏报》论说,与我无涉。[3]”章太炎针对清廷指控所谓称“载湉小丑”,系“触犯清帝圣讳”的罪名,巧妙地从词语概念、语言逻辑方面进行批驳,申明自己既无“犯上”的动机,也无触犯“圣讳”的行为,因此不构成犯罪。由于辩护顺理成章,清廷迫于社会舆论的压力,不得不从轻判处章太炎入狱 3 年,直到光绪三十二年丙午五月初八(1906 年 6 月 29 日)刑满释放。今天赏读国学大师的答辩词,不但钦佩其凛然正气,而且感佩其“甚辩”的才情。

此外,樊增祥要求诉状语言必须朴实无华,指出“不可言之

---

[1] 《樊山政书》,中华书局 2007 年版,卷一九《批华州盐商忠兴德等呈词》。

[2] 《樊山政书》,中华书局 2007 年版,卷一四《批华阴县崔令禀》。

[3] 章开沅:《国学家的精神世界——对章太炎与“〈苏报〉案”的再认识》,载《光明日报》2007 年 5 月 17 日,第 9 版。

过甚,过甚则人不信矣!”[1]商州山阳县有一起婚姻纠纷,经历许婚、抢亲、赖婚、另婚、生子等曲折情节,案涉三方当事人和“二番涉讼”;争执焦点是已婚生子的青年妇女吴毛女归属问题。山阳县刘令根据原商州署牧杨某批示,从现状事实出发,判令吴毛女之夫(“革役”殷魁)出钱四十串,以安抚原许配的男方之父邓见举了案。樊增祥肯定“刘令审断此案甚为明允”。然而,讼棍张列宿在为邓见举代书的上诉状中,竟有对山阳县刘令“‘一见毛女,魂飞天外’之诬”。因上诉状用语明显有夸饰栽诬意味,樊增祥批示新赴任商州的胡牧,“将该讼棍重责五百板,锁系空房”[2]。由此可见,樊增祥对诉状语言要求之严格。

三、公牍“务要眉目清楚”

首先,樊增祥认为“凡作禀牍,少说闲话”[3]。禀牍,即上行公牍,应当开门见山,紧扣中心议题,不可横生枝节。

其次,樊增祥认为案件“初禀要实”,即必须“说实话”。樊增祥办案,一方面注意继承优秀法制传统,另一方面也能够大胆抛弃某些不好的传统理念和做法。例如,除了否定“救生不救死”的陈腐理念之外,还否定刑名家“初禀要空不要实”的说法。樊增祥认为,“凡遇命盗案件,初次禀报,总须叫人看得明白,无可挑拨。刑名家之言:‘初禀要空不要实,以为将来获犯办案之地。’此言似是而非。凡事只要近情近理,‘空’也好办,‘实’也好办。本司向来办案尽说实话,从无办不出之案。若供情犯驳,

---

〔1〕《新编樊山批公判牍精华》卷二《批魏作栋禀词》。

〔2〕《樊山政书》,中华书局2007年版,卷十《批长安县详》。

〔3〕《新编樊山批公判牍精华》卷三一《批延川县陈令禀》。

则自己早已驳诘,决不率登禀牍,使上司驳诘。问案办案,与时文家作理题相似,剥去一层,方能深入一层”〔1〕。

最后,樊增祥认为“凡作禀牍,务要眉目清楚”。他结合米脂县县令的一份经济案处理“禀文(报告)”,进行典型评析,指出审理报告必须写清楚案情要素(年月、争执内容、争执焦点、原判结果等)。据禀文称,此案大体案情是:冯姓约请常姓合伙做生意,开设“复兴昌”商号,后来两家因分红利发生纠纷,常姓强行将货物掠走,致起讼争。案经前任孔牧审断,常姓以为不公,又经委派李、赵两位县令再审,“添拨”给常姓“四千串”……樊增祥看了禀文,一一指出其疏漏之处,“此禀开口云:‘先前,冯吉辅之故祖,请常为本之故父为伙’云云。究竟事在何年?无从知也。继云‘开设复兴昌生意’。究竟是何生意?无从知也。继又云‘将货物尽行掳掠’。究竟是何‘货物’?无从知也。末云:‘前直牧所分各账,稍有偏枯’。究竟孔牧分给常姓之款若干,合之该令等添拨之四千串,共有若干?亦无从知也”。最后予以批斥,“此等禀牍,阅之令人焦闷万状!赵令、李令著各记大过一次”〔2〕。

樊增祥批驳牧令公牍的“疏漏”现象,最典型的例子是对泾阳县关于一起人命案禀报的批词。

“查,此案于上年十一月二十日据报:‘百顷沟死一无名男子,头面受伤,不知何时被何人杀死’。该令往验,‘尸弟张德当场认明,系其兄张四女之尸’。曾经通详请缉,并开初参在案。‘兹于六月六日,据缉役在美原镇拿获正凶刘小第及尸妻张杨

〔1〕《新编樊山批公判牍精华》卷二六《批石泉县陈令禀》。

〔2〕《新编樊山批公判牍精华》卷三二《批米脂县印委李赵禀》。

氏,并起获凶刀到案。据刘小第供称,因见杨氏少艾,起意商同堂兄刘建长将四女谋毙,携其妻而逸。建长寻故,杨不同谋'等语。"樊增祥批示:

"所禀殊多疏漏:刘小第与杨氏是否先已通奸,然后将本夫谋杀?抑但涎其'少艾',先谋杀而后拐逃?如张杨氏先无奸情,后又不知谋情,其夫甫死,刘小第一见即奸,一拐即逃,恐无此理。小第杀四女究系何日?该令相验之时,杨氏是否在家?如尚未拐逃,则张德认尸之际,理应嫂叔偕来。如其已拐已逃,张德眼见其兄毙命,其嫂无踪,显系有人杀夫而取其妻,何以不当场陈诉?杨氏夫死不问,竟与杀夫之人胶漆相投至八阅月之久,即使先不同谋,其后岂无觉察,何以甘心辟地,觍颜事雠(仇)?此等淫僻无耻之人,法无可贷,来禀尚欲开脱耶?再查,美原至泾阳不过百余里,该男女犯此巨案,何不远引高飞?正凶近在邻封,何以迟迟至今始行就获?

"该令问案殊欠细心,叙事亦失支脱节。仰照指驳各节提集人证,悉心研鞫,总期无可驳诘而止,俾成信谳。切切……"〔1〕

批词一连提出10个疑点,都是从情理方面指驳原审疏忽之处,要求"悉心研鞫",办成铁案。这既反映樊增祥办案一丝不苟的态度,又可感受其办案经验的丰富。

此外,樊增祥还常指出牧令诉讼公牍的语言问题:

1. 要求公牍叙案必须清楚简练。例如,他批评安康县一份

---

〔1〕《樊山政书》,中华书局2007年版,卷一三《批泾阳县禀》。

关于谋杀本夫案的报告，有关时间不明、事实不清，指出："曰'那一年'，则非今年可知；如系今年，则又与'那一年'三字不符"，又连续指出6个有关问题，说"来详一概含糊，阅之使人气闷！"〔1〕再如，韩城县一份验尸报告，内称：有7名持洋抢、马刀拦路抢劫匪徒放枪拒捕；因难以活捉，被"团正（团防局）"人员砍死5人，跌死2人。可是，验尸报告"有意错综"，"第一尸、第二尸曰'砍伤'，第三尸、第四尸曰'跌死'，第五至第七又曰'砍死'……"显得重复啰唆。樊增祥批示：不知名次前后排列的标准是什么（长幼？伤痕多寡？凶悍程度？），"设当日曹兵下江南，被周瑜烧死，委员相验，其末了一尸必曰'第八十三万尸'矣！……见此奇禀，不禁莞然"〔2〕。诙谐中见中肯。

2. 要求公牍文字不可舛错。他严厉批评案件当事人称谓的混乱现象，例如，把"弟媳居孀"写作"故兄之妻"〔3〕；把"'乙巳'俱讹为'己巳'"〔4〕；有一篇现场勘验笔录，原本是"死者身穿白布烂小衫"，可是"刑书误缮为'蓝布小衫'"，因"殊属疏忽"，樊增祥即"将该书惩责"〔5〕。

3. 主张公牍不可拘泥旧式，语言必须有活气。樊增祥对于官场庸惰积习深为不满，对于死守格式、语言陈腐的"书吏"习气，多有抨击。樊增祥本是精通传统公牍写作的高手，但他并不愿死守俗套，常常突破"等因、奉此"之类"滥套"，开门见山，意尽言止，语言质朴而又鲜活，特别是善于用事实和比喻说明道

---

〔1〕《新编樊山批公判牍精华》卷二九《批安康县详》。
〔2〕《樊山政书》，中华书局2007年版，卷一六《批韩城县禀》。
〔3〕《樊山政书》，中华书局2007年版，卷一八《批城固县周令词讼册》。
〔4〕《樊山政书》，中华书局2007年版，卷一一《批延安府刘守等公禀》。
〔5〕《樊山公牍》卷三《禀各宪》。

理。樊增祥的公牍曾招致守旧派的不满甚至诋毁。然而，樊增祥并不为之动摇。他任陕西藩司期间，在给他所赏识的雒南县令丁禧瀚的批文中写道，“仆本‘恨人’，胸中所屯结者如西人炸药，一触即发。诚知此等批词为书吏子孙所深忌，然究以吐出为快……”[1]他批评“书办习气”，说：“吾师张抱冰（张之洞的号）先生论诗，亦曰‘讲神韵不若讲神味’。由是以思：无味之人不可交，无味之事不必做，无味之文不足观也，明矣！……天下最可恨者是书办习气：凡事俱有老套头，照本宣歌（科），腐烂陈旧；而无本事无墨水者，奉为科律，以为‘当行能品’。鄙人一生深恶此种滥套，每一动笔，大半言人之所不言。忌我者，皆以为‘何必如此’？”[2]

公牍的文风实际就是官风、政风。樊增祥当时是“新政”的力行者，因此厌恶“书办习气”，其语言不落俗套，所以他的公牍与他的判词同样有味道，有个性，虽遭到官场守旧文人的嫉恨，却广受社会人士的欢迎。

---

〔1〕《樊山批牍精华》卷二九《批雒南县丁令禧瀚禀》。

〔2〕《新编樊山批公判牍精华》卷五《札官报馆》。

文 化 观

清末,以民主科学为核心的西方文化(西学)不断涌入我国,一方面给“万马齐喑”的中国社会带来了新鲜的思想空气,另一方面也使中国传统文化受到严重冲击,致使固守中国文化(中学)的知识阶层感到危急和忧虑,思考如何保护中国文化的问题。樊增祥即是其中一员。

一、呼吁保护“吾华文字”

樊增祥任江宁藩司时,高邮州学正(学官)和世职(父子世袭的官职)二人联名申请成立“复古学社”,借以宣传和保护中国古文化。樊增祥首先称赞其“深属可嘉”,然后说明自己对中国古文化的三个观点,并作出两点具体批示。

观点之一,中国文化面临危机。认为“比来(近来)欧风醉人,中学(中华传统文化)陵替(衰落),更(再)二十年,中文教习将借才于海外矣”!

观点之二,认为“吾华文字(特指通用汉字)至美而亦至难,以故新学家舍此取彼”。

观点之三,认为如果因中文难学而不学中文,危害深远。“然人畏难而不学,将来公卿之奏议、郡县之申详、私家之议论、友朋之书札、名人之碑志,举以鄙俗、枯涩、凌杂、苟简出之,是使当世无文章,而后世无史料也”。于是樊增祥对创办复古学社问题作出批示:(1)“作文须作有用之文,讲学勿讲欺世之学。”

(2)“现在古学尚未尽湮,不必曰‘复古’,但曰‘存古’可矣。”[1]在这之前,樊增祥就曾说过以“中国文字”为自豪的话:“吾闻洋人最佩服中国文字,以其‘善用虚字眼’也!”[2]樊增祥这一观点,与现代著名文史专家钱基博的观点不谋而合,“(中国)上古文字初开,实字多,虚字少。……至孔子之文,虚字渐备。……此实中国文学一大进步。盖文学之大用在表情;而虚字者,则情之所由表也;文必虚字备,而后神态出焉”。[3]

樊增祥在任陕西藩司时候,曾经深情地说过,“吾中国事事不如外人,独伦理辞章历劫不磨,环球无两”[4]。并认为“书法严整、款式精良”的表格,“更是专门之学”,“此实吾华之国粹也”[5]。

樊增祥作为大清帝国仕宦阶层中对中国传统文化有着深厚感情的人,因而产生对“中学”的忧患意识。他认为,中华文字“至美而亦至难”,中国的伦理辞章“环球无两”,担心将来无人会写“公卿之奏议、郡县之申详”之类,既表露出对中华文化的热爱和自豪,也清楚地反映了文化视野的狭隘和政治态度的保守。鲁迅说,“前清末年”说“保存国粹”的人,“大约有两种:一是爱国志士,一是出洋游历的大官。在这题目的背后,藏着别的意思。志士说保存国粹,是光复旧物的意思,大官说保存国粹,

〔1〕《樊山政书》,中华书局2007年版,卷二十《批署高邮州学正王同德世职王伟忠禀》。

〔2〕《新编樊山批公判牍精华》卷二八《批砖坪厅七八两月词讼册》。

〔3〕《现代中国文学史·上古》。

〔4〕《樊山政书》,中华书局2007年版,卷六《秦中官报序》。

〔5〕《新编樊山批公判牍精华》卷二七《批临潼县李令详》。

是教留学生不要去剪辫子的意思”[1]。樊增祥并不是“出洋游历的大官”,他担忧的是中文会被外文弱化,甚至取而代之,这在客观上对遏制当时“全盘西化”的偏激思潮是有积极意义的。

联想20世纪80年代,我国实行改革开放初期,也曾一度出现“外语热”冲击中文“母语”的现象,也曾产生过学计算机打字和书写汉字的矛盾,因此引起文化界的关切和忧虑。自进入21世纪以来,国家大力提倡弘扬我国优秀传统文化,采取许多宣传和彰显“国学”的措施,其中包括在国内举行“书写汉字大赛”“汉语成语大赛”以及在世界各地建立“孔子学院”等,取得了明显的效果。应当重视传统文化,然而需要剔除其糟粕,实行“拿来主义”是必要的,但是对外来文化需要挑选。一百多年前,樊增祥对“中学”的忧患意识和“作文要作有用之文,讲学勿讲欺世之学”等主张,在今天仍不失其警示作用。

二、重视文物保护

樊增祥,作为一个传统文化素养深厚、富有爱国情怀的地方官,他的思想境界与庸官俗吏是明显不同的。他不但热爱中华传统文化,而且重视文物保护问题。

1. 保护颜柳碑刻

清代西安藩署所在地,是唐朝“中书省故址”。清雍正年间,动工挖土时,发现了两通碑:一是“颜鲁公(颜真卿封号)书郭(郭子仪)家庙碑”,“书于广德甲辰(764年),颜碑尚完好”;二是“柳诚悬(柳公权的字)书魏公(魏征)先庙碑”,“柳碑则断

[1] 《鲁迅全集》卷一《热风》。

裂为五”。这两通碑，被当时陕西藩司杨馝（音“必”，1733 年至 1734 年任职）安置在走廊里“刻石为记”。

一个半世纪之后，于光绪十七年（1891 年），改建“藩署库门”时，又从土中发现两块残碑。时任渭南知县的樊增祥，受命对两块残碑书体进行考证。经擦洗认出，一块是唐朝“扶风郡王马璘庙碑，碑横裂佚，其中段上方存二百余字”，“撰书姓名及置碑年月均不可见。然其字体端毅严重，则灼然鲁公笔也！”樊增祥进一步考证，认为根据《唐书·马璘传》，马璘卒于代宗（李豫）大历十年（公元 776 年），次年鲁公“因杨绾（唐代宗时任中书侍郎）荐入，为刑部尚书，年六十有九；马氏庙碑，当书于是时”，比书郭家庙碑晚了十多年。两相比较，马氏庙碑“书体遒劲，益臻老境”。并认为，发现此碑还有另一层意义：《唐书·马璘传》“失其表德”内容，此碑“可补其缺”。

另一块残碑，樊增祥通过碑文比对，认为是“魏公庙碑之左方”，当书于唐宣宗（李忱）大中（公元 847 年）至唐懿宗（李漼）咸通（公元 860 年）年间，“是时，诚悬已耄年（老年），而字画精劲，与颜书同源异流，致可宝也”。于是，樊增祥建议采取具体保护措施：把马璘庙碑树立起来，“与郭家庙碑对峙”（二者同为颜体），把柳体残碑“嵌置厅事壁间，以资椎拓”。通过这次“考古”活动，樊增祥感叹，“信古物之难于护持也”[1]！

由于樊增祥当年进行细致考证并建议采取具体保护措施，才使得“端毅”的颜体和“精劲”的柳体保存了下来，以供后人“椎拓”和观赏！

---

〔1〕《樊樊山文钞·陕西藩署增置颜柳碑记（代）》。

2. 樊增祥与延安清凉山诸寺

樊增祥任陕西藩司期间(1904～1906年),曾经批示对延安清凉山诸寺修葺和保护。

清凉山位于“延安府(今延安市)东门外”肤施县(后改延安县)境,是陕西省的名山之一。据史书记载,“延安”之名始于隋,“延安府”之名始于宋。樊增祥任宜川县(今属延安市)知县时,曾经于光绪十一年乙酉(1885年)早春、夏末两次游览延安清凉山诸寺。第一次是正月初八(2月22日)。这天是个雪天,“雪中万户寂,烟火昼萧森”;诗人气质的樊增祥,“同张大令(县令张育生)”踏雪“游览清凉山寺”,拾磴而上,所见所闻,留下深刻而美好的印象。

事隔20年后,清末实行“新政”,向以“国士”自命、已擢升陕西省“大吏”的樊增祥,接到延安府的禀报,得知“清凉山诸寺颓敝不堪,屋漏墙倾,佛像露立”,回想起自己当年对于清凉山诸寺的美好印象,“闻禀不胜嗟惜”。一时间,陷入两难境地。其称:“现当新政繁兴,诚不能布施(以财物施舍)金地(佛寺,亦称金田)。然西人避暑,雅爱林亭;海客来华,留心旧物。清凉一山,实延安之奇胜也!寺中诸佛、诸菩萨,悉是前明雕塑(明朝雕塑家以陈伟为代表,善雕玉观音),不减刘銮(元代大雕塑家,又字秉元,名刘元,塑像神气生动);若如张船山(张问陶的号,清朝乾嘉名吏和大诗人)所云:‘谁能大笑空诸有,化作前朝土一堆’?巧匠所营,永不复见,亦犹投秦铜于炉火、掷汉玉于重渊;外人闻知,亦必笑我(我国人)不知珍惜旧物也!故是,清凉山之宜修葺,非佞(谄媚)佛也,为存古(保存古代艺术)也。……今天下殆无塑手矣!留此古迹,以示(昭示)将来。”

面对“诸寺颓敝不堪”的险情和“新政繁兴”的现实，樊增祥经过一番考量之后认为：若听之任之，精美的“工匠所营”，将会“永不复见”；外国人势必会嘲笑我们中国人“不知珍惜旧物”。同时，他联想起几年前，北京慈仁寺及其中的窑变遭受八国联军严重破坏，而联军头目“德人瓦尔德西取（掠取）窑变观音之意（意图）”[1]，因此，认为应当修葺清凉山诸寺，以保存我国古代雕塑艺术。

需要指出的是，樊增祥所谓“外人闻知，亦必笑我不知珍惜旧物”的话，并非假设性的，而是已经发生过的实情！比如，19世纪德国地貌地质学家、柏林大学教授李希霍芬（1833～1905年），曾于1868年至1872年7次来中国旅行考察，嘲讽中国人说，“我们曾经参观过的那些伟大建筑，现在都破败不堪，看起来如同废墟一般，布满灰尘，被一个颓废的民族守望着”[2]。知耻近乎勇。在当时“新政繁兴”、筹款艰难的情况下，樊增祥认为：“举世维新，岂可无人存古？”忆起“本司昔曾两游山寺，至‘月印泉’、‘环翠亭’，流连徙移而不能去。尔时殿宇虽荒寂，像设尚完好也。兹闻颓废，怒焉心伤”；于是他痛下决心，批示抢救：从延安水利备用款“七千金（7000两银子）”中五百金“以补修清凉山诸寺，以存古迹而慰山灵”[3]。

樊增祥批示修葺延安清凉寺表明：（1）樊增祥受到我国传统和西方文化思想影响，具有重视保护古代文物艺术的意识；（2）樊增祥考虑问题的出发点，是国家的声誉，体现了“国士”情

[1]《樊山政书》，中华书局2007年版，卷一五《批延安府禀》。
[2]《李希霍芬中国旅行日记》。
[3]《樊山政书》，中华书局2007年版，卷一五《批延安府禀》。

怀和时代担当精神,非俗吏可比。

此外,樊增祥还喜欢收藏书画碑帖。樊增祥 20 多岁就喜欢买书、看书、藏书;经 30 年工夫,集书有 20 余万卷。同时,收集书画碑帖之类也有 10 多大筐。当时樊增祥被关中视作“收藏家”。樊增祥曾经说:“人的思想感情不能没有寄托,声、色、服、玩,不是我的性格所嗜好;书画、碑帖这类东西,不过是聊以自娱而已。如果遇到战争,或赴功名之会,视抛弃这类东西犹如敝屣一样罢了。”〔1〕当然,这是樊增祥对文物在特殊情况下的态度。

以上事实表明,樊增祥对于中华传统文化具有深厚的感情,对于文物具有很强的保护意识。

〔1〕 余诚格:《樊山全集·叙》。

外　事　观

樊增祥从任县令到任臬藩司，其间，民教纠纷屡有发生。在如何处理与外国传教士的关系问题上，樊增祥既坚持国家尊严，又避免矛盾激化，表现出不凡的才识和气度。

一、处理民教之争须"持平"

樊增祥认为："教（教会）与民（非教徒老百姓）争，务在持平。……教（宗教）与教（宗教）争，尤须持平。"[1]他在陕西藩司任上，主张不可献媚讨好传教士，对略阳县令桂超的媚外"丑行"曾予以尖锐批评，并主张以"持平"的态度来处理民教纠纷，改变"二十年前混沌未凿之习气"[2]。

有一次，针对周至县令为了"讨好百姓"，空言教士胡定邦"纵容教民（教会信徒）欺压百姓"一事，樊增祥批示说："中国今日被人欺压至此，皆由从前一味自尊自大、自怙自是所致。其各处教案，亦多由激变而成。激变不过两途：媚洋者，民不平；袒民者，教不服。如果州县真有是非曲直，案案持平，有何教案可办？……教士固不可偏信教民一面之词，县令亦岂可偏信百姓一面之词？""夫，公事不可无据，对外国人言尤不可以无据。"[3]樊增祥分析中国"被人欺压"之由，指出应当改变"自尊

---

〔1〕《樊山政书》，中华书局2007年版，卷一一《批兴平县禀》。

〔2〕《樊山政书》，中华书局2007年版，卷十《代洋务局批周至县禀》。

〔3〕《樊山政书》，中华书局2007年版，卷十《代洋务局批周至县禀》。

自大、自怙自是"袒民排外的愚狂心态,无疑是很正确的。樊增祥强调,牧令要以公正之心对待教士教民和非教民,"为牧令者,须先正其心,无一点偏私,无一毫客气,勿论民、教,皆待以'父母爱子'之心,使民与官相信不疑,则挞之不怨,导之易从,执迷者唤之即醒,有过者教之即改"。[1]

二、处理地方与传教士矛盾应"明理"

又有一次,周至县因传教士居所"开后门"一事,引起纠纷。县令陈某禀报:丁、尹两姓住家后墙紧邻仓库和监狱。前任县令易某的家丁兼看仓库,赁住尹姓的房子,为己方便,私自开了后门;前任县令易某故去之后,该家丁不再管仓库,却仍留后门自便。现在,耶稣教士赁住丁姓房子,也想以尹姓为例,凿一后门。现任周至县令陈某以为该传教士"无理",请求处理办法。樊增祥批示"此不可谓教士'无理'也。凡事须要公平。尹姓后墙可以开门,丁姓何不可以开门?易故令之家丁可以开门,教堂何不可以开门?惟该处之墙不但直通仓廒,抑且紧连监狱,以万不可开门之地,易故令听其家丁自便,已极糊涂……仰于奉批后,立将易令家丁之眷口驱逐回籍,尹姓后门即日用砖石封砌,以后永远不准再开。仍婉谢教堂,谓尹姓之墙已封,丁姓无再开之理;前此留门不杜,举由历任粗疏,请勿重人之过!"[2]此批析理实事求是,解决地方与教士纠纷的办法,是公平稳妥的。

当时有的州县官对违法教民依然心存畏惧。例如,一名安徽流窜诈骗犯何国碧到孝义作案被抓获,孝义厅厅丞已查明何

[1] 《新编樊山批公判牍精华》卷二六《批周至县崔令禀》。

[2] 《樊山政书》,中华书局2007年版,卷一七《批周至县陈令官韶禀》。

国碧旧有讹索票银、打伤伯父、背父灭伦等六种恶行，但是由于何国碧"自称在安庆投耶稣教，持有十字照一张（实际是偷族人何国经的）"，该厅丞便不敢严问，把此案推给了上司。樊增祥严词批示：

"似此种种不法，该丞俱已审讯得实，即立毙杖下，亦不为过；乃犹轻言细语，劝其'不要讹人'，以致该棍徒愈肆凶顽，竟有'告知教士'不与该丞'干休'之语。该丞至此亦应少示堂威，乃犹禀请'照会安庆教堂查复'，何其软缓迂谬！万一国碧诈称系'阎罗大王鬼卒'，不将'牒请城隍查复'耶？况条约具在：'教民与平民构讼，俱由地方官主断，教堂不得干预'。国碧罪难擢发（擢发难数），安能请命于数千里外之教堂，始行惩办？万一行查去后，安庆教士就谎圆谎，谓其'实系教民'，该丞又将如何？仰于奉批之日立提何国碧到堂，重笞千板，用铁杆石墩锁系十五年，期满察看禀夺。"[1]

樊增祥此批与孝义厅厅丞的"软缓迂谬"态度形成鲜明对照。依法（条约）、依事、依理，立办何国碧，体现了民族尊严。至于刑罚轻重，另当别论。樊增祥设譬说理，引申归谬，浅显生动，有很强的驳辩力。

三、应与传教士建立平等友好关系

樊增祥主张应与传教士建立平等友好关系，而不是简单排外。例如，他在陕藩司任上，与陕西高陵县主教何某的关系一直

---

〔1〕《樊山政书》，中华书局2007年版，卷一四《批孝义厅文丞禀》。

很融洽。何某平日“劝善惩恶,达理通情”,当何某“长逝”,樊增祥特意送去挽幛,挽词称“教思无穷”[1]。

特别值得一提的是,樊增祥在陕藩任上,曾处理的一起涉外(法国)大案,即“汉中府城固县孀妇衡张氏与其嗣子衡长绪争产一案”。此案因教堂插手干预,致使蔓讼5年。大体案情是:

城固县孀妇衡张氏,“富雄一乡”,有田数百亩,与嗣子衡长绪生隙,孀孤起财产之争,于光绪二十六年(1900年)在县“拘讼”。嗣子衡长绪为了寻求靠山,愤而“投教”,教堂以“保护”教徒为名,向城固县发出“照会”。该县县令“媚教”,居然判将“财产全归嗣子”,而由嗣子衡长绪每年给衡张氏一部分钱粮。衡张氏不服,遂上控至府、道、臬、藩,于光绪三十年(1904年)发回汉中府,经尹守判决:衡张氏与衡长绪解除继承关系,“现有之房屋田地一并各半均分”,讼息。

樊增祥分析此案蔓讼缘由是“母与子猜嫌于始,府与县谬误于中,教与民胶扰于终”。此案息讼后,虽然(法国)“主教拔士林尚自知其从前干预之非”,但是,为了稳妥起见,樊增祥认为“该堂此时虽不别生异议,仍恐暗肆流言;应请宪台(巡抚)将此案咨达外务部,照会驻京法使,永远立案,以杜蜚流之口,而昭事理之平……”[2]

樊增祥此文,记录了一起重大涉外案件的史实,表现了樊增祥不卑不亢、具有远见卓识的外交风范及办案艺术。全文2300余字,系樊增祥长篇公牍之一。

樊增祥到江宁任职以后,对外国传教士的认识和态度方面,

---

[1] 《樊山政书》,中华书局2007年版,卷一二《批高陵县王令禀》。
[2] 《新编樊山批公判牍精华》卷五《详抚部院》。

又有了新的进步,即从过去谨慎地“持平”到实事求是地予以赞美。例如,有一次接到丰县县令禀报称:讼棍魏趋廷父子为害乡里,其中魏趋廷披着耶稣教徒外衣“借教辅讼”,当地人对其无不“切齿”;意想不到的是,该县传教士武帮信也请求县官予以“提究”。樊增祥对于该传教士的举动大为赞赏,联想过去自己在陕西任职时对传教士的印象,作出如下批示,“吾独深佩教士武邦信也!从来教士多袒教民,以故激成教案。而武教士独以教友魏趋廷‘恃教讹赖,积案如山,其子魏柱、魏根助纣为虐’等情,禀请‘提究’。是则福音堂里犹存直道之公,十字架前永绝奸徒之迹。该令当赠以匾额,以示优崇”[1]。

往昔,因传教士袒护教民、傲慢地对待中国地方官,樊增祥曾经斥责陕西略阳县令桂超给传教士“赠匾”等行为,而此时,因教士武邦信主动请求地方官“提究”无赖教民。事实表明,教士中也有“直道之公”,于是樊增祥即采取灵活策略,建议丰县县令“赠以匾额”。正所谓“此一时彼一时也”。

---

[1] 《樊山政书》,中华书局2007年版,卷二十《批丰县详》。

“须信身强国始强”

樊增祥经历过甲午战争中国惨败、八国联军肆虐北京，常常思考中国何以“不如人”？如何使中国“驯致富强”？他政治上倾向保守，但是在文化思想方面并非固执排外，而是有所选择地吸纳“西学”。

1905年11月，樊增祥“耳顺”生日那天，回眸既往，触发种种感慨。其中既有家国情怀，更有一己幽思。他为自己60岁生日题照称：“皇天将寿补蹉跎，六十华年小劫过。楚国男儿好身手，画中诗里忍消磨。”[1]他对自己的身体感到满意：“我年三十时，人谓始‘弱冠’；迄今逾‘耳顺’，犹作‘不惑’看。鬓须尚髹漆（黑漆），眉宇见精悍……”[2]这与他保持“乐观”的心态有关。他自称“平生忧患多于海，未觉沧海是畏途”[3]；“寻常不赋四愁诗，赢得吴霜（喻白发）点鬓迟”[4]。樊增祥有一套“养生保健”之道，称“一由淡荣利，再则远婵娟。迩来信西学，颇吸空气鲜……”[5]他不像李白那样“但愿长醉不愿醒”，而是甘愿饮酒“不如人”；并认为“老不趋时”，“少而寡欲（嗜好）定高年”[6]！他知行合一，终年86岁高龄，是先前士人少有的。

---

〔1〕《紫薇三集·题照象(像)寄所亲》。

〔2〕《紫薇三集·题小照》。

〔3〕《东归集·海上》。

〔4〕《紫薇二集·六十照象(相)自题之三》。

〔5〕《樊山集外》卷一《后园居诗九首》。

〔6〕《东园后集·五十自述》。

特别应提及的是,1906 年初秋(易发疾病的季节),时任陕西藩司的樊增祥,“试学养生家”,思考卫生与人体健康、人体健康与国家的关系:

举世何缘得寿康? 顽灵垢净每相妨。
贯输宇内清空气,打扫城中秽浊场。
果木且嫌痈痔累,禽鱼犹忌羽鳞伤。
物华人杰同珍卫,须信身强国始强[1]!

诗中表达了四个观点:一是人生健康长寿与讲究清洁卫生有直接关系;二是“宇内”“城中”环保很重要,室内必须空气清新,城中必须清除垃圾;三是人与自然(果木、禽鱼)同样需要健康保护;四是人身健康并非一己私事,“身强”是“国强”的前提!这样的思想观点,在国民文化素质低下的清末,应该说是颇具前瞻性的。

可贵的是,以“国士”自命的樊增祥能从大处着眼,呼吁“须信身强国始强”。这在当时非俗吏可比,在今天仍不失健康教育的思想光芒。

---

〔1〕《紫薇三集·卫生》。

可贵的“国士”情怀

我国传统教育很重视培养学子的“国士”情怀，即倡导“苟利社稷，死生以之”的人生观[1]。所谓“国士”，即勇于为国家利益献身且才能出众的人。“国士”情怀是比一般的“爱国主义”更高的思想境界。对于向往或已经走上“仕途”者来说，具有“国士”情怀尤其可贵。

樊增祥历任陕西“亲民之官”15年，忧国忧民，政绩卓异。待到1901年擢任陕西臬司，其“国士”意识进一步加强，自觉思考如何使中国“驯致富强”之路。特别是1904年正式擢任陕西藩司，兼任陕西常备新军第一标统领之后，心气十足，更加以“国士”自命。他在给两名新军提调（掌管调遣役吏、处理军务的军官）的信函中说：“本司（自称）生自将家，身为儒吏，练兵要政，何敢辞难？……本司与两贤（指提调尹某、督操官刘某）俱受抚宪（巡抚的尊称）‘国士’之知，此次练兵为国家图强，为地方求安，为知己尽力，无一可诿谢者。”[2]表明樊增祥以“三为”思想理念，决心忠于职守。“为国家图强”一语，进一步表明了樊增祥的“强国梦”！为此，他采取了一系列地方重大改革举措，例如，积极兴办学堂，裁撤冗浮机构，惩办贪官污吏，派遣赴日留学生，取消私设关卡等，无不是出自“国士”情怀，重要目的是“为国家图强”，甚至连细小的改革，也是如此。再如，樊增祥

---

〔1〕《左传·昭公四年》子产语。

〔2〕《樊山政书》，中华书局2007年版，卷一六《札新军提调尹守刘守》。

为了方便僚属办公，规定省城各局人员，一律在局里公费吃饭，“每人每月饭钱不过三串”。通告各局“不但不准私分饭钱，并应日日到局吃饭，以重公事”[1]。樊增祥的“国士”情怀，是对我国古代传统知识分子思想的继承。比如，唐朝诗人杜甫有一次和时任武威“书记（办理文书及缮写工作的官吏）”的高适久别相逢，俩人这样亲切地对话：“借问今何官？触热向武威？答云一‘书记’，所愧‘国士’知！”[2]可见，以“国士”自命、自尊、自重，是我国传统知识分子共同的政治理念。

官员以“国士”自命，往往是出于“知己（恩）图报”，其“爱国”是与“忠君”联系在一起的；在不同历史时期，“爱国”与“忠君”有其统一性或矛盾性，必须对其进行具体分析。但一般来说，官员具有了“国士”情怀，就会多一些时代担当的自觉性，少一些执行公务的慵惰性；就会多一些大度清廉之心，少一些贪鄙污秽之念！在今天，依然需要“国士”情怀。

---

〔1〕《樊山政书》，中华书局2007年版，卷九《牌示》。

〔2〕《送高三十五书记十五韵》。

樊增祥：值得研究的历史文化名人

樊增祥是清末名吏、著名诗人和公牍作家，民国时期社会名流和文坛耆宿。

一、樊增祥是一位传奇式的历史名人

现在知道“樊增祥”名字的人，已经不多了。可是，回溯到清末民初，套用“天下谁人不识君”这一句诗词，对樊增祥来说，绝不为过！清末至民国，研究樊增祥的人很多，最早的是余诚格、陶在铭，后来有汪辟疆、钱基博、王森然以及日本的佐间贞次郎等。新中国成立后，关于樊增祥的研究曾一度停滞，改革开放以来，樊增祥又逐渐引起学术界的注意。率先研究樊增祥的，国内有学人钱仲联、郑秦等，国外有日本学者滋贺秀三等。清末至今一百多年间，涉及评论樊增祥的著作（文论、诗话、日记等），数量之多，难以尽举。事实表明，樊增祥是我国近现代史上的一位享誉国内外的名人！当年人称“樊（山）名满天下，后生小子唯樊（山）为趋向”；“他月旦一言，即可作为定评”[1]。樊增祥在陕臬任上，有一次赴京“请训”离别西安时，僚属闻风有300

---

〔1〕《新编·古春风楼琐记》第七集《近代文豪李审言》。

多人为之送行数十里;衰年病危和逝世前后,《京报》跟踪报道3次;可谓生前享尽尊荣,死后备引哀痛。

樊增祥少年时代受过严酷、畸形的传统家庭教育。青年时代,原是个狂热的诗歌爱好者,系名士兼诗人李慈铭的得意门生。由于受其父亲(樊燮)的殷切寄托和其恩师张之洞的指点,樊增祥虽三次“登龙”考试“报罢”,但最终走过“学而优则仕”的独木桥,于近“不惑”之年踏上了仕途,并长期成为效忠清王朝的一名官吏。自称“初生便是寒梅树,历尽冰霜始著花”〔1〕。

樊增祥中年步入仕途之后,长期蹀躞而行,沉浮跌宕,虽曾有过跨越,有过辉煌,然而晚年终归为诗坛一贫翁。86岁时,因贫病交加,带着历史的烙印和精神的伤痛辞世,留下了巨量的著述。他传奇式的人生经历,卓异的才思,豪兴与哀愁,创意与保守,光耀与黯淡,精华与糟粕,以及时代政治风云变幻,都真实地反映在他的政法文书和诗歌里。其笔下的社会影像、时代风雷,似犹可闻见。

二、樊增祥是一位受争议的历史名人

当年被誉为“政治家”、“文书泰斗”和“文学家”的樊增祥,像许多历史名人一样,曾经是个备享荣耀而又饱受争议的人物。有评者说:“樊增祥当清之季世,由知县而官至藩司,乃文人学士之有幸运者。然生平行事,亦多为世诋毁。”〔2〕比如,有人骂他是“酷吏”,甚至骂他“旧人新官,一钱不值”。这与樊增祥复

〔1〕《东园后集·五十自述》。

〔2〕《偷闲庐诗话》。

杂的人生经历和鲜明的个性有直接关系。

樊增祥曾经受到皇亲贵族、实权派人物荣禄的赏识，进而得到清末最高统治者慈禧的青睐。例如，八国联军入侵北京，他建言慈禧、光绪“西巡”西安，为之“驱驰”并多次代拟《罪己诏》等“诏书”；他曾被慈禧、光绪三次“召见”，四次“入对”，三次嘉奖，且官运飙升，由“亲民之官”擢任道、臬、藩司以至护理总督等外放大吏。可是，他当年的一身“荣耀”，后来都成为他的人生“污渍”。为官期间，他以“国士”自命，清正恤民，秉公审案，尽职勤政。特别是任陕西臬藩司时期，他胸怀“一生心似秦时月，持作人间暗室灯”的做人为官理念〔1〕，不谋私利，不惧阻挠，大力推行新政，再如，兴办学堂，裁撤冗浮机构，惩办贪官污吏，派遣赴日本留学生，发展地方特色经济，筹建西潼铁路，取消私设关卡，保护文物等，创造了自己的人生辉煌。同时他因为“犯上”被罢官，曾经跌入人生低谷。正在他“东山再起”的时候，于江宁藩司任上目睹了清王朝的灭亡，他随之从旧政治舞台上摔了下来。民国初建，他曾经以“旧人新官”之身依附窃国的袁世凯，一度“回光返照”，但实际上他在政坛已经木偶化、边缘化。

樊增祥身跨两个时代，为官近三十年。樊增祥的人生轨迹，既反映了社会变动时期士人的普遍性，也表现了传统知识分子的典型性。

樊增祥大幅升迁，诗文名噪当世，且性格直爽，对人对事习于直言臧丕，又是个喜欢交游的“性情中人”，因而背负毁誉从

---

〔1〕《两艖舺斋集·五叠韵感怀》。

集。自称“生性质直,心不谓然者,必形诸口笔”。他坦言:文爱司马相如、苏东坡;诗爱白居易、杜牧、辛弃疾;政崇曾文正公而鄙刚毅;做人以介甫(王安石)为榜样;对公事“膏火自煎”,与私人处“滑稽慢世”。当他听到官场对自己的非议时,不免伤情,“容容(随众附和)多福史家评,奇骨(奇才刚骨)翻令举世轻。到老未除嗔与爱,一生赢得谤随名”〔1〕。“本司一生,积劳而丛怨,为好而招尤者屡矣!……然我无内愧,仍热肠以济苍生”〔2〕。但是,从总体来看,对樊增祥的赞誉多于非议。他生前有许多崇拜者,身后也不乏海内外的研究者。就其非议而言,在清末,主要是来自同僚的妒羡与恐惧;民国时期,既有来自“五四”新派人物(鲁迅、胡适等)的讪笑,也有来自顽固的“清朝遗民”(叶昌炽、沈曾植等)的嫉恨。

应当怎样看待对樊增祥的争议?

在封建社会,“朕即国家”,官吏“忠君”与“爱国”常常是相统一的,应当理解封建官吏“忠君”所包含的爱国思想成分。古代名吏屈原、苏武、岳飞哪个不“忠君”?古代著名文士司马相如、李白、杜甫哪个不希望得到皇帝的赏识?关键要看其为“君主”究竟都做了些什么!就樊增祥而言,他除了给君主代拟“诏书”之外,还有为了使中国“驯致富强”〔3〕,奋力兴办学堂、撤销冗浮机构等一系列“新政”举措,客观上有利于社会发展和历史进步的,但同时必然会“得罪”某些既得利益者。樊增祥老年时,在答谢齐白石赠其“双蝶图”扇面的一首诗中,批驳他人的

---

〔1〕《紫薇三集·再照象(相)寄蓝洲》。

〔2〕《樊山政书》,中华书局2007年版,卷二十《批海丰面粉公司总理呈》。

〔3〕《樊山政书》,中华书局2007年版,卷十《书王令景峩诗卷后》。

污蔑之词说,“知我平生非‘酷吏’,故人相赠只清风……”[1]当然,评价近代历史人物,远比评价古代春秋战国、秦汉唐宋历史人物困难得多。

樊增祥作为深受传统文化浸润和身处时代中流的名人,曾经是衰败的晚清帝国的忠诚维护者,民国初年北洋政府的依附者,清皇室和清朝顽固遗老心目中的“叛逆者”,而在革命党人的视野里,他完全是个旧派人物。不过,樊增祥毕竟冲出了清朝“遗老”的怪圈,在民国时期,是不宜以顽固“遗老”视之的。政治因时而变,怀有“国士”之心追逐潮流者,难以成为道德完人,甚至难免道路坎坷。

樊增祥自觉肩负着时代赋予的担当。他政务活动的出发点是为了中国“驯致富强”,但是对政体和法律的改革,却持“国情论”掩盖下的保守态度。他对贪官庸吏嫉恨如仇,极尽抨击之词,却对慈禧献谀辞、唱颂歌。对历史人物樊增祥进行评价,应当坚持客观、全面观点。

三、今天研究樊增祥的意义

研究历史人物,不是为了猎奇或娱乐,也不单纯是彰显其个人,而是为了通过再现历史,对现实和未来提供借鉴。研究樊增祥的目的,主要是重现樊增祥所处时代的历史风貌,揭示近现代社会发展的必然规律,探索历史人物成长、成败的经验教训。换句话说,今人在笑语欢歌中,如果听一听樊增祥为中国“驯致富强”的呐喊声,就会多一点忧患意识。研究樊增祥这个历史人

---

[1] 《古春风楼琐记》第二辑《齐白石诗情画意》。

物，至少有三点意义。

（一）有助于了解中国近现代转型时期的社会风貌

樊增祥复杂的人生经历，紧密联系着中国由近代社会向现代社会艰难转型的风雨历程，他是这一历程的直接参与者和见证者。

樊增祥政治生涯最具活力的时期，即从中法战争开始，历经甲午战争、八国联军入侵北京、日俄战争、清廷被迫实行新政，直至辛亥革命爆发，恰恰是中国由封建社会急剧转变为半封建、半殖民地社会时期。正如樊增祥所言，“一从注牒（注册）去（离开）承明（天子的正厅，喻天子），朝列多闻叹息声”[1]！其间，帝国主义对我中华疯狂侵略，清政府日益腐败黑暗，“两座大山”压得人民生活痛苦不堪，变革与保守两种思想势力日益激烈冲撞；社会转型时期特有的各种争论声、呐喊声、怒斥声、哀号声、焦躁声、呻吟声、苦笑声等，都在樊增祥的公牍（政书）、判词、诗歌里交相喧腾呼应。樊增祥的公牍、判词、诗歌，真实而生动地反映了清末政治腐朽、军事孱弱、经济贫困、文化落后、人心思变状况，在一定程度上就是当时中国社会风貌的投影，使那段风云变色的历史触目鲜活真切。

樊增祥审理了大量案件，读樊增祥的判牍，“不只是了解古人的才华，同时也是认识历史社会的演变、古今法律的异同，因此而更透辟的了解历史”[2]。了解过去，能够使我们更深刻地认识现在，并有利于预知和创造未来。今天我们建设和谐社会，必要条件之一是须记住前人的教训。如今阅读《樊山判牍》《樊

---

〔1〕《紫薇三集·乙巳除夕写怀之三》。

〔2〕《清代名吏判牍七种汇编·前介辞》。

山政书》的时候,往往会有这样的感觉:现在的某些人和事,“古已有之”,特别是《樊山判牍》,可谓是人性缺陷和真善美相冲突的记录。今人若把它“取来一翻”,将会避免或减少恶俗案件和人生悲剧的发生。

(二)有助于了解传统精英文人的时代担当精神

时代造就人物,人物影响时代发展。樊增祥的人生道路代表了封建教育制度下耐得“十年寒窗苦”的一般读书人向往、求索之路;樊增祥的政治生涯,体现了“登龙”的少数精英文人的基本归宿和自觉的担当精神。儒家思想教育的重要内容和目的之一,是培养士人的家国情怀和担当精神。例如,倡导“苟利社稷,死生以之”[1];“士不可以不弘毅,任重而道远”[2];“穷则独善其身,达则兼济天下”[3];“天下兴亡,匹夫有责”[4]。这种人生导向,特别是其恩师张之洞以“国士”期许,深刻影响着樊增祥的所作所为。

樊增祥从任“亲民之官”到任“地方大吏”,从陕西到江宁,在清末居官25年间,无论履行政务或进行审判活动,无论在官或罢官,始终拥有“国士”情怀:关注时政,忧心国事,体恤民艰。

樊增祥曾是忠于清廷的职官,对慈禧的青睐感激涕零,但他并非盲目一切“唯上”,不乏独立见解,其言论往往“僭越”其位,如说“中国今日被人欺压至此,皆由从前一味自尊自大,自怙自是所致”[5],颇有点“不靖之气”。樊增祥是位诗人气质极为浓

---

〔1〕《左传·昭公四年》子产语。

〔2〕《论语·泰伯》。

〔3〕《孟子·尽心上》。

〔4〕《日知录·正始》。

〔5〕《新编樊山批公判牍精华》卷二四《代洋务局批周至县禀》。

厚的人。他以文才助吏才，以政声助诗名，一生与诗歌为伴。作为诗人，他充满生活激情，讴歌大自然，吟咏友谊，哀叹国弱民艰，记录现实重大事件；作为儒吏，他具有中国传统士人的治平观和“志士”情怀，关注国事，忧心民瘼。就个人官品而言，他秉承儒家思想，主张官员要“与民同好恶”，胸中有“真是非”，反对“油滑”。他身上有一种自觉的时代责任感和担当精神，总想积极奋发地干出一番事业来。

樊增祥不同于只会高谈阔论、“百无一用”的腐儒，更不同于某些庸官、慵官。樊增祥在任“亲民之官”期间，快速清理积案，审判公开，“一秉大公”，惩办依势欺人的劣绅、不守“卧碑”的“子矜”，为受害人伸张天理人情；他曾经面对气势汹汹的法国传教士和卑躬屈膝的“通事（翻译）”，据理反驳，使之理屈词穷，维护了国家的尊严。特别是，他在任陕西臬藩司期间，积极推行新政改革措施，峻厉扫除官场腐败积习，大刀阔斧裁撤冗浮机构，惩处贪官污吏，严格为国家理财，取消私设关卡等。樊增祥的举措和行动，主观上是为“君父”，但在客观上是符合国家和人民利益的，是对中国社会发展起推动作用的。

今人了解樊增祥的时代担当精神，将会多一些家国情怀，少一些一己之念。

（三）有助于了解和借鉴我国优秀传统文化

樊增祥深挚热爱中华文化，并且在多学科传承和创新中华文化。为官时期，樊增祥写了大量深受民众喜爱的判词，至今仍虎虎有生气；他的审判艺术，堪比狄仁杰。

樊增祥最突出的文化成就，是政书（含判牍、公牍）和诗歌，也是樊增祥一生最感欣慰的两种著作。樊增祥晚年借他人之口,称自己“政书屡翻枣梨版,诗卷流传天地间”[1],是符合历史真实的。其中,他所遗存的记录其政法活动的判牍和公牍,以其深刻而独到的思想,犀利而生动的笔调,反映了清末社会的政治、法律、经济、外交、文化、教育、民俗等状况,恰似勾勒了一幅幅画图,已成为海内外清史学者立论的重要依据。例如,我国清史专家郑秦的《清代审判制度研究》一书,日本现代法学家滋贺秀三的《清代诉讼制度之民事法源的概括性考察——情、理、法》一文[2],都曾引用《樊山判牍》《樊山政书》中的案例。

特别应指出的是,樊增祥与庸官俗吏最大的不同点,在于他勤政实干,而且具有理论思维,他的所作所为,都有理论的引导或能够上升到理论,如他的恤民观、人才观、吏治观、司法观、判牍观、外事观、公文观、诗歌观等,都闪耀着智慧的火花。作为官吏,樊增祥在政法活动中,有许多不寻常的做法和独到的见解。例如,樊增祥创造性地进行“开放式”审案,表明其能力自信;主张判词是“与老百姓说话”,表现出“亲民”之情;他反对“救生不救死”之说,彰显其“一秉大公”的审判思想。樊增祥判词,在继承前人判词制作经验的基础上,大胆革新,另辟蹊径,说理透辟,语言清新活泼,“别具一格”,堪称集我国古代判词写作之大成。《樊山判牍》,今天已成为研究传统法律文书的重要资源,他的审案理念和判牍观,至今依然有一定借鉴意义。诚然,樊增祥政书中所表现的某些政法理念,有明显的时代烙印,甚至夹杂着糟粕,如主张肉刑、丑辱刑、旌表妇女节烈等,无疑是应当摒弃的。然而,不可因此无视其中洞烛是非的智慧之光,塞听其中的发聋

[1] 《樊山集外》卷二《赠日本画师光永眠雷》。

[2] 《明清时期的民事审判与民间约》。

振聩之声。

樊增祥勤政务实,善于思考、总结、概括,因此,他的政书和诗歌,多有饱含哲理的警句箴言。比如,抒发法律理念的:

> “为政无他,不过与民同好恶”;“吾辈作官,总以对得住百姓为是”;“流亡未复疮痍在,最念天寒白屋贫”;“做官以耐烦为第一义”;“判牍如山须卜夜,未能回避是青灯”;“不少沉冤牢户底,爰书出入慎秋毫”;“民朴须知学,官清要近情”;“江路一条七千里,与君首尾共澄清”;“情理外无法律”;“老好人断不可做官”;“做牧令者,一事不断,作孽无穷”;“息讼最要持平,不宜颟顸姑息”。法官应当“亦是公牍作家”;“欲办新政,先除积习”;“移风易俗,任在良吏;戒烟断瘾,任在学堂”;“身强国始强”;“一生心似秦明月,持作人间暗室灯”。

樊增祥的上述话语,凝结着睿智和真诚,体现了樊增祥对于优秀传统价值观的继承和发展,至今依然有警策感和震撼力!

传统文化是民族传承的血脉。这血脉里或许会有杂质,需要改良,但是不可以断流。人无完人,书无尽善。作为名吏,樊增祥在政法活动中,既有清明者的睿智,也有“武夫”的偏执。对樊增祥的公牍、判牍认真进行梳理,吸取其思想精华,抛弃其思想糟粕,是弘扬我国优秀传统文化的途径之一。

樊增祥是一位博学多才、社会经历复杂、充满矛盾的历史人物。他任地方官时期,爱“中华”,恤“民瘼”,力图为中国“驯致富强”作贡献。然而,他足迹未逾国门,自明“仅能读‘四子’书”、仅知“吾中国圣人之言耳”,其意识保守、狭隘在所难免。

应强调的是,樊增祥的家国情怀和清末的社会矛盾,真实而生动地反映在《樊山政书》《樊山判牍》《樊樊山诗集》等著作中,可谓时代塑造了樊增祥,樊增祥描绘了时代!

拙著论述历史名人樊增祥的生平事迹,坚持以客观事实为根据,以历史唯物主义为指针,既褒扬其有价值的东西,也批判其应予抛弃的东西,目的是借鉴。要了解清末的社会状况和时代精神,并为弘扬我国优秀传统文化注入"源头活水",研究樊增祥这一历史文化名人是很有必要的!